ECONOMICS & MANAGEMENT

教育部经济管理类主干课程教材

History of Marketing Thought

营销思想史

郭国庆　贾淼磊　编著

中国人民大学出版社
· 北京 ·

前言

作为一门独立的学科，市场营销学发展至今，已经有百余年的历史。

百余年来，或者上溯到2 000多年前的古希腊苏格拉底学派营销思想最早闪现时期，在营销思想史这张波澜壮阔的巨幅历史画卷上，有萌芽时期的弱小稚嫩，有初创时期的筚路蓝缕，有成长时期的高歌猛进，有转型时期的迷茫阵痛，有扩展时期的激情澎湃。在这段历史岁月中，多少思想巨子在营销思想史的世界写下浓重的一笔，克拉克、肖、韦尔德、布莱耶、奥德逊、霍华德、麦卡锡、莱维特、科特勒等，这一个个响亮的名字闪耀星空。因为他们，才有今天的营销学。营销思想史所要研究的，正是这些内容。

营销思想史是研究营销思想和学说的产生、发展和变化历史的科学，是基础营销学的一个重要分支学科。营销思想史以营销思想或营销学说本身为研究对象，专门研究各个历史时期具有代表性的营销观点、营销思想和营销学说及其产生发展的背景及其对后世的影响，所占的历史地位，以及各个人物、各个学派之间的承袭、更替、对立的关系等。

就像作为人类的我们对于自己的身世来历有着天生的好奇一样，对于一门学科而言，对自身学科历史的探究和反思，是这门学科成长和发展过程中所不可缺少的。对学科思想史研究的深度和广度，是衡量一门学科成熟程度的一个重要指标。站在21世纪的今天，伴随着中国30余年的改革开放，营销学在中国的发展也度过了它的而立之年。在这个历史节点上，中国的营销学术界和教育界呼唤着一本系统完整的营销思想史教材的出现。在这种时代背景下，经过近20年的孕育，本书应运而生。

全书在内容上主要分为3篇：历史发展篇、思想学派篇、专题演进篇。第1篇历史发展篇以时间为线索，共分为4章，按照营销思想发展脉络，每一章介绍一个发展阶段，即营销思想的萌芽时期、营销学的古典时代、现代营销学的形成时期和营销思想的扩展时期。第2篇思想学派篇，从本书的第6章到第14章，对营销思想发展历史中所出现的9个主要思想学派逐一进行详细介绍，它们分别是：商品学派、职能学派、机构学派、区域学派、营销管理学派、营销系统学派、消费者行为学派、宏观营销学派和社会交换学派。第3篇专题演进篇，共4章内容，选取营销思想发展中的量化研究、国际营销、服务营销和城市营销四个论题，介绍其研究发展的历史和主要内容。通过纵向、横向和侧面的篇章安排方式，方便读者对营销思想史的全景获得整体且系统的了解。

在本书的编著过程中，参阅了大量的相关论著、资料和网站论文，书中未能一一列出，谨向各位著者深致感谢与敬意。另外，为我们提供案例素材、统计数据、翻译资料和学术成果的同行有：李海洋、张轶凡、范广哲、郭晓凌、姚忠福、高翔、高世昌、焦家良、姚项悫、齐悦、廖熠、胡晶晶、刘婷婷、姚亚男、孙乃娟、马超、李子南、周肖燕、蒋晟、郭溪月、张蓝天、甘甜、艾娟、杨浙帅、唐伟、李桂珍、毕日初、刘萍、邹小亮、曾焕进、丁晓龙、董丽、刘越、谭伟、欧晓菊、沈诚、王栋、付晓丹、郭艳英、安立中、李宝丽、李轩、江厚强、张萌凌、黄金辉、杨再医、杜文静、冷世平、管花翠、王宁、孙凌玲、吴秀玫、邹佳福、魏丹丹、李昊、李大松、诸北平、李玉凤、唐云福、赵静波、张永青、吴鹏、陈志林、安俊、张绪发、王潮勇、单祥钰、刘子喻、乔洁、单同礼、孙艳辉、胡伟、梁林、蒋珊珊、萧舒丹、张世宜、李红力、尤玉生、郑韶念、邓骄、刘颖、梁绮淇、贺凡、许磊、徐红丽、林家高、林青青、陈露丹、罗兰、林华卿、余朵朵、韩静、李玉婵、解书玉、骆志勇、苏锦芳、朱俊、何建明、原景祥、夏应军、卢夏、卢永冠、黄志东、闫江龙、杨有耀、黄社国、周波、杨振华、钟平、任淑先、崔春启、任竹、郭青、单振国、何乃义、张建英、李冰、柏文龙、丁哲、郑东、姚宝贵、关裕龙、刘佳、许一群、臧烁、赵铁军、安乐、杨桂芬、杜鹏、朴俊军、孙宁、石岳、王凤贤、金萍、郭秀芬、贾文勤、蒋楠、李彩霞、李辉、杨振国、赵金明、赵连起、丁邦久、刘宝欣、杨国宁、王飞、王横、杨德成、袁颖凤、刘宁、庞瑞娥、张竟成、陈宝华、于培友、王忠新、蒋纪英、马佳宁、申爽、钱云甫。需要特别指出的是，中国人民大学商学院2006级本科市场营销班和2010级硕士市场营销班的全体同学，这些聪明可爱的同学为本书提出了许多有价值的想法和建议。在此，对他们一并表示衷心感谢！

再一次衷心感谢长期以来给予我们各种帮助的领导、老师、同事。你们的关怀帮助是本书得以顺利完成的重要保证。

最后，还要感谢中国人民大学出版社工商管理出版分社的编辑们为本书出版付出的辛勤劳动。

由于编著者水平有限，书中疏漏和不足之处在所难免，恳请各位专家、学者和读者不吝指正。

郭国庆　贾淼磊

目 录

第2篇 思想学派篇

第 3 篇 专题演进篇

第1章

导　论

作为一门学科，营销学发展至今已经有百余年的历史。但营销的实践和对营销实践的思考则从人类文明的开端就已经有了，伴随着人类文明发展的进程，有着数千年的历史。中国的唐太宗李世民有句名言：以铜为镜，可以正衣冠；以古为镜，可以知兴替；以人为镜，可以明得失。西方的科学巨人牛顿曾说：如果我看得更远的话，那是因为我站在巨人的肩膀上。在21世纪的今天，了解营销思想的发展历史和营销先驱们的学术贡献，对于回答当今营销学所面临的重大问题，推动现代营销学不断向前发展具有重要的现实意义。

第1节　营销思想史的概貌

在进入营销思想史的王国进行探险之前，有必要先获得一张地图，了解营销思想史的概貌，明确什么是营销，营销思想史都研究什么内容，营销思想发展的历史阶段和营销思想史上的重要思想学派。

一、什么是营销

对于什么是营销这个重大的概念问题，在营销学不同的发展阶段，学者们给出的回答也不尽相同，以下是不同时期的一些具有代表性的定义。

营销是使产品从种植者转移到使用者的各种活动。(Clerk & Weld，1932)

营销是指引导产品或服务从生产者流转到消费者或用户所进行的一切企业活动。(AMA，1960)

营销是关于构思、货物和服务的设计、定价、促销和分销的规划与实

施过程，目的是创造能实现个人和组织目标的交换。(AMA，1985)

营销是包括教育机构、医疗机构、行政管理机构等在内的各种组织，基于与顾客、委托人、业务伙伴、个人、当地居民、雇员及有关各方达成的相互理解，通过对社会、文化、自然环境等领域的细致观察，而对组织内外部的调研、产品、价格、促销、分销、顾客关系、环境适应等进行整合、集成和协调的各种活动。(JMA，1990)

营销既是一种组织职能，也是为了组织自身及利益相关者的利益而创造、沟通、传递客户价值，管理客户关系的一系列过程。(AMA，2004)

营销是创造、沟通、传递和交换对于顾客、客户、合作伙伴乃至整个社会有价值的产品的一系列活动、机制和过程。(AMA，2007)

在本书中，营销的定义并不是唯一确定的，以上的这些定义在各自所处的历史时期都是学术界主流的营销定义。由于营销概念具有历史性，因而在营销思想史的学习过程中也需要注意这一特点，应该将对营销思想和营销现象的考察置于当时的历史背景当中，运用历史的眼光来观察和分析营销问题。

二、营销思想史研究什么

营销思想史是研究营销思想和学说的产生、发展和变化历史的科学，是基础营销学的一个重要分支学科。它以营销思想或营销学说本身为研究对象，专门研究各个历史时期具有代表性的营销观点、营销思想和营销学说及其产生发展的背景及其对后世的影响，所占的历史地位，以及各个人物、各个学派之间的承袭、更替、对立的关系等。营销思想史这门学科的基本任务，是通过研究历史上各种营销学说的基本特征、主要内容、思想渊源揭示营销思想产生和发展的规律性。

现在，思想史之所以得不到应有的重视，一方面可能由于高校课程中本来就缺乏对思想史的重视，另一方面可能是当今社会对知识的“实用性”的过度重视所致。从就业的角度来说，思想史可能不是一门“有用”的学问，尤其是，仅仅懂得思想史的人，求职就业方面将会表现得更加糟糕。这就有如一名“上通天文，下知地理”的大学问家却比不上会做一把椅子的木匠一样。

但是，要真正学好一门学科，不论是自然科学还是社会科学，学好学科史，或者说该门学科的思想史，都将是重要的一环。这和古人“以史为镜”的道理其实是一样的：只有了解学科的思想史，才能知道学科的“兴替”，知道其发展的历史轨迹、已有成就，知道该学科的发展方向，才会真正了解这个学科，充分体验到这个学科的魅力。

营销思想是营销思想家对客观营销世界认知的理论观点，其基本特征如下：

第一，营销思想是对营销的认识。如果一种思想所表达的内容与营销没有关系，它再美妙也不是营销思想。

第二，营销思想是对营销实践能动的反映。“能动的”，意味着人对营销实践的反映是有意识的、有目的的，而非心理系统在环境刺激下的被动运转。具体地讲，营销思想作为对营销实践的一种认识，既可以是对过去营销实践的一种总结，又可以是对现实营销实践的一种评判，还可以是对未来营销实践的一种理想。①

第三，营销思想是理性的认识。也就是说，能称为营销思想的认识，一方面必然是人们对营销实践抽象思维的结果，另一方面必然是有益于人们对于营销实践目标的达成。

第四，营销思想是系统的认识。系统特征，应是区别一般看法和思想的重要标准。凡与营销有关的人，都有可能对营销有所感觉，并有些自己的看法，但偶然的、被动的、零碎的看法是算不上营销思想的。人类对实践的认识通常包括两个方面，即本体论认识和方法论认识。营销思想也应该包括营销的本体思想和营销的方法思想。

三、营销思想发展的历史阶段

按照发展阶段特征的不同，可以将营销思想史大致划分为如下四个历史时期：

（1）营销思想的萌芽时期。这段时期是从人类文明史上最早的营销思想起源开始到1900年左右规范的营销学创立之前。

（2）古典营销学时期。这段时期大致是从1900年到1955年，这个时期的营销学主要是传统的商品—职能—机构研究方法。

（3）营销范式转移时期。也即现代营销学的创立时期，这主要是由于奥德逊的学术成果的推动，时间上大致是从1955年到1975年。

（4）营销范式扩展时期。这场思想革新主要是由科特勒所引发，时间上大致是从1975年开始并一直延续至今。

在营销学成为一门独立的学科之前，在漫漫的历史长河中，已经有许多的哲人学者对营销现象和营销问题进行过思考。最早可以追溯到古希腊的苏格拉底学派学者柏拉图和亚里士多德对一些宏观营销议题的讨论，如营销如何被整合进社会中。在欧洲中世纪时期，从依波主教圣师奥古斯丁（St. Augustine of Hippo）到神学家和经院哲学家托马斯·阿奎那（Thomas Aquinas，约1225—1274），也曾经思考过一些微观营销的问题，如人们如何符合道德和没有罪恶地从事营销实践。②

---

① Shelby D. Hunt. Doctoral seminars in marketing theory：For incorporating the history of marketing practice and thought，*Journal of Historical Research in Marketing*，Vol. 2（4），2010，pp. 443-456.

② Christine Domegan. The history of marketing thought：a teaching reflection，*Journal of Historical Research in Marketing*，Vol. 2（4），2010，pp. 457-466.

不过，大多数历史学家认为，营销作为一门学科最早是作为应用经济学的一个分支产生的。多个经济学派为那一时期的营销研究提供了支持，尤其是古典经济学派、新古典经济学派、德国历史学派和美国制度学派。经济学是营销学的一个母学科，管理学作为营销学的姊妹学科产生于 20 世纪早期。在泰勒和吉尔布雷思的领导下，科学管理研究了工人任务、成本、实践和动作，极大地提高了工厂的效率。工厂系统的显著改进和大规模生产导致了大规模分销的出现，分销问题成为亟待解决的学术问题，引发了营销学的创立。①

在古典营销学时代，理解营销思想的传统研究方法产生。在 20 世纪初，美国的商业呈现爆炸式的成长。移民持续不断地涌向城市，全国性品牌和连锁商店开始出现，郊区实行免费的信件和包裹递送服务，报纸和杂志广告迅速成长，横跨大陆的铁路的完成创造了空前数量的干线，许多小城市都通了铁路，较大的城市出现了公共交通，持续增长的汽车和卡车行驶在不断延伸的公路上。这些发展将农民通过代理商和经纪人与城市消费者连接起来，连接起制造商和批发商、批发商和零售商，这时的零售商已经不仅仅是小型的专门店，而且包括崭新的大型百货店和全国性的邮购公司，最终到达家庭消费者。思考市场分销改进的时机已经成熟。

为了将营销中不同的主题组织起来，在这个新近出现的学科中的营销先驱们发展了三种对营销现象进行科学研究的方法：（1）商品分类；（2）职能分类；（3）机构分类。现在一起称为营销研究的传统研究方法，最早使用的原因是反驳当时流行的“中间商在农民和消费者之间传递高价”和广泛持有的“营销的高成本、浪费和缺乏效率”的看法。营销职能强调由专业的营销机构（贸易企业）在将农产品和制造品从供应地转移到需求地的过程中所执行的分销和交换活动是对社会有用和具有经济价值的。

第三个时期，大约是 1955—1975 年，称为营销范式转移时期。这场从传统研究方法向现代营销思想学派的范式转移运动推动了营销学的进步。第二次世界大战之后，美国军用产能向消费品生产的转移促进美国的经济成长，出现了供给过剩问题，商业企业所从事的需求创造活动日益重要。范式转移运动也同样受到了福特基金会和卡耐基基金会的 1959 年报告的影响，这个研究报告呼吁商科教育与商业实践建立更强的相关性。这两个基金会还为一些大学商业课程的变革提供了资金支持。不过，引发营销范式转移的最重要原因却是那个时代最权威的学者奥德逊的思想贡献。由于奥德逊大量的论文、演讲、营销思想研讨会、通讯稿和两部开创性的著作，范式转移运动产生或影响了大多数现代营销思想学派，其中包括：营销管理学派、营销系统学派、消费者行为学派、宏观营销学派和社会交换学派等。

---

① Eric H. Shaw & Boca Raton. Reflections on the Dixon seminar: the development of marketing thought and theory, *Journal of Historical Research in Marketing*, Vol. 3 (1), 2009, pp. 131-143.

第四个时期，大约从 1975 年至今，称为营销学范式扩展时期。在消费者行为研究领域之外的学者，特别是心理学的学者开始进入营销学科。在除了消费者行为学派的其他学派中，推动营销范式扩展的主要动力是另一位权威学者科特勒的惊人构想和他的多位学术合作伙伴。这场范式扩展运动使得营销管理学派、社会交换学派和消费者行为学派这三个营销思想学派中的每一个学派里都形成了两个分支。营销范式扩展运动将营销思想的疆界从它传统上对商业活动的关注延伸到一种研究与任何一般或社会交换相关的所有形式的人类活动的更为广阔的视角。

四、营销思想学派

在营销思想的发展历史中，大多数营销思想的概念、议题和问题被合并进一些用于理解营销的学派或者研究方法当中。营销思想学派的形成、发展和变迁是营销思想史的一个重要组成部分。在本书中，一个营销思想学派定义如下：

(1) 主体知识内容丰富。

(2) 由多位学者发展而来。

(3) 所研究的问题至少包括营销活动执行的内容、方式、人员、原因、时间和地点等。

这里需要区别的是营销思想学派和营销子领域。营销子领域的例子包括广告学、销售管理或者营销调研等。营销思想学派代表的是一种看待营销整体或者大部的视角，而营销子领域则是一个营销学派内的构成要素，这些营销子领域多发生在营销管理学派之内。目前营销学界引起较大关注的两个子领域是广告学和服务营销，尽管广告学和服务营销是两个非常重要的领域，有着众多的研究学者，但由于其并非营销思想学派，因而不是本书的重点。

本书的第 6 章到第 14 章，将对营销思想发展历史中所出现的 9 个主要思想学派进行详细的介绍。它们分别是：商品学派、职能学派、机构学派、区域学派、营销管理学派、营销系统学派、消费者行为学派、宏观营销学派和社会交换学派。

其中，商品学派研究的是营销的商品可以如何分类，不同类别的商品如何营销；职能学派研究的是营销需要承担哪些职能，这些职能可以如何分类；机构学派研究的是执行营销活动的机构，通常是营销中间商；区域学派所关心的问题是营销所发生的地点或区域；营销管理学派所研究的问题则是从管理的视角来研究组织应该如何营销它们的产品或服务；营销系统学派则用系统的观点来看待营销，探讨营销系统的构成、存在原因、组成人员和运行机制等；消费者行为学派起初主要探讨的是消费者的购买和消费行为，目前已经扩展到几乎所有的人类行为；宏观营销学派关注的是总体水平的营销、营销对于社会的影响和社会对于营销的影响；社会交换学派研究的是构成交换的双方，促使交换双方达成协议的动机和交换的内容。

第2节　营销实践的演变

营销实践是营销思想的载体和发展源泉。考察营销思想史的发展历程，有必要先了解美国企业的营销实践。美国的企业营销活动主要是由营销部门来承担的，因此，研究营销部门的发展、演变，可为我们正确认识营销在企业管理及社会进步中的重要作用提供有益的启示。

一、美国企业的营销部门

美国企业的营销部门是由20世纪初期的营销研究部门发展而来的。1911年，柯蒂斯出版公司（Curtis Publishing Company）在查尔斯·帕林(Charles Parlin）的指导下设立了第一个营销研究部门（当时称为商务研究部门）。随后，美国橡胶公司和斯维特公司也分别于1916年和1917年设立了营销部门。这些部门最初被当做销售部门的附属组织，其任务是为销售部门提供市场信息，使销售部门很容易地把产品推销出去。后来，一些营销部门陆续接受了其他的新任务，如销售分析、营销管理等。不久，广告、顾客服务及其他繁杂的营销职能也被并入营销部门。

从总体上看，美国企业的营销部门大致经历了单纯的销售部门、兼有附属职能的销售部门、独立的营销部门、现代营销部门、现代营销企业五个阶段。

（1）单纯的销售部门。20世纪30年代以前，美国企业以生产观念作为指导思想，大部分企业都采用这种形式。一般说来，所有企业都是从财务、生产、销售和会计这四个基本职能部门开始发展的。财务部门负责资金的筹措，生产部门负责产品制造。销售部门通常由一位副总经理负责，管理销售人员，并兼管若干营销研究和广告宣传工作。在这个阶段，销售部门的职能仅仅是推销生产部门生产出来的产品，生产什么，销售什么；生产多少，销售多少。产品生产、库存管理等完全由生产部门决定，销售部门对产品的种类、规格、数量等几乎没有发言权。

小资料

美国企业早期的销售部门

像马歇尔·菲尔德公司（现为一家大零售公司）这样的大批发公司，是19世纪末期重要的企业。大批发公司通常有几个部门，如采购部、储藏部、销售部和商品运输部。批发公司有很大的甚至是国际化的采购网络，可以采购来自不同生产企业的产品。在采购和销售商品的时候，通常是批发公司说了算，尽管推销员在确定最后价格方面常常还有一些小的权力。批发公司还聘用业务经理监督商品的实际运输——有时是从成百上千的小生产企业到成千上万的客户手中。信贷和代收款项部从信用咨询公司和公司推销员那里收集信息，以便给各个客户制定交易的条款。到19世纪70年代，信用咨询公司R.G.邓氏公司和布拉德斯特里特公司是两家有活力的公司（后来合并为邓白氏公司）。邓氏公司聘用了大约1万名调查员（亚伯拉罕·林肯也曾是其中一员），每天能收到大约5 000份信息咨询。

销售总经理负责监督和评估所有的推销员。大批发公司还聘请销售副经理主管不同的领域。比起直接向农户推销产品的机构的推销员数量，批发公司聘用的推销员往往更少一些，因为它们的客户是零售商和地区批发公司，其数量远远少于农户。营业部常常包括广告部，广告部负责整理公司的商品目录以及不定期地在报纸上刊登广告。

资料来源：沃尔特·A·弗莱德曼：《一个推销员的诞生》，北京，中国社会科学出版社、线装书局，2005。

（2）兼有附属职能的销售部门。20世纪30年代大萧条以后，市场竞争日趋激烈，企业大多以推销观念作为指导思想，需要进行经常性的营销研究、广告宣传以及其他促销活动，这些工作逐渐变成专门的职能。当工作量达到一定程度时，便会任命一名营销主任负责这方面的工作。

（3）独立的营销部门。随着企业规模和业务范围的进一步扩大，原来作为附属性工作的营销研究、新产品开发、广告促销和为顾客服务等营销职能的重要性日益增强。于是，营销部门成为一个相对独立的职能部门，作为营销部门负责人的营销副总经理同销售副总经理一样直接受总经理的领导，销售和营销成为平行的职能部门。但在具体工作上，这两个部门是需要密切配合的。这种安排常常应用在许多工业企业中，它向企业总经理提供了一个全方位、多角度分析企业面临的机遇与挑战的机会。例如，销售失败后，总经理向销售经理询问解决办法，销售经理常常会提出应雇用更多业务员、增加销售费用、开展销售竞赛或降低成本以利于产品销售。而总经理从营销部门经理那里得到的答案则可能与销售经理大相径庭，营销经理常常从消费者角度而不仅仅从当前产品的价格和销售人员的角度入手寻求解决问题的办法。比如，营销经理会提出企业的市场定位是否正确？目标市场消费者是怎样看本企业及其产品的？在产品的特点、风格、包装、服务、配送及促销手段等方面是不是有变化？这些变化是否合理？显然，这种分析比仅从促销的角度进行分析对解决问题更为有效。

（4）现代营销部门。尽管销售副总经理和营销副总经理需要配合默契和互相协调，但是他们之间实际形成的关系往往是一种彼此敌对、互相猜疑的关系。销售副总经理倾向于短期行为，侧重于取得眼前的销售量；而营销副总经理则多着眼于长期效果，侧重于制定适当的产品计划和营销战略，以满足市场的长期需要。销售部门和营销部门之间矛盾冲突的解决过程，形成了现代营销部门的基础，即由营销副总经理全面负责，下辖所有营销职能部门和销售部门。

(5) 现代营销企业。一个企业仅仅设立了现代营销部门，还不等于是现代营销企业。现代营销企业取决于企业内部各种管理人员对待营销职能的态度，只有当所有的管理人员都认识到企业一切部门的工作都是为顾客服务，营销不仅是一个部门的名称而且是一个企业的经营哲学时，这个企业才能算是一个以顾客为中心的现代营销企业。这种企业也称为营销导向型企业。

小资料

宝洁的品牌经理制

1931 年，尼尔·麦克尔罗伊（Neil McElroy，1904—1972）引发建立了宝洁品牌经理体制和内部品牌竞赛机制。这种破天荒的管理使得传统的职能管理形式在包装消费品行业受到很大的挑战。

在产品众多的包装消费品公司甚至是产业公司，产品经理的管理方式得以广泛应用。传统上以职能形式的营销使各职能部门都竞相争取预算，而不对产品的市场负责任。产品经理开始以一个"总经理"的形式对一个产品的全面市场表现负责。所以，要搞好品牌/产品的营销，他就必须学会与公司其他部门沟通，寻求职能部门的合作。由于所接触的面较广，做过品牌经理之后，他们便能上升为市场营销部经理，全面负责公司的营销活动。第二次世界大战后，一个又一个的宝洁品牌在消费者心中占据重要空间，这与品牌管理形式分不开。

随之，世界上大大小小的消费品公司或产业公司都或多或少地引入了品牌/产品管理模式，如强生公司、花王公司、杜邦公司、联合利华公司等，这说明了品牌管理模式的威力。

当然，品牌经理制管理也不是万能的。因为品牌经理处于不断协调之中，他虽然对品牌负全责，但又无权指挥其他部门，必须依赖相关部门的协助。所以，他处于看似"总经理"又不过是个基层管理者的地位。同样，由于品牌经理有一个工作的期限，在他调离去负责另一个品牌之后，原来的品牌市场表现有可能受到影响。如果公司品牌太多，则有太多品牌经理，同产品不同品牌经理间为争夺预算会产生矛盾。不少公司品牌经理制管理形式正受到威胁。

新近的发展是品牌经理制的变种，如品类经理制（产品大类经理），指派一个人负责一个产品大类的营销；或把某些小的产品归入其他产品经理管理。甚至有的公司还把享有同一分销渠道等营销资源的产品交由某一产品经理管理。由于零售商更多采用"一揽子采购"方式，为适应这一环境的变化，消费品公司采用的是品类经理而不再是品牌经理。

资料来源：卢泰宏、王海忠、杨晓燕、陈晶：《营销百年》，载《销售与市场》，2000（1）。

二、美国营销的发展

营销在不同的时期引起了不同行业的注意。一些公司，如通用电气公司、通用汽车公司、西尔斯公司、宝洁公司等，较早地认识到了营销的重要性，营销依次在包装消费品公司、耐用消费品公司、工业设备公司内扩展开来。其他行业，如钢铁业、化工业、造纸业等都对营销认识得较晚，至今仍有一些差距。进入20世纪80年代，消费服务行业尤其是航空业、银行业等已经逐渐接受了营销思想。航空公司开始研究顾客对其所提供的各项服务的态度，包括时刻表的安排、行李的处理、飞行过程中的服务、态度是否友好、坐席是否舒适等，它们很快就抛弃了自己“隶属于航空业”的观念，而代之以“隶属于整个旅游业”的经营思想。那些起初极力拒绝营销的银行家们，到头来还得满腔热情地接受它，同时，保险业和股票经纪业也开始对营销感兴趣。事实上，20世纪70年代之后，随着服务业的不断发展，服务市场学作为营销学的一个重要分支独立发展起来。

现在，美国营销已渗入到形形色色的非营利部门，如学校、医院、警察局、博物馆、交响乐团等。营销在这些行业中已引起了不同程度的兴趣，得到了不同程度的了解。为学生越来越少而烦恼的美国大专院校，试图将营销理论运用于学生申请入学程序。为数渐多的医院，在患者越来越少的情况下，也开始运用营销原理认真研究提高其顾客满意度和市场占有率的有效途径，如伊利诺伊州伊凡斯顿市的伊凡斯顿医院，20世纪80年代初就聘用了世界上第一位医院营销副总裁。

促使美国企业意识到营销重要性的主要因素包括以下几方面。

(1) 销售额下降。对于大多数企业而言，销售额是衡量企业绩效的重要指标。销售额的变化作为一种预警信号，提醒企业主管某个经营环节尤其是营销环节是否出了差错。例如，当越来越多的人将注意力转向电视新闻时，报社便马上觉察到报纸发行量在减少。一些发行人员开始意识到，过去他们对读者为什么读报以及想从报纸上得到什么，简直是了解得太少了。于是，这些发行人员开始进行市场调查，基于调查研究的结果，重新设计一种时间性强、言语中肯、版式新颖、能引起读者兴趣的报纸。

(2) 成长缓慢。任何一个行业的发展都存在一个增长极限，当企业达到了其所在行业的增长极限，增长就会放缓，因此，企业必须考虑转向新市场。开拓新市场对许多企业而言是一个挑战，它们逐步认识到，要想成功地识别、评价和选择新机会，就必须具备更多的营销知识，就必须进行市场研究。

（3）购买行为的改变。消费者购买行为的改变也是一种预警信号，它提醒企业重新检查并调整其经营战略。事实上，许多企业已经意识到，消费者购买欲望和消费需求的急速改变将引起市场的不稳定。为了保证从购买者身上获得认同并取得利润，这些企业就不得不采取营销导向。

（4）竞争的加剧。一个自鸣得意的公司可能突然会遭到竞争对手的打击，而这些竞争对手通常都有较强的营销能力。因此，各个企业不得不认真学习营销以迎接挑战。例如，20 世纪 50 年代末，当宝洁公司打入纸制品市场时，斯格特纸业公司并没有太在意。起初，宝洁公司为了生产卫生纸、面巾纸和纸尿布等产品，花费了 13 亿美元用于营销调研和产品研发、市场推广。经过一个时期的发展，宝洁公司取得了巨大成功，其年资金利润率高达 10.3%；而斯格特公司虽然也在营业，但其年资金利润率却只有 4.3%。

（5）销售成本的提高。一个公司的广告、销售促进、市场研究、顾客服务等项成本费用可能会无限制地增加，一旦管理部门觉察到这种现象，就会立即感到必须改进企业组织管理，严格控制各种营销职能。

三、营销在美国企业中地位的演变

营销最初是作为企业的一项职能而出现的，这种职能的出现注定要同企业的其他职能产生矛盾和冲突。然而，随着市场经济的不断发展，营销在企业中的地位经历了由微不足道到颇受重视这样一个发展演变过程。

发展初期，一些财务部门、生产部门的经理往往将营销当做小贩叫卖的伎俩，看成是对自己权力、地位的威胁。之所以造成这种现象，是由于有些营销人员过分积极地强调一切成果都应归功于营销。此时，销售职能与营销职能处于平等的地位，被认为与财务、生产、人事等其他部门同样重要。

在需求不足的情况下，营销人员主张其职能要比其他部门的职能重要。更有甚者，一些激进的营销人员强调，没有顾客也就意味着企业的消亡，所以营销应是企业的主要职能。他们将营销置于中心位置，而将其他职能当做营销的辅助职能。这种观点激起了其他职能部门经理的反感和不安，他们不甘心充当营销部门的配角。一些热心于顾客服务的营销人员则主张，公司的中心应当是顾客，而不是营销。他们认为必须采取顾客导向，而且所有职能性业务部门必须协同工作，以便更好地为顾客服务，使顾客需要得到满足。

然而，市场竞争的加剧使得营销在企业中的重要地位最终得以确立。按照现代营销管理理论，企业面对的是外部环境，包括政治、经济、文化和法律等，企业的生存发展取决于企业自身与外部环境的交换（见图 1—1）。而市场营销作为边缘性职能，是直接联结市场需求与企业的桥梁和纽带。因此，营销成为企业参与市场竞争的有力武器。企业要想有效地满足顾客需要，就必须将营销置于重要的地位。

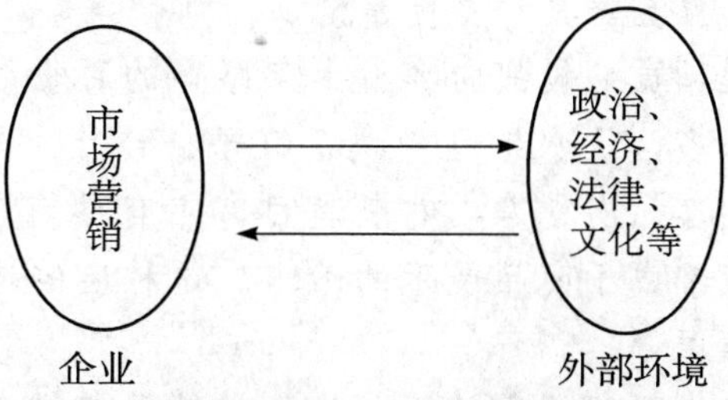

图 1—1 企业与环境的交换：营销的边缘性职能

从美国企业营销地位的发展，我们可以得到许多有益的启示。尤其需要注意的是，在营销管理、生产管理、财务管理、人事管理等众多企业职能中，唯有营销管理是在市场上或企业外部进行的，而其他管理基本上属于内部管理。因此，社会公众往往从一个企业营销工作的好坏就能判断其整体管理水平的高低。而从企业管理实际情况看，营销工作的好坏，确实决定着企业总体效益的高低。

小资料

美国历史上的旅行推销员

在小商贩和图书代理人探察他们在农民中的销售市场状况的同时，另一类推销员正穿梭在各个农场之间。他们被称为商业旅行者、旅行销售员或者旅行推销员。他们一般受雇于大批发公司，很多是没有固定工资的，仅靠提取佣金生活。旅行推销员与小商贩希望招揽的客户类型并不相同。旅行推销员一般会把商品卖给零售商，所以他们所采取的推销策略和小商贩并不一样。在心理上，他们并不像小商贩那样急于立刻成交，相反，他们更注重与客户建立一种长期的合作关系。在现代推销术的发展过程中，旅行推销员同小商贩一样，起了重要的作用。

在 19 世纪的大部分时间里，大多数生产企业并不直接把产品卖给零售商，而是通过大批发商进行销售。这样，生产企业就不必费力去组建庞大的销售网络，可以把所有的资源都用到产品的改进上。批发商通常被叫做“中间商”，它们拥有货物的批发销售权，而不仅仅是拿点销售提成。批发商通常在美国东海岸的大城市开展业务，但在内战后的几年里，它们开始进入一些内陆城市，如辛辛那提、圣路易斯尤其是芝加哥。铁路、电报机和轮船的出现，使得批发商有可能建立起庞大的采购网络，采购国内外各个生产厂家的产品。新的运输方式使批发商有可能建立一个大范围的、远距离的销售网络。这个网络还可以把生产企业的产品重新进行包装，分成相对较小的份额或“活儿”，然后发送到全国各地的各个遥远的角落。

内战后，纽约和费城的大批发公司的旅行推销员，带着商品目录和装满样品的大箱子南下或西进。他们携带着纺织品、威士忌、日用品、成药、珠宝、化学产品、五金器具和皮货等。

旅行推销员一般都向乡村十字路口的百货店推销商品。这种百货店经营的商品种类繁多，从水果到糖块、钉子、合叶、马轭、灯、布料、电线、网、绳子、酒、油漆、皮货等，琳琅满目，应有尽有。店里堆满了各种各样的货物，甚至天花板都成了商品展示的地方。这种店的增多使得美国街头走街串巷的小贩逐渐销声匿迹。

在大批发公司的支持下，旅行推销员拓展了采购和销售的渠道。成功的旅行推销员掌握着和零售商之间的联系，因此有很大的权力。当旅行推销员离开一家批发公司时，有时能把客户带走——他们认为这些客户是自己的而不是公司的。旅行推销员非常了解商业趋势和信誉情况。实际上，旅行推销可以成为一些年轻人的商业学校。波士顿基督教青年会的会长威廉·H·鲍德温在一次演讲中说过，旅行推销对国内的年轻人来说预示着极大的机会。

资料来源：沃尔特·A·弗莱德曼：《一个推销员的诞生》，北京，中国社会科学出版社、线装书局，2005。

□ 思考题

1. 简述营销思想史研究的内容。
2. 简述营销思想发展的各个历史阶段。
3. 简述对于营销思想学派的定义。
4. 简述美国企业营销部门经历的各个阶段。
5. 简述美国营销发展的历程。
6. 简述营销在美国企业中地位的演变。

第1篇

历史发展篇

第2章

营销思想的萌芽

营销的历史究竟有多久？学术界众说纷纭。有人认为，自人类出现时就有了营销；也有人认为，营销的产生先于人类；还有人认为，营销是从人类最初的交换活动开始的，即当双方开始物物交换时，营销就产生了；也有人认为，早期文明的突出表现就是由物物交换发展成推销这种绝妙的艺术。然而，营销作为人类活动不断发展的结果，它首先是一种人类活动，其核心观念是交换，但是，它又不同于一般意义上的交换。营销是一种高层次的交换，它强调需要和欲望的满足，致力于潜在交换的实现，无论其活动领域还是观念意识都不同于一般意义上的交换，更不同于销售。

营销是与市场密切相关的概念。人们到市场上从事交换（即使是物物交换），首先要考虑以别人所需换得自己所需，否则便不能实现交换。而市场是历史的范畴。列宁曾经指出，哪里有社会分工和商品生产，哪里就有市场。恩格斯也说过，市场中的价值规律已经在长达5 000～7 000年的时期内起支配作用。而营销也正是从市场需要出发，策划产品、价格、渠道和促销，通过满足市场需要实现其经营目标的活动。因此，当商品交换得以存在、市场开始萌芽时，营销活动就产生了。虽然营销学成为一门规范性的学科是在20世纪以后，但在漫漫历史长河中，不少思想家和学者很早就已经注意到了市场中的营销问题，对一些营销方面的命题进行了有益的思考。

第1节　营销的善与恶

据西方学者考证，位于小亚细亚半岛（今土耳其）的吕底亚人在公元前7世纪最早使用了金币和银币来进行零售贸易。这种使用金币和银币进行市场交易的方式相对于传统的物物交换方式要更有效率，因而促进了市场交易范围的扩展和市场的繁荣。这种市场交易方式也迅速传播到邻近的位于地中海沿岸的古希腊城邦，在给古希腊带来繁荣的同时也引起了哲学家们的关注。

一、古希腊学者对营销的思考

最早的营销思想可以追溯到古希腊的苏格拉底派哲学家，这主要是由于他们经历了乡村生活的衰退和城镇生活与市场的兴起，市场活动引发了他们对于营销的初步思考。

古希腊位于爱琴海与地中海之间，境内群山起伏，岛屿众多，虽不利于发展粮食生产，但园艺、畜牧、植果、养蜂业却颇兴旺。众多天然的良港使其有发展航海贸易的便利条件。对外来粮食的依赖和出口手工业产品和农产品的必要，使以雅典为代表的希腊沿海城邦不断扩大对外交往，与海外建立密切的贸易联系。随着古希腊贸易程度的增加，兼职的旅行商人逐渐变成了全职的有固定经营场所的坐商，定期交易的集市变成固定的市场。生活在公元前5世纪的古希腊历史学家希罗多德认为市场是希腊的一个创新："他们拥有市场来进行购买和销售，不像波斯人从不在公开市场上购买，在整个国家也没有一个单一的市场地点。"在公元前5世纪，雅典已经出现了一种成熟的市场交易类型，拥有固定的市场，零售交易在商店中进行。

在当时的古希腊民主社会中，主权由全体公民所有，每个公民都是平等的。然而，女人和奴隶却不是"公民"，因此这些群体中的成员并不能享受到平等的政治权力。但是市场交换是一种获取个人利益的方式而非一种维持社会关系的手段。在市场中，每一个货币都是平等的，由买者所控制的资源并不依赖于社会地位。这种新的行为不再受到社会地位关系的制约，而由契约这一新概念来运行。契约关系代表了对制度结构的侵蚀，威胁到了当时主流的社会秩序。

苏格拉底派哲学家将这种新近形成的市场机制与过着美好生活的理想人联系在一起。柏拉图（约公元前427年—前347年）是苏格拉底的学生，是古希腊哲学以及全部西方哲学乃至整个西方文化最伟大的哲学家和思想家之一，曾到埃及、小亚细亚和意大利南部游历。柏拉图在其著名的《理想国》一书中，对营销的产生和存在意义进行了思考。柏拉图指出人们不能自给自足，需要通过社会来满足人们的需要。由于个体有着不同的技能，他们各自具有的比较优势导致了劳动的分工，进而提高了生产的效率。然而，劳动分工却导致了生产者和消费者之间的分离。为了应对这种分离，市场交换，也即销售和购买成为必要。交换过程需要工作，工作需要时间，而时间具有机会成本。因此，由于在市场交易中具有高效率，营销中间商便产生了。

伴随着市场交易，也产生了收益如何在参与双方之间分配的问题。这种分配必须符合公平的原则。但是，即便市场被公平地运作，由于市场机制本身的性质，在市场机制和其他社会机制之间同样会有冲突产生。在市场之外，财富是一种对美好生活而言必要的工具的收集，由于工具是有限的，因而人们追求的财富是有限的。但是市场行为导致了人们对于金钱的无限追逐。

柏拉图的学生亚里士多德指出，由于金钱是商业和贸易所使用的等价物，财富逐渐被认为是拥有一定数量的金钱，但是对于金钱的欲望却是没有自然限制的，因而有些人就认为他们生活的意义就在于要么没有限制地增加他们的金钱，要么不惜代价地守护他们的金钱。市场和营销活动使得人们的价值观念发生改变，对金钱的无限追求引起了哲学家们的担忧。

小百科

柏拉图

柏拉图是古希腊伟大的哲学家，也是全部西方哲学乃至整个西方文化最伟大的哲学家和思想家之一，他和老师苏格拉底，学生亚里士多德并称为古希腊三大哲学家。

柏拉图雕塑

柏拉图出身于雅典贵族，他的母亲是雅典立法者梭伦的后裔。柏拉图起初打算继承家族传统而从政，但后来情况发生变化。在与斯巴达的战争中，雅典民主制失利，随即僭主上台执政。僭主转而又被新的代议制政府取代。柏拉图青年时师从苏格拉底，在公元前399年，苏格拉底受审并被判死刑，柏拉图对现存的政体完全失望，于是开始游历意大利、西西里岛、埃及、昔兰尼加等地以寻求知识。

柏拉图在40岁时（约公元前387年）结束旅行返回雅典，并在雅典城外西北郊的圣城阿卡德米创立了自己的学校——阿卡德米学园（Academy），学园成为西方文明最早的有完整组织的高等学府之一，后世的高等学术机构也因此而得名，也是中世纪时在西方发展起来的大学的前身。阿卡德米坐落于一处曾为希腊传奇英雄阿卡得摩斯（Academus）住所的土地上，因而以此命名。学园存在了900多年，直到529年被查士丁尼大帝关闭为止。学园受到毕达哥拉斯的影响很大，课程设置类似于毕达哥拉斯学派的传统课题，包括了算术、几何学、天文学以及声学。据说，柏拉图在学园门口立了块碑："不懂几何者不准入内。"学园培养出许多知识分子，其中最杰出的是亚里士多德。

柏拉图在阿卡德米学院执教40年，直至逝世。他一生著述颇丰，其哲学思想主要集中在《理想国》和《法律篇》中。柏拉图的作品是西方文化的奠基文献。在西方哲学的各个学派中，很难找到没有吸收过他的著作的学派。在后世哲学家和基督教神学中，柏拉图的思想保持着巨大的辐射力，被称为西方哲学的奠基人。

资料来源：百度百科，http：//baike. baidu. com/view/996. htm。

二、中世纪经院学者对营销道德的探究

中世纪（约476年—1453年），是西方文明史上的一个时代，开始于西罗马帝国被落后地区的民族攻灭，直到文艺复兴时期（1453年）之后，资本主义抬头的时期为止。这个时期的欧洲，封建制度占据统治地位，但没有一个强有力的政权来统治，封建割据带来了频繁的战争，造成科技和生产力发展停滞，人民生活在毫无希望的痛苦中，所以中世纪或者中世纪的早期在欧美普遍称作“黑暗时代”，传统上认为这是西方文明史上发展比较缓慢的时期。在中世纪，教会控制了西欧的文化教育，学校教育也是为了服务于神学，因而这一时期有名的学者多是经院出身的神学教授。

古希腊的苏格拉底学派学者已经意识到了要对营销活动进行规范，中世纪的经院学者则对营销活动的道德问题进行了更深入的探讨。中世纪经院学者认为社会必须是公正的，因此市场交易也应该是公正的。如果把等价交换作为一个公正交易的定义的话，那么接着就会产生一个问题。一个市场中间商在一项交易中获利是由于产品的出售价格要高于其购买价格。然而，如果再出售的产品看不出来有任何的变化时，消费者支付了额外的价格，却无法明显感受到从这项交易所获取的收益。经院学者圣·杰罗姆（St. Jerome，340—420年）提出卖家的收益一定是买家的损失，因此市场交易是罪恶的活动。

5世纪的圣·奥古斯丁（St. Augustine）处理这个议题的方法是将承担任务的人与任务本身区别开来。如果任务是有用的，那么承担这个任务的人就理应为他的劳动获得报酬。后来的学者的注意力开始聚焦于商人所做的事情，其中的代表学者有13世纪的阿奎那、亚历山大·涅夫斯基（Alexander Nevsky，约1220—1263）和15世纪的贝尔纳蒂尼（Bernardini Luini of Milan，1485—1532）等。经院学者们发现，通过商人的工作，再出售的商品发生了改变，他们提出了一个营销职能清单。比如，运输改变了产品的物理位置。储存改变了产品的时间位置，并保护了产品免遭损害和失窃。商人们还执行了风险承担的职能，在运输商品的过程中他们的生命常常遭受风险。甚至，由于需求估计可能会不正确，商品会不得不以亏损的市场价格进行出售。因此，商人理应为他们的劳动获得收益，因为他们承担了对社会有用的职能。

瑞卡德斯·德·米第·维拉（Ricardus de Media Villa，1283—1300）在13世纪将经院学者的观点加以整合，承认市场交易的社会收益，指出参

与双方都可以在一项交易中获益。由于商人在一个市场上购买，在另一个市场上出售，在每个市场上市场价格都起到支配作用，交易在两种情形下都是平等的。商人实现获利是由于市场间的价格差异，这种获利是理应获得的，因为商人承担了有用的职能。而且，市场交易还导致了不同地区供给的均衡，因此整个社会从中受益。瑞卡德斯·德·米第·维拉也指出当人们作恶时，市场交易会是不公正的，但这是由于人性的弱点，而并不是市场交易本身所带有的。作为一名经院学者，他提出教会可以充当社会控制机制，来帮助人们克服他们的弱点。

小百科

中世纪的经院学派

经院学派（scholasticism），亦称经院哲学，是中世纪知识界的主导哲学。它始于5世纪时波埃修斯对亚里士多德逻辑学著作的深有影响的评注，终于17世纪中叶。经院学派的鼎盛期在11—13世纪，当时建立了巴黎大学和牛津大学，通过解读古代著者的著作，尤其是对亚里士多德著作的阅读和注释过程，西方哲学传统得以再现自身。

经院哲学最著名的代表学者是阿奎那，他也是亚里士多德著作的最大注释家。其他杰出的经院学者包括阿布拉、布里丹、邓斯·司各脱、奥康和苏亚雷斯等人。经院学派的主要特征是力图调和理性与信仰之间的冲突，即力图使希腊思想，尤其是亚里士多德的学说与基督教神学协调一致，并力图达到以哲学来支撑神学的目的。信仰和知识的关联始于波埃修斯，奥康则论证道，它们之间结合的前途是没有希望的。正因如此，奥康被认为是最后一位经院学者。经院学派以善于争论有争议之点的细节为特色。这些形式的争论按照源出于亚里士多德逻辑学的一些公认的规则进行。在这种意义上，它对逻辑学作出了很大贡献。

经院学派之所以得到如此称谓，乃因为它是在大学中做成的哲学，因为只有在一个人有闲暇时间时，他才能学习与沉思。从文艺复兴时期以来，经院学派的声誉不佳，是诸如笛卡儿、培根、霍布斯、洛克等近现代哲学家抨击的主要靶子。近现代的哲学和科学是作为它的对立物而开始的。但是，在本世纪，哲学家们更新了他们的评价，意识到经院学派对逻辑学、语言学和形而上学作出的贡献。

资料来源：奇迹百科，http：//www. qiji. cn。

第2节　营销与国家目标

在中世纪后期的欧洲，伴随着封建主义的衰落，民族国家的觉醒意识日益增强。对城邦或公国的忠诚逐渐被对有着自然疆界的由共享共同语言和传统的民族所组成的国家的忠诚所超越。国王不再是个仅仅在经济上依赖于他自己所拥有地产的封建领主，他变成了一个团结的象征，围绕着国王国家传统得以传承和发展。商业和工业开始更多地受到国家而不是城邦或公国的管制。

一、市场机制对国家目标的贡献

伴随着民族国家的兴起，商业竞争开始在民族国家内弥漫，重商主义成为一种新的爱国思潮和建立一个强大国家的政治理念。罗宾逊（H. Robinson）在其1649年出版的《关于贸易和航海进步的简要考虑》一书中狂热地指出："贸易量高的国家拥有侵蚀和挖空任何一个贸易量低的国家的能力……国家所具有的任何达到和持续最大贸易量和船舶数量的能力，将会使其获得和保持对海洋的主权，进而获得对世界的最大限度的统治。"

与此同时，学者们对营销思考的重点开始转向市场机制对于国家目标的贡献。对国家而言，首要的目标在于国家财富和实力的增长，这要求商品和服务出口的增加。出口的增加要么通过投入资源的增加，要么通过资源使用效率的提高。尽管国家的人口代表着基础的潜在资源，但劳工的增加要求投资的增加，而投资的增加则需要货币供给的增长。货币供给在当时主要是指贵金属，但是在一定时期内，世界上贵金属的总体数量是一定的，金和银的产品生产并不能快速地增加。因而，如果一个国家想要增加投资，就需要从其周边国家中获取金钱。尽管有时有些国家会通过掠夺和剥削的方式来获取金钱，但更多采取的是通过向国外出售商品和维持一种适宜的贸易平衡的方式来获取金银。在此过程中，市场机制在国家政策里扮演了一个重要的角色。

重商主义学者认为，在国外市场中销售来自本国的"奢侈品"的商人对于国家目标的实现做出了贡献，因为这能够给国家从国外带回金银。市场机制不仅对信息收集和物品分销负责，还同样要负责刺激需求。示范效应会导致产出的增加，通过增加雇佣带来的收入也会进一步提高需求。诺思（Douglas North）指出："平常人看到他们的朋友变得富裕了，受到刺激也去模仿他们所做的事情。一个商人看到他的邻居请了一个教练，他也会跟着请一个。"此外，商人倾向于将他们的金钱进行投资而不是购买消费品，因此他们的利润将会导致更大的投资。由于对金钱认识发生的变化，曾经被苏格拉底派哲学家和中世纪学院派学者深切担忧的对金钱财富的追求，现在受到人们的赞扬。

尽管国际营销活动对国家政策目标的实现做出了贡献，但是本国内的营销活动却被认为干扰了这些目标的实现，有学者认为本国的营销活动应该受到限制。佩里特在1680年指出，零售商"会通过低买高卖来提高他们的私人资产，但是（仅仅通过这种方式的贸易）不能为国家财富增加一便士，因此一个穷贸易商人在一年里所增加的国家财富要比英国所有的零售商和店主们贡献的多的说法可能是正确的。”

小百科

重商主义

重商主义（mercantilism），也称作“商业本位”，是封建主义解体之后的16—17世纪西欧资本原始积累时期的一种经济理论或经济体系，是反映资本原始积累时期商业资产阶级利益的经济理论和政策体系。它建立在这样的信念上：一国的国力基于通过贸易的顺差，即出口额大于进口额所能获得的财富。

15世纪末，西欧社会进入封建社会的瓦解时期，资本主义生产关系开始萌芽和成长；地理大发现扩大了世界市场，给商业、航海业、工业以极大刺激；商业资本发挥着突出的作用，促进各国国内市场的统一和世界市场的形成，推动对外贸易的发展；在商业资本加强的同时，西欧一些国家建立起封建专制的中央集权国家，运用国家力量支持商业资本的发展。随着商业资本的发展和国家支持商业资本的政策的实施，产生了从理论上阐述这些经济政策的要求，逐渐形成了重商主义的理论。

重商主义抛弃了西欧中世纪经院哲学的教义和伦理规范，开始用世俗的眼光，依据商业资本家的经验去观察和说明社会经济现象。重商主义又可分为早期的重商主义和晚期的重商主义两种。

早期的重商主义产生于15—16世纪中叶，以货币差额论为中心（即重金主义），强调少买。该时期代表人物为英国的威廉斯·塔福。早期重商主义者主张采取行政手段，禁止货币输出，反对商品输入，以储藏尽量多的货币。一些国家还要求外国人来本国进行交易时，必须将其销售货物的全部款项用于购买本国货物或在本国花掉。

16世纪下半叶到17世纪是重商主义的第二阶段，即晚期重商主义，其中心思想是贸易差额论，强调多卖，代表人物为托马斯·孟。他认为对外贸易必须做到商品的输出总值大于输入总值（即卖给外国人的商品总值应大于购买他们商品的总值），以增加货币流入量。16世纪下半叶，西欧各国力图通过实施奖励出口，限制进口，即奖出限入的政策措施，保证对外贸易出超，以达到金银流入的目的。

早、晚期重商主义的差别反映了商业资本不同历史阶段的不同要求。重商主义促进了商品货币关系和资本主义工场手工业的发展，为资本主义生产方式的成长与确立创造了必要的条件。重商主义的政策、理论在历史上曾促进了资本的原始积累，推动了资本主义产生方式的建立与发展。

资料来源：百度百科，http：//baike. baidu. com/view/88523. htm。

二、市场机制与社会机制的连接

在18世纪，随着人们对市场机制内部的相互关系逐渐有所理解，人们的注意力开始转向市场机制与其他社会机制之间的关系。詹姆斯·斯图亚特（James Stewart）在1767年提出了一个连接市场机制和社会机制的综合模型。在这个模型中他指出，如果一个国家想要成长，人们必须生产更多产品和服务。但是是什么导致人们生产超过他们自己所需要的东西呢？是营销努力使得奢侈品变得流行，并创造新的需求。“这个国家的人们，之前因为他们所有的需求都被提供了，因而会停止工作，但是在现在由于在他们的眼前出现了新的追求目标，因而他们愿意工作得更努力。”商人通过研究“工作和需求的平衡”和传播有关市场价格的信息来提高市场效率。商人们同样也使用市场调研：“工人甚至被雇用来琢磨陌生人的品位，通过每一种可能的方式来满足他们的欲望。”

第3节 消费者主权论和作为交换的营销

17—18世纪，欧洲大陆掀起了一场波澜壮阔的反封建的思想解放运动。一批先进的、新兴的资产阶级思想家前赴后继，口诛笔伐，对封建专制制度及其精神堡垒——天主教会展开猛烈抨击，对未来的资本主义社会蓝图进行展望和描绘。在这场思想革命中，启蒙思想家们宣扬的天赋人权、三权分立、自由、平等、民主和法制等思想原则得到广泛传播，形成了强大的社会思潮。在这场思想革命中，人们的注意力开始聚焦于社会机制中个体的角色，在政治领域中主要表现为对民主政治的追求，而在市场机制中则主要表现为消费者的需求成为关注的焦点。

一、古典政治经济学家的市场观

经济学之父亚当·斯密（Adam Smith）于1776年发表的《国富论》一书与当时的哲学气氛相一致，重视个体的作用。亚当·斯密试图找到一个国家可以增加其财富的自然法则。亚当·斯密认为，市场机制的角色就是提高效率。由于效率是产出量的函数，市场机制通过开拓市场来鼓励行业发展，营销专家之所以能够促进行业发展，是因为他们相对于非专业人士而言，可以将营销工作做得更有效率。亚当·斯密提出了类似“营销观念”的阐述，他认为市场是由个体购买者所引导的，对一个工人施加影响最实际和最有效的，不是他所在企业的规章制度，而是他的顾客的购买行为。

相对于亚当·斯密对市场的看法，英国经济学家托马斯·罗伯特·马尔萨斯（Thomas Robert Malthus）则在其 1820 年的《政治经济学原理》一书中提出了更为明确的营销观点。他认为一个国家的财富起源于并受到生产和分销的支持，生产和分销是财富的两个基础元素，两者缺一不可而且需要合理地匹配。马尔萨斯还提出市场扩展得越广阔，营销任务执行得越好，国家财富的价值就增加得越多。

古典经济学家也认识到市场并不是完全自我管理的，而是受到其他社会机制的影响。个体并不能完全自由地按照他们所希望的去追求他们自己的利益，而是要受到公正法则的约束。亚当·斯密在 1759 年发表的《道德情操论》一书中也关注了私人利益和公共福利之间的冲突，并断言没有一个竞争市场单独能够解决这个冲突。只有当人们达到一种道德认同，并拥有了一种权利和自由系统，同时建立起互惠责任时，每个人的自发行为才会为公共福利做出贡献。

小百科

亚当·斯密

亚当·斯密（1723—1790）是经济学的主要创立者。1723 年亚当·斯密出生在苏格兰法夫郡的柯克卡迪。亚当·斯密的父亲是律师，也是苏格兰的军法官和柯克卡迪的海关监督，在亚当·斯密出生前几个月去世；母亲玛格丽特是法夫郡斯特拉森德利大地主约翰·道格拉斯（John Douglas）的女儿，亚当·斯密一生与母亲相依为命，终身未娶。

亚当·斯密
(1723—1790)

亚当·斯密在 1740 年前在家乡苏格兰求学，在格拉斯哥大学（University of Glasgow）完成拉丁语、希腊语、数学和伦理学等课程。1740—1746 年，赴牛津大学求学，但在牛津并未获得良好的教育，唯一的收获是大量阅读格拉斯哥大学的书籍。1750 年后，亚当·斯密在格拉斯哥大学担任逻辑学和道德哲学教授，还兼职学校行政事务，一直到 1764 年离开为止；这一时期，亚当·斯密于 1759 年出版的《道德情操论》获得学术界极高评价。其后于 1768 年开始着手著述《国民财富的性质和原因的研究》（简称《国富论》）。1773 年，《国富论》已基本完成，但亚当·斯密又多花 3 年时间润色此书，1776 年 3 月此书出版后引起大众广泛的讨论，影响所及除了英国本土，连欧洲大陆和美洲也为之疯狂，因此世人尊称亚当·斯密为“现代经济学之父”和“自由企业的守护神”。

1778—1790 年，亚当·斯密与母亲和阿姨在爱丁堡定居，1787 年被选为格拉斯哥大学荣誉校长，并被任命为苏格兰的海关和盐税专员。1784 年，斯密出席格拉斯哥大学校长任命仪式，因亚当·斯密的母亲于 1784 年 5 月去世所以迟迟未上任；直到1787年才担任校长职位至1789年。亚当·斯密在去世前将自己的手稿全数销毁，于1790年7月17日与世长辞，享年67岁。

亚当·斯密并不是经济学说的最早开拓者，他最著名的思想中有许多也并非新颖独特，但是他首次提出了全面系统的经济学说，为该领域的发展打下了良好的基础。因此完全可以说《国富论》是现代政治经济学研究的起点。亚当·斯密的经济思想体系结构严密，论证有力。亚当·斯密的接班人，包括托马斯·马尔萨斯和大卫·李嘉图等著名的经济学家，对亚当·斯密的体系进行了精心的充实和修正（没有改变基本纲要），在今天被称为古典经济学体系。

资料来源：百度百科，http：//baike. baidu. com/view/36852. htm。

二、作为交换的营销

17—18世纪的思想革命也促进了当时的科学研究，引发了学者们对传统理论所基于假设的怀疑和检验。怀特利大主教（Archbishop Whately）在1831年提出，人类的交换行为而不是交换的东西应该成为研究的主题，并提出“政治经济学”这个术语应该被“交易学”（意为交换的科学）所取代。对于人类行为的关注导致这样一个结论，即价值并非商品的一个属性，而是主观的。

在营销的历史上存在这样一个古老的悖论，即如果交换是公平的，那么它一定是一个零和游戏，一方的获得要以另一方的损失为代价。虽然经院学者曾经尝试过解决这个悖论，但是零和观点依然存在。例如，法国著名思想家蒙田（Michel Eyquem de Montaigne，1533—1592）在1588年论述道：“除了以他人的损失为代价之外，没有利润能够获得……商人只能从年轻人的奢侈浪费中获益。”

威廉·N·汉考克（William N. Hancock）在1851年指出了零和误解的损害效应。经济福利的损失产生于“那种认为在一个交换中任何一方的获得是另一方的损失的普遍观念”。“信奉在一次交易中必有一方会损失的卖家，会在每一次交易中尽可能地从顾客那里获取多的利益。”然而，“真实的经济原理是，在每一个明智和公平的交换中，参与双方都获益。因此，不管他们可能显得有多么的对立，从长远来看，卖家和买家的利益是一致的”。

早在18世纪孔狄亚克（Etienne Bonnot de Condillac，1715—1780）就提出一次交换交易本身就增加价值，但是直到19世纪这一论断才成为经济分析的一个显著的组成部分。蒙提弗特·朗费尔德（Montifort Longfield）在1835年指出交换行为本身提高了经济福利：“在每一个交换中，交换者获得了一件相同价值的物品，这件物品相对于他所交换的物品对他而言具有更高的效用，在大多数情况下，他交换的物品对他而言毫无用处。”威廉·

斯坦利·杰文斯（William Stanley Jevons）在1871年也认为，“支付一个高价格的人对他所购买的东西具有高的需要，或者对他支付的东西具有低的需要；不管在哪一种情况下，交换都能获益。”这种对于交换行为的强调，不仅明晰了营销对经济福利做出贡献的方式，也对市场行为进行了深入的分析。行动者变成了全部的个体，不再局限于代理商。

第4节 营销视角的整合

古希腊的苏格拉底派哲学家和中世纪的经院学者主要是从宏观视角来探讨营销和市场机制对于人们生活以及社会的影响，中世纪后期欧洲的重商主义学者则关心营销在国家目标实现中的作用，到了17—18世纪欧洲思想革命之后，学者们对于营销和市场思考的视角开始转向微观，研究市场机制中个体消费者和市场交换的作用。而到了19世纪末和20世纪初，奥地利经济学派开始尝试整合宏观视角和微观视角，将营销作为一个系统来进行思考。

一、奥地利经济学派的整合尝试

奥地利经济学派是近代西方经济学边际效用学派中最主要的一个学派。它产生于19世纪70年代，流行于19世纪末20世纪初。奥地利经济学派经济学家的终极目标是理解国家经济是如何由个体决策发展而来。卡尔·门格尔（Carl Menger）是奥地利经济学派的创始人，他指出为了终极目标，需要对复杂的经济现象是如何从构成它们的元素中发展而来的方式进行研究。

奥地利经济学派将追求满意最大化的理性消费者作为分析的起始点。对于理性消费者而言，满意是可以排序的，由于满意的方法涉及未来，因而必然具有不确定性。一件商品的价值在于它对于最终消费者的满意的贡献。个体行为发生在家庭和其他群体之中，因而在群体间发生变化。家庭成员之间的互动不同于如市场契约这样的外部互动。市场契约订立双方之间的互相联系形成国家经济。因为他们共同形成了一个永不终止的链条，他们中的每一对都通过契约双方中的一方与前面一组和后续一组相互连接起来。经济通过社会机制来协调，比如市场。

然而，社会组织并不是自发产生的。尽管个体行为驱动了经济，但普通的个人不太可能引发改变。在一个人的行为中，只有一部分是有意识的考虑之后的行为。奥地利经济学派认为人是他所处时代和环境，他的国家、他的社会阶层和他的职业的产物，需要、冲动、自我主义都受到社会权力的主导，从根本上讲，每个人所要求的都是他所在圈子的生活标准所推动他需求的东西。因此，为了产生改变需要有领导者，企业家就是这样的领导者。中间市场就是当一些明智的人发现他们应该在交易中引入第三方的时候出现的。随着他们从中获益，越来越多的人开始使用这一过程。随着经济发展的进行，专业化开始增加，因此商品常常需要通过或多或少的中间商所构成的复杂路径进行流通。

随着个体习惯性的碰面来交换产品和服务，市场机制逐渐演化产生。尽管每一个特定的市场交易都是一个个体选择的问题，但是每一个参与方都受到其他市场参与方行为的影响。因此，市场机制并不是在有意识的深思熟虑的行动中产生，而是由个体决策的非计划中的结果。奥地利经济学派指出："这些领导者不管是在刚开始还是在后来，在他们的头脑中从来就没有一个社会机制的概念。他们所追求的都局限于非常小的、更近期的目标。大量实践所形成的巨大影响将最终的结果扩展得远远超过他们的预期。"

二、效用概念的提出

奥地利经济学派的卡尔·门格尔被认为是第一个对营销职能和营销机构进行全面阐述的学者。门格尔的基本假设是，如果认为对满足人类需要作出贡献的任何人和任何机构都是有效益的，那么显然在大多数情况下，营销机构都是价值和财富的创造者。门格尔在1871年出版的《经济学原理》一书中指出产品市场连接人、数量、地点和时间段，因而显示出占有、形式、地点和时间效用。门格尔也意识到一件事情能否具有效用，只有在这个事情的所有组成部分共同产生一个总效用的情况下才能实现。门格尔的这一见解在20世纪中叶被著名的营销学者奥德逊重新提出。

在奥地利经济学派的效用理论基础上，美国制度经济学家约翰·贝茨·克拉克（John Bates Clark）于1886年首次将效用类型明确地分解为四种，即基本效用、形式效用、地点效用和时间效用。基本效用指的是产出过程，如农业和采矿；而形式效用则与加工过程相联系。克拉克把商人的大批量进行采购，零散出售给消费者的行为也看作一种生产者的形式效用。这种大批量采购、零散出售产生效用的观点在一个世纪后，演变为菲利普·科特勒教材中的"数量效用"的概念。

效用概念在营销学的发展过程中具有十分重要的地位。首先，效用概念的提出将营销活动与农业和制造业活动区别开来，农业和制造业活动主要创造形式效用，而营销活动则主要产生时间、地点和占有效用。其次，由于营销活动和其他经济活动一样，能够产生效用和创造价值，因而营销在本质上是具有效益的。效用概念为营销活动的合理性提供了理论基础，在营销学的发展史上具有极其重要的意义。

小百科

奥地利经济学派

奥地利经济学派起源于维也纳，而学派的名称则起源于奥地利经济学家与德国的经济历史学派的辩论，在辩论中奥地利人主张古典经济学着重于逻辑高于观察，而德国人则嘲笑他们为“奥地利经济学派”以凸显他们远离了德国的主流思想，并且嘲笑他们的思想仅属于地区省份的层次（当时普鲁士统一了除奥地利之外的德语地区，成立了德意志帝国，所以视奥地利为一个分离的地区省份）。

一般认为，奥地利经济学派的形成始于 1871 年卡尔·门格尔《经济学原理》的出版。当时还是个公务员的门格尔也因此书而成为维也纳大学的一名青年教师。两位更年轻的经济学家，欧根·冯·庞巴维克（Eugen von Bŏhm-Bawerk）和弗雷德里克·冯·维塞尔（Friedrich von Wieser）虽非门格尔的学生，却成为门格尔这本成名之作新观点的热情支持者。在 19 世纪 80 年代，由于这两位追随者和门格尔一些学生不遗余力的写作，特别是由于门格尔本人发表了一本有关方法论的著作，门格尔及其追随者的观点引起了国际经济学界的重视。至此，奥地利经济学派已成为一个公认的实体。

卡尔·门格尔
(1840—1921)

奥地利经济学派反对德国历史学派否定抽象演绎的方法，以及否定理论经济学和一般规律的错误态度，也反对英国古典学派及其庸俗追随者的价值论和分配论，特别是反对李嘉图的劳动价值论。它认为社会是个人的集合，个人的经济活动是国民经济的缩影。通过对个人经济活动的演绎、推理就足以说明错综复杂的现实经济现象。奥地利经济学派把社会现实关系中的“经济人”，抽象还原为追求消费欲望之满足的孤立个人；把政治经济学的研究对象从人与人之间的生产关系，改变为研究人与物的关系，研究消费者对消费品的主观评价，把政治经济学变成主观主义的个人消费心理学。

奥地利经济学派的代表著作有：门格尔的《国民经济学原理》（1871 年），维塞尔的《自然价值》（1889 年），庞巴维克《资本与资本利息》中的第一卷《资本利息理论的历史和批判》（1884 年）、第二卷《资本实证论》（1889 年）。此外，庞巴维克的《马克思体系的终结》（1896 年）也有较大的社会影响。

资料来源：百度百科，http：//baike. baidu. com/view/238610. htm。

三、德国历史学派的营销研究方法论

在 19 世纪，许多追求更高教育的美国学生被德国所吸引，据统计，在

1820—1920 年之间，有大约 10 000 名美国学生前往德国留学。这种学术迁移给人印象非常深刻，不仅表现在绝对数量上，而且也体现在美国学生在其他欧洲大学中的人数。美国的大学强调一致性和纪律，通过授课—背诵方法进行教学。相反，德国的大学属于研究性院校，它们营造了一种学术自由和师生平等的氛围。在 19 世纪 80 年代或者更早些时候，德国学习经济学的学生会经常到各种各样的工业企业调研，通过第一手资料来研究经济中的机构力量。在德国的学术氛围影响下，美国学生培养出了一种类似于工匠对技术专业性的关注，对精确的无限追求和对应用知识与技巧于社会事务上的热心。

在 19 世纪后半期，一种历史主义的后来被称为历史学派的科学范式开始主导德国的社会科学研究。经济学中的历史学派是在 19 世纪中期作为对古典经济思想的反思而产生的。在那一时期伴随着德国经济的飞速成长，出现了诸如贫穷、工业发展和银行系统的开发等问题，历史学派的创立者们对古典经济学在解决这些问题上的无能为力深感不满。历史学派认为，解决实际经济问题的首要任务是强化一种独特而持久的教学与研究经济问题并重的哲学假设体系。历史学派的与众不同之处在于它的历史的统计的方法论，它的实用主义和它的理念，而不在于其理论和概念构想。

19 世纪 70 年代，一批在德国受过学术训练的经济学家开始陆续返回美国，其中的代表学者有克拉克（J. B. Clark），塞利格曼（E. R. A. Seligman），派腾（S. N. Patten），陶西格（F. W. Taussig），埃德温·弗朗西斯·盖伊（Edwin Francis Gay）和理查德·T·埃利（Richard T. Ely）等。1885 年，理查德·T·埃利领导一群在德国受过学术训练的经济学家创建了美国经济学会。根据埃利所言，美国经济学会的建立既代表着对自由放任经济学体系的反抗，也代表着对历史性和统计性研究的强调。

19 世纪末和 20 世纪初，正值美国经济社会处于大发展大变革之际，市场规模迅速扩大，生产能力不断增强，供求形势急剧变化，传统经济理论已经无法解决日益突出的营销问题。这些受德国历史学派影响的学者和他们所培养的学生，作为营销学的先驱，运用德国历史学派历史的统计的方法论来研究美国市场中涌现出的营销问题，使得早期营销学打上了浓厚的历史学派的印记。

小百科

德国历史学派

德国历史学派是 19 世纪 40 年代至 20 世纪初期在德国出现的庸俗经济学流派。它强调经济发展的历史性和国民经济的有机体现，代表德国产业资本的利益，对抗英国古典政治经济学。

德国历史学派的先驱为 F. 李斯特。此后，W. 罗雪尔将以 F. K. 萨维尼

(1779—1861)为代表的法学研究中的历史方法，应用到经济学方面，奠定了这一学派的基础。继之有B. 希尔德布兰德(1812—1878)和K. G. A. 克尼斯(1821—1898)，形成了旧历史学派。1870年后，由于工人运动和各种社会问题的出现，在旧历史学派传统的基础上，形成了以施穆勒为首的新历史学派，其主要代表人物有L. 布伦塔诺(1844—1931)和A. 瓦格纳(1835—1917)。20世纪初期从内部批判历史学派，并促使历史学派解体的主要人物有M. 韦贝尔(1864—1920)和W. 桑巴特。

19世纪前半叶，英国完成了产业革命，获得了世界工厂的地位。亚当·斯密的自由主义经济学说代表了英国产业资本的利益，而德国还处在封建割据的农业国阶段，为了发展德国本国的工业，对来自英国的工业品，必须采取保护贸易政策，并在意识形态上对抗英国的亚当·斯密理论。李斯特在《政治经济学的国民体系》(1841年)一书中指责英国古典经济学不强调经济生活中国民有机体的重要，是"世界主义"和"个人主义"的经济学。他的国民经济学则强调经济生活中的国民性和历史发展阶段的特征。他反对古典学派的抽象、演绎的自然主义的方法，而主张运用从历史实际情况出发的具体的、实证的、历史主义的方法。在经济理论方面，李斯特提出发展国民生产力的理论，批判斯密的单纯"交换价值"的理论。在经济政策上则主张采取国民主义和保护主义的贸易政策。李斯特的这种历史主义的经济发展阶段论，形成了德国历史学派的传统和基本特征。

资料来源：MBA智库百科，http：//wiki. mbalib. com。

第5节 中国营销思想的萌芽

作为四大文明古国之一，中国很早就有了进行商品交易的市场，而作为致力于在市场中促进交易实现的营销活动在中国的历史上也源远流长。在中国古代，人们已经感受到了营销对其需要和欲望满足的重要性，交换使人们各得其所，尽管此时的营销思想尚处于萌芽阶段，尚未被人们普遍重视。

一、先秦典籍中的营销思想

从《周易》、《尚书》、《诗经》、《春秋三传》等古老典籍中，可以整理、挖掘出我国有成文史以来流传于社会中的许多基本的营销思想和原则，如天地乾坤、吉凶祸福、天道人道、阴阳五行、理财聚人等概念。传说中的神农氏时，"日中为市，致天下之民，聚天下之货，交易而退，各得其所"。此时所谓"天下"只能以日中为市，在数小时之内便能完成交易，各人满意而去，可见其“天下”之小。

西周时期，周文王遇到大荒旱，曾通过改善营销环境、促进市场交换来解决困难。他在《告四方游旅》中宣称，要给四方游商在交通上以便利，如认为这里的货币轻，可以另发重币；货物随到随卖，不耽误，早晚均可进行贸易等。固定设在王城中的市，每日三次。朝市在早上进行，以商贾间的买卖为主；大市在日中进行，以一般消费者为主；夕市在傍晚进行，以贩夫贩妇为主。此外，西周在满足市场需求方面还有一些基本原则，即“凡治市之货贿六畜珍异，亡者使有，利者使阜，害者使亡，靡者使微”。意思是，若干重要商品，没有的要使其有，有利的要使其推广，有害的要加以排除，奢侈的要使其减少。对于不同类型的商品，采取不同的营销对策，如“五谷不时，果实未熟，不粥于市。木不中伐，不粥于市。禽兽鱼鳖不中杀，不粥于市”。这些原则尽管有其阶级虚伪性，代表着封建领主阶级的利益，但就这些营销思想的自然属性而言，与当代世界著名营销权威菲利普·科特勒提出的“适应不同需求情况采取不同营销对策”的学说有异曲同工之妙。

另外，《诗经》和《周易》中的某些论述，对于我们研究古代营销思想也具有重要意义。例如，《诗经·卫风·氓》曾有这样的描述：“氓之蚩蚩，抱布贸丝。匪来贸丝，来即我谋。”就是说，青年人以从事商品交换为由，来交换场所会见心上人。在推销产品的同时，还推销自我。这一方面说明交换与人们的日常生活有着密切联系；另一方面也说明当时的人们已有了广义营销的初步认识。

《周易》则探究了天道与人道的关系，是概括天理与人道结合的“天人合一”的哲学，即“天人之学”。纵观历史，春秋、战国时期的儒、道、墨等诸子百家以及唐、宋以后儒、道、佛各家的学术思想，无不源于《周易》的“天人合一”、天人同德思想（即人与自然相亲相爱，万物皆有情）。这一思想对当今学术思想及管理科学的发展仍有着重要的影响。20 世纪 90 年代以来，日益为世人所重视的“绿色营销”观念与《周易》的“天人合一”思想可以说是一脉相承的。

小百科

《诗经》与《周易》

《诗经》是中国第一部诗歌总集，收入自西周初年至春秋中叶 500 多年的诗歌 311 篇，又称《诗三百》。先秦称为《诗》，或取其整数称《诗三百》。西汉时被尊为儒家经典，始称《诗经》，并沿用至今。《诗经》按用途和音乐可分风、雅、颂三部分，其中的风是指各地方的民间歌谣，其中的雅大部分是贵族的宫廷正乐，其中的颂是周天子和诸侯用以祭祀宗庙的舞乐。《诗经》的主要表现手法是赋、比、兴。其中直陈其事叫赋；譬喻叫比；先言它物以引起所咏之物叫兴。

作为中国文学的主要源头之一，《诗经》一直受到历代中国读书人的尊崇，历经2 000多年已成为一种文化基因，融入华夏文明的血液。《诗经》对中国的文学发展产生了深广的影响，同时也是很有文学和史料价值的古代史料。

《周易》是一部古老而又灿烂的文化瑰宝，古人用它来预测未来、决策国家大事、反映当前现象，上测天，下测地，中测人事。《周易》认为世界万物是发展变化的，其变化的基本要素是阴和阳，《周易·系辞》中说："一阴一阳之谓道。"世界上千姿百态的万物和万物的千变万化都是阴阳相互作用的结果。《周易》研究的对象是天、地、人三才，而以人为根本。三才又各具阴阳，所以《周易》六爻而成六十四卦。正如《说卦》："立天之道，曰阴与阳。立地之道，曰柔与刚。立人之道，曰仁与义。兼三才而两之，故《易》六画而成卦。分阴分阳，迭用刚柔，故《易》六位而成章。"

《周易》堪称中国文化的源头。它的内容极其丰富，对中国几千年来的政治、经济、文化等各个领域都产生了极其深刻的影响。无论孔孟之道，老庄学说，还是《孙子兵法》，抑或是《黄帝内经》、《神龙易学》，无不和《易经》有着密切的联系。一代大医孙思邈曾经说过："不知易便不足以言知医。"

资料来源：百度百科，http：//baike. baidu. com/view/4976. htm；http：//baike. baidu. com/view/2693. htm。

二、儒家的义利观与诚信为本

在中国的营销实践中，义利之辩，古已有之。孔子曾说过："义者宜也。"宜即合理之意，人的行为必须合理，要有"义的自觉"，"君子以义为上"。义和仁、礼、智合起来被儒家视为人的"四端"（端是为人的起点）。孟子也称："义，人之正路也。"做人要讲义，而营销活动具有牟利性，这就是义利之争在市场营销活动上的具体化。如何对待义与利之间的矛盾，儒家的态度是："见利思义"，"见得思义"，"义然后取"，"义，利之本也"，"利，义之和也"，把义放在首位，义为利的前提。

孔子还有一句至理名言："己所不欲，勿施于人。"这条准则对于现代营销思想的发展仍具有重要意义。经济利益的互补性和互存性，决定了人们必须为他人的利益着想。用现代营销理论的说法，就是通过满足目标市场的需要和欲望，来取得利润收入，求得企业的生存与发展。谈到欲望问题，孔子的高徒子产曾有过精辟的阐述。他说"无欲实难。皆得其欲，以从其事，而要其成"（《左传·襄公》）。

儒家在强调义利观的同时也很强调信。孔子认为，活政必须有"足食，足兵，民信"三条，在不得已的情况下可以去掉"兵"和"食"，但"信"必须坚持。"自古皆有死，民无信不立。"荀子提出"诚为政本"的观点：

“君子养心莫善于养诚，致诚则无它事矣。”“不诚……民犹若未从也，虽从必疑……不诚则不能化万民……不诚则疏……不诚则卑。夫诚者，君子之所守也，而政事之本也”（《荀子·王制篇》）。诚信才能取得人民的“从”即拥护，去建功立业，并且可以“化万民”而建立和谐的治理秩序。诚信不仅是立国为政之本，也是一切事业的治理通则。

三、“待乏”学说满足未来市场需求

范蠡是春秋时期越王勾践的重要谋士，在越国灭吴的过程中起到了重要作用。此外，范蠡还是位著名的大商人，他的经济思想在我国历史上占有十分重要的地位。其中，他所提出的经济循环理论可以看作现代营销理论中市场预测学说的雏形。他认为，自然气候的好坏一定会影响到农业劳动生产率，谷物的收获量就会有多有少，因此，谷物价格必然会随天时的变化而涨落。所以“八谷亦一贱一贵，极而复反”（《越绝书·枕中第十六》）。要想取得营销的成功，就必须顺应自然规律，根据自然规律掌握商情的变动。

他还提出著名的“待乏”学说，即所谓“水则资车，旱则资舟”（《史记·货殖列传》）。也就是说，营销的产品，不仅要考虑到满足目前的市场需要，更重要的是，应从市场需求的未来发展趋势出发，制定营销计划，安排适应未来需要的商品供应上市。当水灾盛行时，不必以船作为主要的产品项目，而应预先作车的营销计划与方案，因为在水灾结束后，车将成为特别需要或缺乏的商品，其价格必将上涨。天旱时要做好船的营销准备工作。夏天要考虑皮毛商品的销售，冬天要准备葛麻商品的销售，都是同一道理。所谓水车旱舟，并不是具体的做法，不过是用来说明这一营销原则而已。这个原则范蠡在《越绝书》中还有比较具体的提法：“阴且尽之岁，亟卖六畜货财，以益收五谷，以应阳之至也。阳且尽之岁，亟发籴，以收田宅、牛马，积敛货财，聚棺木，以应阴之至也。此皆十倍者也。”在这里，范蠡将所有商品分为两大类：一类是五谷，即粮食商品；一类是田宅、牛马等，即非粮食商品。他认为，这两类商品的价格动向是相反的，进而片面地从商品供求关系对市场商品价格的影响出发，认定在丰年五谷收成好、谷价贱时，人民对非粮食商品的需要增多，其价格必然上涨。如年景不好，谷价上升，人民对非粮食商品的需要就会减少，所以，要在适当的时候抛出粮食商品，购进非粮食商品，或抛出后者，购进前者，这便是获利十倍、五倍的秘诀。

范蠡还主张在所存商品价格已贵时，应把它当作粪土一样立即抛售，毫不吝惜；在物价便宜时，将便宜商品当作珠玉一样大胆收购。此即所谓“贵出如粪土，贱取如珠玉”（《史记·货殖列传》）。同时，他还提出要“无敢居贵”，即不主张贪求过分的高价，要从商品周转次数的增多中增加利润收入。

四、《管子》的市场观

《管子》是我国早期出现的一部伟大经济巨著，在现存《管子》76 篇中有 2/3 以上都涉及经济问题；有近 1/2 是研究经济，这在先秦著作中是绝无仅有的现象。《管子》中的基本经济概念的奠基者是管仲。管仲曾担任齐国的国相，辅佐齐桓公成为春秋霸主。

《管子》一书中提出了许多关于市场的新颖独到的看法，主要包括：(1) 市可以济民乏，应普遍设立。其中提到，“方六里为命曰暴，五暴命之曰部，五部命之曰粟。聚有市，无市则民乏。五聚命之曰某乡”。每一乡都必须设五个市。如无市则不能使人民互通有无，就会感到物资匮乏，供不应求。在此之前，人们理解市的作用是“以有易无”，而《管子》提出“无市则民乏”，从解决人民的物资缺乏问题着眼，这意味着小商品生产有很大的发展。人们卷入交换的范围越广泛，对市场的依赖也就越大，越来越多的生活用品必须从市场取得，这些客观事实是形成“无市则民乏”这一新观点的条件。同时，市的设立必须普遍，才能真正解决物资缺乏问题。(2) 市是决定商品贵贱的场所。《管子》中写到：“市者，货之准也。”万物之贵贱，必须通过市场活动才能得到最后的确定。尽管《管子》的作者不懂得商品有自己的价值，交换只不过是价值的实现，但在生产为私有者所掌握的条件下，只有在市场上看到价格的自我波动，商品生产者才知道与有支付能力的需求相比到底什么生产太多、什么生产太少时，所谓“市者，货之准也”这句话才有其道理。(3) 市场可以刺激生产发展。“市者……可以知多寡，而不能为多寡。”通过市场的动态可以了解哪些商品生产太多，哪些商品数量太少，但市场本身不能生产商品，所以不能直接决定商品数量的多少。然而，市场能够起到刺激生产的作用。“市也者，劝也。劝者所以起本。”即市场能起观摩、鼓励的作用，通过市场可以推动本身，即推动生产事业。在这里《管子》实际上是在说明“生产决定交换，交换反作用于生产”这样一个道理。

五、苏轼的营销方式论

苏轼是北宋著名的文学家、诗人和思想家。他曾就订购和赊卖等营销方式做过论述：“夫商贾之事，曲折难行。其买也先期而与钱，其卖也后期而取值。多方相济，委曲相通。倍称之息，由此而得”（《苏东坡集·奏议集·上皇帝书》）。在此之前的思想家甚至那些代表商人阶级观点的思想家范蠡、《管子》作者等都不曾提及私人商业往来中的定购与赊卖等方式，可见宋初的商品经济的发展已达到相当高的水平，所以才在一些思想家头脑中得到反映，而苏轼则是明确提到这一问题的思想家。

关于市场领导者以巨额货币资金在竞争中压倒小商小贩的情况，他也有所论述："譬如千金之家，日出其财以罔市利。而贩夫小民终莫能与之竞者，非智不若，其财少也。是故贩夫小民，虽有桀黠之才，过人之智，而其势不得不抑而入于千金之家者，何则，其所长者不可以与较也"（《苏东坡集·应诏集·策断》）。他还提倡批发与零售相辅而行的营销方式，指出："且平时大商所苦以盐迟而无人买，小民之病以避远而难得盐。今小商人不出税钱，则所在争来分买：大商既不积滞，则轮流贩卖，收税必多"（《苏东坡集·应诏集·策别》）。

总而言之，在中国很早就有了营销思想的萌芽，这些思想萌芽是中国源远流长的营销实践活动的反映和总结，这些营销思想对于中国乃至全球的营销实践和理论发展都具有重要的启示意义。

小资料

张良卖剪刀

传说张良在辅佐汉高祖刘邦成事之前做过铁匠，因为他打的剪刀都很好，因而刚开始卖剪刀的时候都只要一个价钱。但不少人拿起剪刀比来比去之后又放下了。张良后来琢磨透买剪刀人的心理，便把剪刀分成好剪刀、一般的剪刀和差剪刀。价格当然也应有高、中、低三档。看有钱人来买剪刀，便介绍高价剪刀的好处，对穷人来买剪刀，则卖最便宜的剪刀给他们，对一般人则卖中等价格的剪刀。这样把原本没有差别的剪刀人为地分出好、中、差三等，并分别以高、中、低价格叫卖，剪刀卖得很快。他既卖出了剪刀，又照顾了穷人，很令人钦佩。所以后来人们都传颂"张良卖剪刀，贵贱一种货"。

张良像

按现代营销观点分析，张良对其剪刀实行差异化策略，避免了其剪刀的积压，也赚了更多的钱。营销讲究针对消费者的需求实行差异化的满足，否则即使产品质量很好，也可能没有销路。

资料来源：《读小故事，学营销》，营销资讯网，http：//info. txooo. com/Sell/2-1135/1351130. htm。

□ 思考题

1. 简述古希腊苏格拉底学派哲学家对于营销的认识。
2. 简述中世纪经院学者关于营销道德的观点。
3. 简述重商主义者有关市场机制对于国家目标贡献的观点。

4. 简述古典政治经济学家的市场观。
5. 简述奥地利经济学派对于市场机制的分析。
6. 简述效用概念的提出过程及其在营销学中的意义。
7. 简述先秦典籍中的营销思想。
8. 简述儒家的义利观。

第3章

营销学的古典时代

营销学作为一门独立的学科，诞生于20世纪初的美国。营销学为什么会最早诞生于美国？是哪些因素推动了营销学的产生和发展？早期营销学和早期营销思想学派具有哪些特征？本章将对这些方面的内容加以介绍。

第1节 营销思想体系化的背景

经济思想史表明，当不断变化的客观条件产生了新问题的时候，新的理论和思想流派就会产生；同时，新技术的发展需要各个方面的专家解决各种新问题。这既包括涉及公共政策的经济问题，也包括生产中的管理问题乃至最终的分配问题，于是便出现了三派经济学家：传统经济学家、管理工程师和营销学家。传统经济学家一般是从宏观的和政治的角度来考虑市场问题的。例如，亚当·斯密最感兴趣的是如何通过增加英国的商业和贸易来加强其外交和军事力量。李嘉图则主要关注财富的分配，他探讨了竞争经济中制约价格和收入分配的规律。

到了19世纪末，随着工业化的进行，出现了一批新的经济学家，即管理工程师。他们致力于研究如何实现有效的企业经济性，进而建立并发展了著名的科学管理理论。企业组织规模的日益增大提出了许多新问题，这些问题只有靠周密的规划与实施才能解决，生产过程、生产方式和生产设备成为直接的研究对象。到了20世纪初，由于功能方面的原因，工程和管理之间逐渐有了差别。

研究科学管理的思想和文献大约出现于19世纪80年代。泰勒等人倡导的科学管理主要探讨了在工厂中提高劳动生产率的问题，提出了工作定额原理、标准化原理和计件工资制度等。他们认为，要提高劳动生产率，就必须取得雇主和工人两方面的合作。雇主关心的是低成本，工人关心的是高工资。通过科学管理提高了劳动生产率，两者都可以达到自己的目的，这就是雇主和工人双方协调与合作的基础。1911 年，泰勒出版了《科学管理原理》一书，美国管理教育也于 1910 年左右开始，在随后 15 年时间内，各知名大学相继建立起了这门学科。

但是，无论是传统经济学家还是科学管理的领袖，都没有在 20 世纪初去关注在当时已变得日益重要的分销问题和市场问题。传统经济学家注重考察具有广泛影响和政治重要性的企业问题；管理工程师则主要考虑企业组织的内部问题，尤其是有关生产过程的问题；分销和市场问题则留给一类新的经济学家（即营销科研工作者和实践工作者）去研究，他们发展了一种称为营销的思想体系。第三类经济学家的出现，是以下主要力量共同导致的结果：经济条件的发展变化，理论假设与现实之间分歧的日益扩大，理论研究所要求的新技术的兴起。所有这些因素在 20 世纪初期都激发了营销理论新体系的产生。而此时的美国开始从自由资本主义向垄断资本主义过渡，社会环境也发生了深刻的变化。工业生产飞速发展，专业化程度日益提高，人口急剧增长，个人收入上升，日益扩大的新市场为创新提供了良好的机会，人们对市场的态度开始发生变化。所有这些变化因素都有力地促进了营销思想的理论化和体系化。①

一、市场规模迅速扩大

古典经济学家假设，市场的范围是有限的，需求者和供给者彼此互相了解、熟悉，从而导致完全竞争。随着工业革命的出现，上述条件有所减弱，到 19 世纪末，美国广阔市场的现实条件已与大家普遍接受的经济理论的假设很不相同了。

1865—1875 年，美国铁路增加了一倍。1869 年，联合太平洋铁路和中央太平洋铁路在犹他州会合，美国第一条横跨大陆的铁路宣告完工。到 1900 年，已有 5 条横跨大陆的铁路把太平洋沿岸与密西西比河谷连在一起，铁路总长也由 1865 年的 35 000 英里增加到 193 000 英里。到第一次世界大战，美国铁路总长已达 254 000 英里，铁路服务几乎遍及每一个城镇。

为开发西部而迅速进行的铁路建设，有力地促进了美国钢铁工业的发展和国内市场规模的扩大。到 20 世纪初，美国国内市场扩大到了历史上前所未有的程度。1860—1900 年，美国的人口已从 3 140 万增长到了 9 190 万。19 世纪 60 年代，美国 21%的人口住在人口数量超过 2 500 人的城市；1900 年，这一数字达到 41%，1920 年则为 51%。人均收入从 1859 年的

① Ben Wooliscroft, Rob Lawson. Teaching the history of marketing theory, *Journal of Historical Research in Marketing*, Vol. 2 (4), 2010, pp. 467-478.

134 美元上升到 1899 年的 185 美元和 1914 年的 285 美元。

小百科

美国历史上的西进运动

19 世纪初，美国发生了重大变化。它的国土面积增加了一倍，成千上万的移民跨越阿巴拉契亚山脉涌入新成立的州和准州。这些拓荒者当中有许多人甚至越过美国的西部边界，在得克萨斯、加利福尼亚和其他属于墨西哥的西部领土上定居下来。"西部"，以其开阔的土地、肥沃的农田、丰富的矿物和森林资源，总是吸引着冒险家、东部的贫农、失业工人和新移民前往。所有这些人都勤劳勇敢，向往着更幸福的生活。

到 1820 年，美国的拓荒者已经建立了许多边疆居民点，这些居民点向西分布，直到密西西比河。到了 19 世纪 30 年代，西进运动已将边疆扩张到了密西西比河对岸，进入艾奥瓦、密苏里、阿肯色和得克萨斯东部。40 年代，大批拓荒者长途跋涉越过大平原抵达最远的西部。拓荒者当中有来自北方和南方的东部人。其他拓荒者多来自欧洲，他们为追求更好的生活而来。有些人西进是为了宗教信仰自由。这些人当中最著名的要算摩门教信徒，他们于 1847 年在犹他州定居下来。

大多数拓荒者以务农为生。但随着边疆的西移，城市化的生活也在向西扩展。繁华的城镇在西部成长起来。在这些城镇里，教堂、银行、商店、旅店和学校纷纷建立起来。

随着白人的西进，密西西比河以东的印第安人开始了苦难的生活。19 世纪 30 年代，被称为"五大开化部落"的东南部印第安居民，包括切罗基人、奇卡索人、乔克托人、克里克人和塞米诺尔人，被迫离开家园，成群结队迁徙到现在的俄克拉何马。由于大约 4 000 人因饥饿、疾病和寒冷死于途中，这次大迁移被称为"泪水之旅"。

资料来源：郝澎：《美国历史重大事件及著名人物》，海口，南海出版公司，2007。

市场规模的扩大，意味着买卖双方不再像过去那样相互了解、彼此熟悉了。谁也不知道他的那种商品出现在市场上的会有多少，究竟有多少需要；谁也不知道他的个人产品是否真正为人所需要，是否能收回他的成本，或者是否能卖出去。扩大的市场给大规模生产带来了机会，同时也引进了新的竞争因素，信息、促销等变得越来越重要。随着市场机会的增加，商人们发现新的竞争者也在不断涌现，因此，要求他们采用新的经营策略。

二、生产能力不断增强

英国的工业革命已对那时的经济理论产生了影响，19 世纪末美国的工业化则更进一步推动了思想观念的更新。美国历史上，1860 年以前，政府总共只批准了 3 600 项专利，但 1860—1890 年间，这个数字却是 44 万。

19 世纪末，科学技术的进步，标准产品、零部件和机械工具的发展，食品储存手段的现代化，电灯、自动织机的应用等，促使美国的农业经济迅速向工业经济转化，政府也通过税收优惠等各种方式刺激工业生产。西部的牛、羊牧场为东部消费者和制造商提供了肉食、羊毛和皮革制品，农民种植的农作物在国内和国际市场上销售。

1866 年，企业家塞勒斯·W ·菲尔德铺设了通往欧洲的海底电报电缆。后来 10 年中，亚历山大·格雷厄姆·贝尔发明了首台商用电话。到 19 世纪 90 年代，代表贝尔利益的美国电话电报公司在美国各城市安装了近 50 万台电话。1868 年，克里斯多夫·L·肖尔斯发明了打字机。1879 年，詹姆斯·里蒂发明了收银机和计算器。1900 年，伊士曼柯达公司推出了布朗尼盒式相机。1901 年，波士顿河岸的吉列安全剃须刀公司推出了吉列这个品牌。同年，时年 19 岁的富兰克林·C·马斯（Franklin C. Mars）开始推销甜食。1903 年，莱特兄弟制成第一架飞机。同年，福特汽车公司成立。1904 年，查尔斯·罗尔斯（Charles Rolls）和亨利·罗伊斯（Henry Royce）成立了罗尔斯-罗伊斯公司（Rolls-Royce），公司雄心勃勃地提出，要制造“世界上最好的轿车”。1908 年，威廉·克拉波·杜兰特（William Crapo Durant）在新泽西州成立了通用汽车公司。同年，福特公司推出了 T 型车。

大量商品开始涌入市场，美国国内市场也由卖方市场转变为买方市场。到 1914 年，所有制成品价值的 54%来自食品、纺织、钢铁和木材业。原先以家庭为单位的作坊式生产日益向工厂生产转化，大量的资本被投入扩大再生产。工业扩张所需的资本也可以更容易地得到，这主要是来自个人储蓄、公司储蓄、商业储蓄及外国投资。而且，政府通过分散木场和矿场的方法激励工业发展，还通过免费提供工厂场地和税收优惠、弱化企业管制、使用累计退税制、政治家代表大企业等方式来激励工业发展。

小百科

福特与 T 型车

福特成长于家庭农场，他喜欢任何机械玩意儿。他曾在大底特律电器设施公司工作，最后成了该公司的总工程师。福特的第一辆车诞生于 1896 年，这是一辆不实用但别具一格的轻型车。他的第一家公司开办于 1899 年，后来失败了。第二家公司后来也不知去向。1903 年，他做了第三次尝试，这次公司的名字是福特汽车公司，总投资 28 000 美元。

福特为人固执，但就其职业而言，固执使其受益匪浅。另一方面，他富有远见地指出汽车成功的关键因素在于制造技术，虽然对于合理设计的考虑应该优先于有关低成本制造的考虑。福特大力宣传大规模生产的观点。早在 1903 年（当时汽车还处于以非常小的批量生产的阶段），福特就提出，“制造汽车的方法是使一辆汽车和另一辆汽车相似，使所有生产出来的汽车都相似——就像从大头针工厂出来的大头针没有差别，从火柴厂出来的所有火柴都相似一样”。

T 型车

在 1908 年推出的 T 型车，代表了典型的标准化产品。它极其简洁——小、轻、结实。包含了最少的活动部件。与今天复杂的汽车相反，几乎所有人，甚至那些对于技术活儿只有一知半解的人也能修理 T 型车。但 T 型车远比市场上同一价格水平的商品要来得牢固耐用和可靠。在福特最终满意之后，他将公司所有的资源都集中到这种车型上。这项决定使得 T 型车能够经历一个良性循环：产品质量更好，生产数量更大，价格更低。随着价格的下调，T 型车的产量加速上升。公司花了 7 年才达到了累计百万辆的产量，但 18 个月后就生产出了第二个百万辆。

到 20 世纪 20 年代，福特汽车公司汽车产量占美国汽车总产量的 60%以上，约占世界产量的一半。这种前所未有的规模导致了依赖于生产过程的一系列重大变化。最终的成果是在 1914 年正式实行的移动流水线。1913 年 10 月，装配一个底盘需要 12 小时 28 分钟，而到 1914 年春天，通过流水线，所需时间缩短到了 1 小时 33 分钟。流水线对于大规模机器生产如此重要，以致它称得上是 20 世纪工业文明的标志。

资料来源：小阿尔弗雷德·D·钱德勒等：《管理的历史与现状》（第 2 版），大连，东北财经大学出版社，2007。

到 20 世纪初，美国许多企业都开始实施科学管理，以便使人类劳动符合机器时代的需求。1913 年后，贝尔电话公司、杜邦公司、通用电气公司、伊士曼柯达公司等 50 余家制造商每年投资成百上千万美元供自己的工程师和科学家从事科学研究。弗雷德里克·温斯洛·泰勒鼓励企业家细分工种，改革生产程序，从而提高劳动效率。在技能专家的有效管理下，工人能够通过使用现代机械以更快的速度从事单项劳动，因而大大提高了生产效能。

生产者越来越试图依其生产能力和计划而调节市场。生产者不再只是为一个局部的当地市场服务，而是为众多的充满了各种不确定性的外地甚至外国市场服务。以往的交易大多是在非常熟悉的当地市场上从事购买活动，买主有一种自信感和安全感。然而，随着市场规模的扩展，这一切都被削弱或不复存在了。城市将不同种族、不同民族、不同阶层的人聚集在一起，既有从新工业时代诞生的巨富之家，又有以移民为主体的广大工人阶层。所有人共同居住在人口密集、种族差别显著的居民社区内，加剧了买卖双方的陌生感。

此外，随着生产的发展，大量新产品涌入市场，在生产者与消费者之间又介入了中间商，连锁店、邮购店和百货公司发展迅速。伍尔沃斯于1879年在纽约尤蒂卡开张了第一家“五分十分店”，继而发展成为全国范围的纺织品连锁店。1887年创建于芝加哥的西尔斯·罗巴克公司，其邮购生意十分红火。该公司每年发行大量的商品目录，为其邮购产品开拓了广阔的市场，将时尚新潮和家庭装饰带给了偏远地区的人群，还为他们带去了新的家庭工具、家庭机械和科学技术。大城市百货公司在美国的出现，改变了人们的消费行为，将购物转变成一种诱人的享受。尤其是新商场的陈列布置别具匠心，给人以奢华高雅的感受。其中还有餐厅、茶馆和舒适的休息间，显示出购物既能满足需求，同时也是一种社交活动。

随着工人工资的增加，整个社会阶层的消费需求也在与日俱增。19世纪末的几十年是一个突飞猛进的时期，其明显成果是巨富的出现，从整个社会看则是中产阶级的发展和繁荣。职员、会计、中层管理等白领阶层的工资在1890—1910年间平均增加了1/3。医生、律师及其他专业人士不仅社会地位大有改观，而且工资收入也在大幅增长。成衣的出现是这一时期消费水平提高的明显标志。19世纪初，大多数美国人都是自己做衣服，通常从商店买布，有的甚至自己织布，比较有钱的人找私人裁缝做衣服。但缝纫机的发明和内战军装需求对服装业的刺激，造就了庞大的成衣工业。世纪之交，几乎所有的美国人都到商店购置衣服。与此同时，市场上还出现了各种广告、促销活动。所有这些，都使得消费者有些困惑不解，他们盼望能有一门新的学科或理论来对此作出解释，以更有效地指导其生活实践。

三、供求形势急剧变化

长期以来，经济学界一个重要的论断就是“生产是基础”，生产所创造的价值在创造价值的生产要素之间分配，每人拿到的份额就成为市场上的需求。从社会某一静态的市场条件看，上述假设可能是正确的，但是对19世纪末20世纪初的美国市场而言，它并不是静态的。消费信用的广为使用推动了需求的增长、教育水平的提高以及通信事业的迅速发展，产生了一个不同于早期理论家们所描述的市场，一个需要重新认识的市场。1870—1910年间，美国日报发行量大幅增加，从不足300万份增加到2 400万份，比人口增加比例要高出3倍。报纸本身开始成为一种必不可少的商业产品，在活跃市场、传播信息、刺激需求等方面发挥着日益重要的作用。

过去人们所进行的交易一直依赖于买者和卖者的相互理解和信任，当卖者规模小、具有地方性、了解市场时，买者的安全感很强。买者的安全感随着市场扩大而日益减弱。19 世纪，随着讨价还价力量的减弱，买者的不安全感大为增强，从而阻碍了交易的顺利进行。因此，经济学的一些基本假设无效了，而且，新产品的大量导入，市场上新的促销媒介的使用，都给消费者带来了众多的难题，迫切需要营销学者帮助解决。

四、中间商地位有所提高

在古典经济学发展的鼎盛时期，介于生产者和消费者之间的中间商对于当时的经济并没有多大意义。从个体角度看，它们是必要的，但从总体角度看，它们并不构成所谓的“分销系统”，而只是被动地为生产者服务，既不是市场的开拓者，又不是产品有序地流向市场所必需的仓储环节。当经济学家分析生产要素、价值创造、定价政策时，并没有把中间商当做典型的企业组织。

到了 20 世纪，中间商的作用和社会地位开始有所变化。在这个时期，直接出售家庭手工业品和农产品的现象逐渐减少，而通过正规的专门化分销渠道买卖商品的趋势日益明显。中间商执行了它们以往没有执行的职能，数量增加了，相互之间有了分工，在百货商店、邮购商店、连锁店等各类中间商组织中，出现了许多与知名制造商同样优秀的中间商。在 20 世纪初期，它们变得更为多样化，而且还代表了商业活动中的一个独特类型。新的分销体制向有关价值创造的传统理论提出了挑战，人们要求创造一个新的价值理论，这一价值理论将包含曾被早期经济学家排斥在外的服务。

有关价格和定价行为的概念也必须根据定价中的新因素进行修正。价格由生产要素成本构成这一概念已不足以解释分销系统中的管理价格。价格已不仅仅是生产要素成本的总和，而是一种管理现象。分销组织将价格作为实现其目标的手段，可以用低价扩大销售，可以用高价提高利润，也可以按消费者心理制定价格。

分销系统的发展与大型生产组织的兴起并驾齐驱，从而产生了专门的企业管理者阶层。庞大生产企业的管理一开始就掌握在那些公司的创建人手里，他们中有希尔（J. J. Hill）、哈里曼（E. H. Harriman）、古尔德（J. Gould）、万德比特（W. Vanderbilt）、安德鲁·卡耐基（Andrew Carnegie）和摩根（J. P. Morgan）等。所有这些人都有北欧背景，都来自美国的北部，且没有一个受过大学教育。同样，在分销业中也有一些富有创见和管理天才的人，他们中有约翰·华纳梅克（John Wanamaker）、亚当·金宝（Adam Gimble）、克罗格（B. H. Kroger）、理查德·W·西尔斯（Richard W. Sears）、A·蒙哥马利·华德（A. Montgomery Ward）等。正如大工厂需要一支专门的企业管理队伍一样，随着分销组织规模的扩大和分工的深化，分销组织也需要管理人员。但是，管理一个工厂与管理一个分销机构所要求的才能是不同的，培养这方面人才所需要的技术知识和理论在现成的理论书中是找不到的。为了促进分销系统的发展和加强分销机构的管理，迫切需要新的理论问世。这就是营销思想和营销理论所要解决的问题。

五、传统理论面临挑战

整个 19 世纪，企业经营的环境在很大程度上是由企业主决定的。他们信奉个人主义，信奉商业寡头政治，信奉政府干预极小化而政府对企业的支持极大化。企业领导人坚持个人所拥有的权利和财富不能受到任何限制或干涉，他们强调积累规律和竞争规律，不理会有人认为商业竞争是极大的浪费的议论。当时的人普遍认为，勤俭和努力工作是值得赞美的，贫穷来自懒惰和无能。这些观念助长了经济自由的思想，经济学理论家则把希望寄托在市场竞争机制上。20 世纪初出现了一种论点，即完全的自由竞争并不能使社会总体利益达到最佳水平。这一论点引起了广泛的重视。1901 年，西奥多·罗斯福在改革经济、社会和政治弊端的浪潮中当选为美国总统，要求政府控制大工业、金融和运输公司，企业兼并应该受到有关法律的制约。在此期间，对私人垄断的反对日益增长。1890 年，有 14 个州有反对垄断的法律条款，有 13 个州有反垄断法。到 1900 年，这些数字已分别增加到了 27 个和 15 个。这些都表明了长期以来所谓的自由竞争在市场上必然奏效的论断已经过时，而这些新现象在当时的经济理论中无法找到现成的答案。大量有关分销和市场的问题造就了一批新的理论家，那就是营销学家。

小百科

美国的进步主义运动

20 世纪之前的若干年，美国已有许多人坚信，美国社会高速工业化和都市化发展已带来许多亟待解决的问题，国家急需在混乱中建立秩序，以遏制工业社会最为明显的不平等现象。20 世纪初，这种思潮逐渐获得了一个名称：进步主义。

进步主义最初只是一种乐观的理想。进步主义者坚信进步思想，他们相信社会应该不断进步、不断发展，只有进取才是国家的真正未来。但进步主义者同时也坚信，进步和发展不能像 19 世纪末那样不计后果。市场的“自然法则”，以及符合这些法则的社会自由发展和社会达尔文主义，尚不足以带来发展社会所需的秩序、稳定和正义。人类有目的地干预社会经济发展才是健康良好社会的根本动力。

进步主义者在干预社会的具体方式上没有统一意见。声势最大的一种动力是"反垄断"，他们担心社会权力过于集中，极力促使限制分化富人特权。这种思想与当初的平民党多有类似，不仅受到工人、农民的欢迎，而且得到了中产阶级的拥护。此外，这种思想赋予国家政府某种权力，使其出面管理或取消全国和州际范围的托拉斯集团。

另一种进步主义思想是坚信社会凝聚的重要：坚信个人而非自治的个体，是巨大社会关系网中的一员，任何个人利益均依赖于整个社会的繁荣。这种思想导致人们对工业化发展的"牺牲品"的担忧。进步主义者提出的许多思想和从事的多项改革都涉及妇女、儿童、产业工人、外来移民和（一定程度上）非裔美国人。

资料来源：艾伦·布林克利：《美国史》，海口，海南出版社，2009。

营销思想最初的产生是自发的，是人们在解决各种市场问题的过程中逐渐形成的。直到20世纪30年代，人们才开始从科学的角度来解释这门学科。营销学科的出现，对美国社会和经济产生了重大影响。它给予成千上万的企业主以指导，为企业营销计划的制定提供了依据，还有力地推动了中间商社会地位的提高。商学院把那些反映了营销新思想的著作用作教材，并将营销思想理论化，进而使之成为一门独立的学科，即营销学，该学科成为当时商业大学培养方案的中心课程。营销理论还改变了人们对社会、市场和消费的看法，形成了人们新的价值观念和行为准则。

第2节 营销学的创立

由于时代背景的变迁和营销实践的需要，20世纪初营销学这门边缘学科在美国应运而生。那时，除了个别论述营销某一特殊领域的著作出现外，尚不存在论述营销的一般教材。然而，从早期的一些课程目录可以看出如下论题曾被探讨过：商业组织、分销系统、营销方法、农产品营销、商品分类、销售和广告等。研究发现，这些课程的内容与20世纪50年代中国人民大学开设的合作社组织管理等课程十分相似，即专门论述操作方法，较少有理论阐述。在此期间的最后几年，才出现营销学这门学科。

一、早期的"营销"概念

在早期的教学和科研中，没有把"营销"分出来，因为"商业"、"商务"和"分销"已经完全覆盖了它的内涵，随着"分销"研究的不断深入和扩展，人们感到有必要采用一个更准确的术语来概括所研究的领域。于是，在 1900—1910 年之间，出现了“营销”这个专业术语。[1]

威斯康星大学的拉尔夫·斯塔尔·巴特勒教授，讲述了他使用“营销”这个名词的经过：在考察整个销售领域时，我感到推销员和广告最终解决的是销售问题。在宝洁公司工作的那段经历告诉我，在推销员出发和发布广告之前需要做大量的工作。我找遍了所有这方面的资料，发现这个领域的资料极少。于是，我决定开设这方面的课程。我所做的就是要告诉人们，在推销员和广告之前还有很多事情要做。这些事情可以用一个词概括——“营销方法”。

在早期的“营销”中，其内涵包括“分销”和“贸易”的意思，后来在教材和出版物中逐渐归一（见表 3—1）。

表 3—1　　早期的营销课程和教材名称

年份	课程或教材名称
1902	密歇根大学的选课表中将“营销方法”包含在“美国工业分销和管理”课中。
1905	宾夕法尼亚大学开设由 W. E. 克鲁希主讲的“产品营销”课。
1909	匹茨堡大学开设“产品营销”课。
1910	威斯康星大学开设“营销方法”课，由拉尔夫·斯塔尔·巴特勒主讲。在此之前，他已出过 6 本有关的小册子。
1913	威斯康星大学开设“农产品营销”课，由 D.H. 韦尔德主讲。
1916	韦尔德出版《农产品营销学》一书。
1917	巴特勒出版《营销方法》一书。

二、有关营销的早期文献

最早的与营销有关的文献当属 1901 年约翰·富兰克林·克罗威尔（John Franklin Crowell）所写的《产业委员会农产品分销报告》（Report of the Industrial Commission on the Distribution of Farm Products）。该报告提出了一些关于营销的独到见解。报告强调了两点：一是描述农产品从生产者手中到达消费者的分销体系；二是了解消费者购买农产品的货币在生产者和分销商之间的比例分配。这本著作的重要意义在于它作为早期营销课程的教材一直使用到 1920 年。

小资料

约翰·富兰克林·克罗威尔

约翰·富兰克林·克罗威尔（1857—1931）于 1887—1894 年担任美国杜克

① 据国外权威机构考证，将“marketing”一词用于理论表述最早始于 1884 年。

大学（Duke University）前身三一学院（Trinity College）的校长。在这之前，克罗威尔曾先后在耶鲁大学、哥伦比亚大学和柏林大学学习经济学。克罗威尔最广为人知的是他推动了三一学院迁移到位于北卡罗来纳州的达勒姆市，而且他还与约瑟夫·L·阿姆斯特朗（Joseph L. Armstrong）一道改革了三一学院的课程体系，使其与德国研究性大学的模式相一致。为了达到这一目的，克罗威尔劝说相互之间存在竞争的各学生文学社团将他们的图书汇总到唯一的学校图书馆，他亲自在图书馆将书籍分门别类，花了很多时间在咨询台鼓励适当的研究方式。他也修正了校训中的拉丁语。克罗威尔提高了三一学院访问学者的人数，帮助建立了一些学术性学生出版物，其中的文学杂志《档案》（*The Archive*）是美国出版时间第二久远的同类杂志。克罗威尔还在1888—1889年担任了学校足球队的主教练。从三一学院退职之后，克罗威尔成为史密斯学院经济学与社会学系的主任。1917年，克罗威尔从三一学院获得荣誉法学博士学位。

约翰·富兰克林·克罗威尔（1857—1931）

资料来源：http：//library. duke. edu/uarchives/history/histnotes/j _ f _ crowell. html.

总体上看，20世纪初的营销理论大多是以生产观念为导向的，其依据仍然是以供给为中心的传统经济学。但是，这些研究毕竟在经济学家所持有的生产观念和营销学家所持有的消费观念之间架起了一座桥梁。在此基础上，营销的许多概念得以明确。学者们借助商品研究法、职能研究法和机构研究法，对营销展开了深入全面的研究。阿奇·W·肖（Arch W. Shaw）、拉尔夫·斯塔尔·巴特勒、韦尔德和切林顿（P. T. Cherington）对整个营销理论体系的整合作出了主要贡献。①

在20世纪一二十年代的美国，经济学得到了迅速发展，工业持续增长，批发业和零售业开始萌芽。内燃机的出现使汽车、大型货车、飞机以及许多机械设备的制造成为可能。这一时期，电影不仅为世界平添了娱乐，而且带来了一种新的广告媒体。邮购商店发展迅速，连锁商店也开始扩张，薄利多销渐成风气。市场上大量特殊品的出现，对广告和推销提出了挑战。大型企业的发展，突破了传统分销渠道的局限。

从学术界看，大量与营销有关的论著陆续问世，所涉及的领域有：（1）广告学，主要作者为切林顿、霍林沃思（H. L. Hollingworth）、海斯（H. W. Hess）和霍尔（S. R. Hall）等；（2）推销学，主要作者为威廉·马克斯威尔（William Maxwell）、琼斯（J. R. Jones）、海斯和道格拉斯（A. W. Douglas）；（3）销售管理，主要作者为琼斯、弗雷德里克（J. G. Frederick）

① Bert Rosenbloom & Boryana Dimitrova. The marketing mix paradigm and the Dixonian systems perspective of marketing, *Journal of Historical Research in Marketing*, Vol. 3 (1), 2011, pp. 53-66.

和巴特勒等；（4）信用与收账，主要作者为海杰蒂、艾廷格（R. P. Ettinger）和高丽伯（D. E. Golieb）；（5）零售学，主要作者为尼斯托姆。

三、营销理论的专门化

到了20世纪二三十年代，美国的工农业产品产量迅速增加，新产品在零售市场上不断涌现。在政府鼓励下，农业生产合作社如雨后春笋，蓬勃发展。随着对批发商研究的深入，人们更加重视批发商在产品分销中的地位和作用。营销调研水平的提高，预示着营销新纪元的开始。由于人口从农村移入大城市，城市开始膨胀，百货商店迅速发展，零售连锁店通过合并规模变大。

这里，特别值得一提的是美国零售连锁店的发展。由于连锁商店实行薄利多销的营销政策，加之美国大多数家庭倾向于节省日常生活费用以购买汽车、收音机、电冰箱等新鲜事物，1920—1930年间连锁商店以惊人的速度发展。这十年可以称为“伟大的连锁商店时代”。连锁商店主要出售食品、杂货、药品，其次出售建筑材料、汽油、鞋类、衣服、女帽等。总的来讲，各方面都呈现出繁荣景象，消费者组织也开始建立，并对忽视消费者利益的现象提出批评。学术界开始转向探索营销专门化问题，类似营销基础或营销原理的论著也陆续问世。

小百科

沸腾的20年代

20世纪20年代，美国人的生活节奏似乎比先前大大加快，因而得名“沸腾的20年代”（Roaring Twenties）。这段时期的其他绰号有“爵士时代”和“金元时代”。第一次世界大战结束后，大批美国人希望忘却欧洲的纷扰，他们只想享受快乐的生活。从许多方面看，这10年标志着美国开始进入现代社会。20年代末，现代生活的特征如汽车、电话、收音机和洗衣机已进入千千万万个美国家庭。

20年代的发展开阔了千千万万美国人的眼界。越来越多的城市居民可以观看电影、戏剧和体育竞赛。女性扮演的新角色也改变了社会。许多妇女走出家庭，从事各种职业，开始自认为与男人地位平等，而不再仅仅是家庭主妇和母亲。

“沸腾的20年代”是有才华的美国人大批涌现，并由于成就卓著而备受赞扬的时代。1927年，查尔斯·A·林白首创单人驾机不着陆飞跃大西洋的纪录，受到英雄般的欢迎。20年代的运动明星由于他们非凡的技艺而家喻户晓。电影明星的生活成为报纸的头版新闻。许多美国作家和美术家扬名世界。20年代，人们对大工商企业的态度也发生了变化，一度遭到许多人蔑视的工商界领袖如今也由于他们的成就而受到赞扬。

资料来源：郝澎：《美国历史重大事件及著名人物》，海口，南海出版公司，2007。

与营销理论的专门化有关的代表作有：（1）克莱普纳（O. Kleppner）、布鲁斯特（A. J. Brewster）、丹尼尔·斯塔奇（Daniel Starch）、霍齐思（G. B. Hotchkiss）和艾格纽分别出版的广告学著作；（2）推销学专家布里斯科（N. A. Brisco）、拉塞尔·托斯达（Russell Tosdal）和艾维·拉塞尔（Ivey Russell）编写的《销售管理》；（3）塞利格曼（E. R. A. Seligman）编写的《销售中的分期付款》，杨（John Young）编写的《工业信用》，斯坦纳（W. H. Steiner）、布里斯科、贝克曼和沙宾（A. F. Chapin）编写的《消费信用》等；（4）纽约大学出版的“零售学系列丛书”，收录了布里斯科、温盖特（J. W. Wingate）、赛夫拉（R. W. Severa）等人的著作；（5）贝克曼的《批发学》著作（1926 年）等。总之，在此期间营销理论得到了丰富与充实，实现了多样化发展，并日趋成熟。

丹尼尔·斯塔奇
(1883—1979)

四、营销原理的出现

20 世纪 20 年代，在商品研究法、职能研究法和机构研究法大量采用，营销基础已经确立的环境下，“营销原理”首次以教材的形式出现。它以早期营销理论为基础，将一些分散的概念和有待完善的著作有机结合起来，并充实了大量的新资料。克拉克、肯沃斯、梅纳德、韦德勒和贝克曼成为最早将营销理论加以整合，写成著作的专家。此外，对整合营销理论作出贡献的学者还有邓肯、艾维、希巴德、西奥多·麦克林和莫里亚蒂（W. D. Moriarty）。

虽然类似广告原理、零售原理和信用原理等方面的论著早有出版，然而保罗·W·艾维（Paul W. Ivey）却是第一个出版“营销原理”著作的人。如同当代学者一样，艾维从职能的角度对这一主题进行论述。他指出，中间商的职能有装货、分类、储存、运输、风险承担、融资和销售等，所有这些职能在一定程度上是商品营销的一般职能。为了绕开批发商和零售商，制造商有时可能会执行除配货外的所有职能。针对这种情况，艾维特别提出这样一个原理：“中间商本人可以消失，但是其作用与职能却不能消失。”艾维在探讨营销机构时，分析了不同类型机构的本质特征以及通过改变职能来改变机构特征的趋势。他通过列举由批发商、零售商构成的中间商所执行的职能，来消除社会对批发商的误解，缓解对批发商的批评。当时，在新型营销机构中，人们把注意力越来越多地放在制造商、批发商、发挥批发职能的零售商和处于零售层次的批发商身上。

对营销学思想影响力最大的是保罗·D·肯沃斯（Paul D. Converse）、弗雷德·E·克拉克（Fred E. Clark）、哈罗德·H·梅纳德（Harold H. Maynard）、瓦尔特·C·韦德勒（Walter C. Weidler）和西奥多·N·贝克曼（Theodore N. Beckman）等。这些学者在 20 世纪 20 年代都编写了“营销原理”教材。其著作在此后三四十年的时间内对营销理论的发展产生重要影响。这不仅是由于他们对营销理论结构性的创新，而且由于他们不断对自己的著作进行修改完善。耐人寻味的是，在其各自的著作中总是存在某些细节上的差异，但是它们之间的一致性比差异性更为重要。

总的来讲，借助巴特勒、肖、韦尔德、切林顿、艾维等学者的学术影响和勤奋工作，构筑营销理论体系的思路已经形成，而且这个思想体系具有严密的逻辑性、内在的联系性和高度的一致性。这些论著的核心内容涉及商品研究法、职能研究法和机构研究法的内在关联性，阐述了整个营销系统而不是任何一种营销活动的运行规则。

由于作者背景不同，这些论著也具有明显的特征。肯沃斯通过社会实践，丰富了自己的理论体系，并将更多的注意力放在农产品营销上。他生长于一个信仰宗教但提倡自由思考的家庭，这对促使他将理想与现实相结合多少有些影响，而且还促使他从自我兴趣、道德意识和政策角度来思考。肯沃斯在他的《营销方法和政策》一书中区别了“中间商职能”和“营销职能”。他认为，营销职能有集中、分类、分级、运输、储存、融资、风险、配货和包装。他从历史角度考察了零售业的变化，并对拍卖、合作营销和消费合作社等问题进行了研究。之后，他运用职能研究法和商品研究法着重研究了工业品和服务的营销。

克拉克在其《营销原理》一书中，将营销定义为为促使商品所有权转移而进行的各种努力。他特别注重从社会角度考察营销的作用与效率，认为广告具有教育价值，有时还是一种比人员推销更便宜的销售方法。他极力倡导消费品标准化，认为连锁店将成为商品销售的有效方法。

正当营销观念和结构得以确立之时，梅纳德、韦德勒和贝克曼也出版了《营销原理》，其体系结构更具教学性，目的是提供“适合上课用的营销教材”。该书指出：“由于我们比其他作者更富有实践经验，因而可以凭借更多有用的例证来丰富材料。”该书提出的营销分析模式很快为营销学界所接受。

这一时期，人们对营销职能的研究十分重视，其中对于销售这一职能的解释特别耐人寻味。克拉克和韦尔德认为销售就是寻找买主。亚历山大则提出，销售应该更富有主动性，来说服现有顾客和潜在顾客购买。1942年，克拉克又提出，销售是创造需求。从销售定义的演变中，我们可以窥见营销观念的雏形。

小资料

克拉克《营销原理》一书的目录

章	内容
1	导论
2	营销职能
3	农产品批发
4	农产品批发市场中的中间商
5	营销原材料
6	营销制成品
7	制造商市场的批发中间商：经纪人
8	制造商市场的批发中间商（续）
9	制成品的直接营销
10	零售分销
11	大规模零售
12	分销合作
13	中间商的消除
14	物流
15	市场融资
16	市场风险
17	市场信息
18	标准化
19	竞争和价格
20	市场定价
21	价格维持与不公平竞争
22	营销效率的要素
23	营销成本
24	总结

资料来源：Clark，Fred E.（1922）. *Principles of Marketing*. New York：Macmillan.

五、营销原理的创新

1918年11月11日，第一次世界大战结束。停战后第二天，华盛顿居民发现无法打长途电话：线路全部被战争合同机构所用，它们在忙于取消政府的战时合同。起初，战时的繁荣仍在延续。但之后的繁荣主要依赖于战争的迟延效应和临时的突发性需求，而且战后的经济繁荣一直伴随着严重的通货膨胀。1919—1920年，物价平均上涨了15%以上。由此也带来了一系列的营销问题，迫使营销学者在原理上不断创新。

20世纪20年代，莫里亚蒂的《营销和广告经济学》是一部具有代表性的著作。作者运用古典经济学原理解释了营销现象，研究了大量营销问题，诸如：在市场经济条件下供给和需求的关系；一般商品的过量生产和特殊商品的过量生产的对比；当产品生产与销售力量相匹配时，市场发展的无限性；信用购买造成的“可预见需求”对供不应求的影响；时间和空间效用的现实性；市场价格与边际购买者的关系等。这种分析方法对当时的经济学界和营销学界帮助甚少，因为它既没有改进流行的经济学理论，也没有满足营销从传统的经济研究法中分离开来的需要。但它毕竟代表了一种可能被营销研究所采取的更具理论性的方法。

弗洛伊德·L·沃恩（Floyd L. Vaughan）从社会或公众的角度出发，对日益增长的营销成本提出了批评。他认为，某些成本是根据变化的市场环境而合理增长的，然而大量不断增长的营销成本却是由那些浪费严重、毫无意义的商业活动引起的。他提出，可通过如下途径降低营销成本：减少在产品质量、品种、服务和推销等方面的投入；密切产品生产和销售的关系；强化营销职能，减少对大众媒介的依赖；少做广告，做好广告。总的来说，沃恩考察的是营销成本而不是营销价值，实际上，他是从保守的而不是积极的观点来评价企业营销活动。

梅尔文·T·科普兰（Melvin T. Copeland）的《营销问题》一书，在20世纪20年代整整用了10年几经修订。其编写目的与其他教材相同，都是为了使营销原理得到发展。在讲述了3年的营销问题之后，在1923年版中他讲到，这是探索营销原理的最佳方式。总的来讲，营销问题与营销原理教材所论及的主题是相关的。由于环境变化的要求，新的论题也在增加。在1927年版中，删去了关于消费者观点的内容，增加了有关工业品的内容。1931年版的重点放在了不同营销活动之间的内在联系上。

六、营销读物的面世

在此期间，一些论述营销原理的读物开始出现。克拉克、莱特和兰登（C. E. Landon）在20世纪20年代曾以读物的形式对营销理论的发展作出了贡献。在1949年迈克耐尔（M. P. McNair）和汉森（H. L. Hansen）出版《营销读物》之前，“读物”这个术语一直没有作为营销论著的标题出现。这些书体现了在营销理论的发展过程中的一个相当有趣的阶段。

克拉克谈到，编写读物的目的是给产品营销的研究提供详细的辅助资料，另外，也为营销学者提供一些反映营销原理及其应用的最新资料。这些营销原理和读物都遵从相同的编写格式，其种类有论文集、文摘、专题研究报告等。莱特和兰登所编集的读物颇具特色。他们根据营销职能、机构和政策，对文章加以合理安排，试图为学生和教师提供有关经济学和营销的最新资料；罗兹（E. L. Rhoades）编写读物的一个指导思想是，防止营销原理成为“空洞的理论”，他提出了59种商品的营销方法，试图借此培养学生的“比较”研究能力。

尽管早期的读物主要是一些案例、相关理论或具体的营销原理，但其中收录的论文要比当时的一般教材更具理论上的先进性。

第3节 美国早期的营销学派

一般而言，学派的形成大致有赖于三种因缘：师承、地域、问题，因而大体上可归为三类：师承性学派、地域性学派和问题性学派。三者互有联系，它们之间的划分界限绝非泾渭分明。在美国营销思想产生与发展的历史进程中，也形成了许多具有鲜明理论特色和独特研究方法的不同学派。各学派之间互相影响、互相促进，大大推动了营销思想和营销理论的丰富和发展。本书的第2篇将会对营销思想史上出现的重要学派逐一进行深入介绍，本节主要对美国早期的营销学派作一概括性的介绍。

如果从结构层面和知识层面划分，美国早期的营销学界存在三个主要学派，即商品学派、职能学派和机构学派，它们构成了古典学派。此外，我们认为也可以把区域学派划归古典学派，因为它和上述三个学派一样都侧重于考察整体市场行为。如果从空间和个人层面进行划分，根据营销理论的发源地以及学者之间的师承关系，美国早期的营销学界存在四个学派，即威斯康星学派、哈佛学派、中西部学派和纽约学派。本节我们分别按照这两种不同的划分方式对美国的早期营销学派进行分析。

一、古典学派

古典学派从社会科学各个领域（包括微观经济学、地理经济学和人口统计经济学等）吸取了许多有用的概念和原理，如需求理论、消费者盈余、垄断竞争、非市场交易、交易地点、农村调查方法等。

在古典学派中，商品学派流行时间最长。它将市场交易目标当做营销的中心环节，试图根据产品的物理属性以及消费者购买行为将产品划分为不同等级。最初，其研究重点是工农业产品，后来又增加了服务。科普兰对古典学派贡献最大，他于1923年提出了至今仍为学术界所称道的便利品、选购品和特殊品的分类。所谓便利品，是指消费者通常购买频繁，希望一旦需要即可买到，并且只花最少精力和最少时间去比较品牌、价格的产品，如香烟、报纸等。所谓选购品，是指消费者为了物色适当的物品，在购买前往往要去多家零售商店了解和比较其花色、式样、质量、价格等的产品，如儿童用品、女装、家具等都是选购品。所谓特殊品，是指消费者能识别哪些牌子的商品物美价廉，哪些牌子的商品质次价高，而且许多消费者习惯上愿意多花时间和精力去购买的产品，如特殊品牌和造型的奢侈品、名牌男装、供收藏的特殊邮票和钱币等。但在此之前，帕林于1912年曾提出将产品分三类：便利品、选购品、应急品。与其他古典学派相比，商品学派对当时的营销学者更具吸引力。特别值得一提的是，汉考克（R. S. Hancock）和霍华德（J. R. Howard）于1977年为科普兰的分类增加了第四类产品：偏好品。进入20世纪80年代，伊内斯（B. M. Enis）等人采用并重新定义了这一分类，指出它同样适用于服务业，进而论述了这四类产品的营销策略。

与商品学派同时出现的职能学派将营销行为作为研究的重点。学术界公认的职能学派创始人肖提出，营销职能包括分担风险、运输、融资、销售、备货、分等和再装运等。为了避免枯燥乏味，肖并未列出很多职能，但他的早期工作却激发了其他人的兴趣。到20世纪30年代中期为止，至少有26本有关营销职能的论著出版，提出的营销职能达52种之多。职能学派的大部分学者其实并未分清营销过程固有的职能和营销职能中的特定活动。针对这种情况，麦加利（E. D. McGarry）提出了一种包括接触职能、商品职能、定价职能、宣传职能和物流职能的分类方法，其中心思想是营销职能可通过不同的特定行为完成。麦加利之后，职能学派很少再受关注，只有刘易斯（R. J. Lewis）和埃里克森（L. G. Erickson）于1969年发表文章，试图将职能学派与系统方法相结合，并定义了两个主要职能：获取需求和服务需求。关于职能学派的兴衰过程，我们将在本书的第7章详加阐述。

机构学派与前两种学派同时出现，该学派更注重研究承担营销职能的机构或组织。其出发点是为了反驳这样一种看法，即在营销实践中，中间商的介入只是增加了交易成本，却没有相应地增加产品价值。因此，学者们致力于研究营销中介的作用，以论证这些组织和机构存在的经济意义。机构学派的创始人韦尔德于1916年指出，批发商、零售商等中间商通过创造时间效用、地点效用和占有效用而提供了增值服务，他认为，职能专业化有助于营销效率的提高。

最后，区域学派将营销视为帮助买卖双方跨越地域或空间界限而进行的经济活动。该学派的出现晚于其他三个学派，其最具代表性的研究成果是雷利和肯沃斯的“零售引力定律”，即借助数学公式来划分零售区间，并以此判断消费者最愿意去何处购物。戴维·L·胡佛（David L. Huff）继续了该领域的研究工作，与前三个学派相比，区域学派不太出名，在讨论营销学派时常常被忽略。然而，在差不多半个世纪里，区域学派的倡导者对区域间贸易进行了卓有成效的研究，丰富了区域学派的理论内容。

直到第二次世界大战前，古典学派一直占据着统治地位，其研究重点是整体市场行为。早期的消费者行为学家重视消费需求、生活标准、家庭计划等消费经济学问题的研究，同时认为相关群体是决定消费者行为的因素之一。此外，还借助案例分析、市场调查、数据分析等方法对自我服务、零售机构生命周期等问题进行了研究。在此期间，学术界对消费者研究和市场研究方法等颇感兴趣。

二、地缘学派

1. 威斯康星学派

威斯康星州位于美国中部的中心地带，自然的森林、沙滩及起伏的草原形成了威斯康星州美丽的风貌。威斯康星州是美国最大的牛奶、乳酪及牛油的出产地，这里的乳酪生产可以追溯至早期的殖民地时期。威斯康星州的人民有着美国中部特殊的人情味，这里的居民也承袭了他们祖先德国人、波兰人、芬兰及英国人等强韧的个性，可能也只有具备这种个性的人才能适应威斯康星州严酷的冬季。著名的威斯康星大学就位于威斯康星州首府麦迪逊市。

20 世纪初，威斯康星大学成为激进的自由经济思想的论坛。当时，该校的著名学者有斯科特（W. A. Scott）、约翰·R·康门斯（John R. Commons）、理查德·T·埃利（Richard T. Ely）和泰勒（H. C. Taylor）。很自然，在营销理论发展史上，威斯康星大学扮演着开路先锋的角色。它吸引了许多早期营销先驱，如琼斯、海杰蒂、希巴德、麦克林、尼斯托姆、巴特勒、肯沃斯、科米什和沃恩。他们中很多人都住得很近，经常相互探讨、辩论、激励和影响。

小百科

美国威斯康星大学

威斯康星大学坐落于美国密歇根湖西岸的威斯康星州首府麦迪逊市，有着风景如画的校园，是一所有着超过 150 年悠久历史的大学。威斯康星大学是全美最顶尖的三所公立大学之一，是全美最顶尖的十所研究型大学之一。

美国威斯康星大学校徽

威斯康星大学是美国威斯康星州的州立大学系统。威斯康星大学一般指坐落于威斯康星州首府麦迪逊市的威斯康星大学（麦迪逊）。与加利福尼亚大学、得克萨斯大学等美国著名公立大学一样，威斯康星大学是一个由多所州立大学构成的大学系统，即“威斯康星大学系统”（University of Wisconsin System）。威斯康星大学系统由分布于威斯康星州各地的十所公立大学组成，而麦迪逊市的威斯康星大学则是威斯康星大学系统的发祥地，是威斯康星州第一所大学，同时也是威斯康星大学系统的旗舰，负有盛名。

1848年，威斯康星成为美利坚合众国第30个州，该州创立伊始就立法决定在州首府麦迪逊成立威斯康星大学。1971年威斯康星州立法成立“威斯康星大学系统”，它吸收了威斯康星大学（麦迪逊）、威斯康星大学（密尔沃基）等13所大学、14所社区学院。

威斯康星大学（麦迪逊）已有18位教授或校友获得诺贝尔奖。2007年诺贝尔生理学或医学奖得主奥利弗-史密西斯就是因其在威斯康星大学执教的20年间所完成的基因剔除工作而获奖的。在获奖校友中，还有唯一两次获得诺贝尔物理学奖的著名凝聚态物理学家约翰·巴丁。

资料来源：MBA智库百科，http：//wiki.mbalib.com/wiki/%E5%A8%81%E6%96%AF%E5%BA%B7%E8%BE%9B%E5%A4%A7%E5%AD%A6。

(1) 本杰明·H·希巴德（Benjamin H. Hibbard）。希巴德之所以产生研究营销的动机主要是他的工作环境所致。住在艾奥瓦州北部时，他观察到农民总是以很低的价格销售产品，但同样的产品被转售时，价格却提高了许多。因此，1902年他在艾奥瓦大学农业经济系任教时，尽管调研经费相当匮乏，还是独自承担了对谷物市场的研究，取得了令人瞩目的成果。1903年，希巴德被威斯康星大学邀请负责营销的调查研究。在那里，他开设了也许是第一门经过精心组织的“农产品合作营销”课程；而且，他还在学刊上撰写了许多文章，尤其是关于日用品的营销。1921年，他出版了《农产品营销学》一书，并因此成为著名的营销学家。

本杰明·H·希巴德
(1870—1955)

(2) 西奥多·麦克林（Theodore Macklin）。在希巴德任教于艾奥瓦州大学后的几年，当时还是该校学生的麦克林对营销产生了兴趣。1911年，麦克林刚完成研究生课程就在大学担任讲师，并成为大学分校校长霍顿的助手，这使得他有机会在全美进行调查研究。同希巴德一样，麦克林也强烈地感觉到，农民的辛勤劳动并未在市场上得到等价回报。于是，他决定对营销进行进一步的研究。1913年他来到威斯康星大学对这个课题进行了研究，并于1917年获得哲学博士学位。麦克林之所以选择威斯康星大学，主要是由于希巴德也于同年调到那里。1915—1916年和1918—1919年他在堪萨斯农业学院讲授农业营销。1919—1930年，他一直是威斯康星大学的教授。之后，他去了加利福尼亚州，担任州政府市场部主任。后来，他又回到威斯康星大学，并写成了营销主要文献之一：《有效的农业营销》(1921年)。

(3) 保罗·H·尼斯托姆（Paul H. Nystrom）。在威斯康星大学时，尼斯托姆在将营销发展为一门管理学科方面起了奠基性作用。在学术生涯中，

保罗·H·尼斯托姆
(1878—1969)

尼斯托姆对营销的兴趣产生得相对晚些。1897年以前，他曾做过农场帮工和零售店店员，1908年前在威斯康星大学担任教师、系主任，1906—1908年曾担任威斯康星税务委员会特别调查员，所有这些经历都对他兴趣的产生有影响。与众不同的是，他对营销的兴趣是在相继获得威斯康星大学哲学学士、硕士、博士学位后才产生的。在此期间他也受聘于大学分校。此时，尼斯托姆的主要兴趣在经济学，尤其是税收。据说，他对营销的兴趣也部分来源于他对零售业税收的研究。1913年他在威斯康星大学政治经济学院担任助教时，出版了《零售与商店管理》一书。他于1914年完成博士学业，其博士论文则作为第二本书于次年出版，名为《零售经济学》。在明尼苏达大学任教一年后，他暂时中断了自己的学术生涯，在商海里遨游了几年。1928年，他重返讲坛，并出版了《时尚经济学》一书，该书大部分内容源于其实际经历。后来他开设了“消费经济学”课程，并于1929年出版了《消费经济学》一书。

拉尔夫·斯塔尔·巴特勒
(1882—1971)

(4) 拉尔夫·斯塔尔·巴特勒（Ralph Starr Butler）。1910年巴特勒进入威斯康星大学，任商业管理系助教，并负责大学函授学院的发展工作。之前，他曾担任过宝洁公司东区销售部的经理助理，由此开始了他在营销领域的一次启蒙性经历。刚到威斯康星大学时，涉及具体商业活动的一些课程，如簿记、推销术、广告、商法等，都已在其他学校开设了。经过对现有商业文献进行系统研究，他惊奇地发现，没有一篇涉及商业销售战略背后的诸多问题。于是，在准备函授课程时，他特别强调了制造商在运用中间商和广告之前必须考虑的各种营销功能。为给这种活动取名，巴特勒动了不少脑筋，最终定名为“营销方法”。1910年他出版了《营销方法》，次年，他对这些材料进行修订，并以《销售、购买与运输》（1911年）为名出版，后来，该书更名为《营销的方法与政策》（1917年），作为此间该学科领域的唯一教材，被很多学校使用了多年。1911年，经过进一步扩展材料，他在威斯康星大学为商学专业的学生开设了这门课。尽管同样内容的课程在其他学校也有讲授，但巴特勒首先使用“营销”一词，并第一个在教材中采用了这一术语。

(5) 纽厄尔·H·科米什（Newel H. Comish）和弗洛伊德·L·沃恩（Floyd L. Vaughan）。科米什也是一个在威斯康星大学影响下成长起来的营销学者。他分别于1915年和1925年获得硕士和博士学位。日常工作中与希巴德和麦克林的接触使他受益匪浅。环境的影响，加之早先在农场的经历，促使他完成了《农产品的合作营销》一书。沃恩也是威斯康星大学早期学者之一，1923 年在该校获得博士学位。之前他曾有过教学经历，并曾在联邦贸易委员会工作。1920 年他与史蒂文森合著了关于谷物营销的《谷物贸易》（第 1 卷）一书。离开大学后，他于 1929 年出版了《营销与广告》一书。

总而言之，当时威斯康星大学的学生和教师都为营销学科的最终建立做出了贡献。出于学术研究或实际应用的需要，加之校园中活跃的学术气氛的影响，他们之间互相激励，最终创造出一些新的成果。他们将这一领域中的概念加以集中，并首先在课程和著作中使用了"营销"一词，第一次讲授了农产品营销课程，并通过对外联系，传播了营销知识，对学术和农业营销的研究都起到了促进作用。这所大学对美国早期营销理论的发展做出了重要贡献（见表 3—2）。

表 3—2　威斯康星学派的主要贡献

学者	年份	论著
本杰明·H·希巴德	1921	《农产品营销学》
西奥多·麦克林	1921	《有效的农业营销》
保罗·H·尼斯托姆	1913	《零售与商店管理》
	1915	《零售经济学》
	1928	《时尚经济学》
	1929	《消费经济学》
拉尔夫·斯塔尔·巴特勒	1910	《营销方法》
	1911	《销售购买与运输》
	1917	《营销的方法与政策》
纽厄尔·H·科米什	1929	《农产品的合作营销》
弗洛伊德·L·沃恩	1920	《谷物贸易》
	1929	《营销与广告》

2. 哈佛学派

哈佛大学是一所私立的高等学校。始建于 1636 年，比美国作为独立国家的建立几乎要早一个半世纪。当年，移居美洲的英国清教徒，为其子孙后代的幸福，仿效当时英国剑桥大学的模式，在马萨诸塞州的查尔斯河畔，建立了这所美国历史上的第一所高等学校，始称剑桥学院。这个逐渐兴起的小镇，从此亦称剑桥，又译坎布里奇。1639 年，剑桥学院更名为哈佛学院，目的是永久纪念学校创办人之一和办学经费的主要捐献者、英国剑桥大学伊曼纽尔学院文学硕士约翰·哈佛。1780 年，哈佛学院被马萨诸塞州议会破格升为哈佛大学，此名一直沿用至今，常简称哈佛。哈佛大学是美国常春藤盟校的八名成员之首。

对早期营销理论发展起到了重要影响的是哈佛大学商学院和经济学系。哈佛不但培养了自己学校的人才，也对去那里暂时就读的学生的日后发展助益甚大，该校对营销的贡献是杰出而又独特的。早期在哈佛对营销理论做出贡献的先驱有切林顿、肖、科普兰、托斯德、威德勒、梅纳德、麦克纳尔、博登。

小资料

哈佛大学营销学研究的起源

哈佛大学，特别是哈佛商学院的研究生部，是对美国营销思想发展产生早期影响的另一个中心。哈佛商学院创立于1908年，建立在把商业看作一种专业、艺术和科学的理念基础之上。因此，它成为全球最早的学术性、专业性商学院之一。

和威斯康星大学一样，哈佛大学里讲授和研究营销的种子同样是由经济学系培育的。例如，哈佛经济学家弗兰克·W·陶西格（Frank W. Taussig）和埃德温·弗朗西斯·盖伊（Edwin Francis Gay）因为他们对于营销思想发展的贡献而闻名（Bartels，1951)。他们两位都对哈佛商学院的创建起到帮助，盖伊成为哈佛商学院的第一任院长。作为商学院的院长，盖伊是营销研究和教学的主要推动者。

盖伊认为哈佛商学院将要成为一个“单纯的科学推动力”（Cruikshank，1987)。然而这个谦虚的目标却产生了一些根本性的成就，成为哈佛对于营销思想发展的最主要贡献。第一，盖伊必须判断哪些内容是必须讲授的；也即他必须定义商业的课程问题。第二，他必须判断这些科目该如何讲授。

盖伊对于第一个问题的应对是，将商业划分为“工业管理（制造）和商业组织或者营销两个基本功能”（Hanford，1954)。在商学院被规划的那段时间，弗雷德里克·W·泰勒和他的同事开发了商业的工业管理方面的主体知识，盖伊热情地将其应用于学院。泰勒通过对工作活动的时间与动作研究和对工作的深入观察和衡量，形成了他的科学管理原理。这些原理被认为是科学的，因为它们是“基于规律的一般化管理规则……是对事实的总结陈述或者说是对某一类事情所共有趋势的描述”（Thompson，1917)。显然，作为起草项目、课程和安排等具体计划的委员会成员，盖伊在寻找和识别适用于商学院课程的材料。泰勒的开创性著作《金属切削艺术》（1906年）和《工厂管理》（1903年）就是最早的备用教材（Ely，1907)。

工业管理仅仅是商业的两个基本功能之一。而另一个，根据盖伊的定义则是分销或者营销。当哈佛商学院于1908年成立时，有三门必修课程：《会计学原理》、《商业合同》和《美国的经济资源》。根据科普兰（Copeland）所说（1958年），最后一门课程的内容是盖伊基于他经济史的背景和对营销方法的兴趣而开发的。这门课首先由保罗·T·切林顿讲授，后来（1914年）演化为名为“营销学”的课程。

在哈佛所形成的与众不同的营销科学哲学表现在三个独特的方面：案例教学法、商业研究所和阿奇·W·肖对营销基本功能的描述。

资料来源：D. G. Brian Jones & David D. Monieson. Early development of the philosophy of marketing thought，*The Journal of Marketing*，Vol. 54，No. 1 (Jan.，1990)，pp. 102-113.

(1) 保罗·T·切林顿 (Paul T. Cherington)。在切林顿身上，自然和个人因素的影响体现得颇为典型。他对营销的兴趣源于他与海杰蒂的接触，当时切林顿是海杰蒂的学生。他为完成社会学博士论文，收集了很多有关营销渠道的资料。他在认识海杰蒂之前就对商业感兴趣，他承认，这种个人的关系和影响与他营销思想的形成有很大关系。1902 年，切林顿获得理学学士学位；1908 年，他又获得文学硕士学位，并担任了费城商业博物馆出版社的编辑；离开费城以后，他又去了哈佛大学，在那里讲授营销；之后，他全身心地投入营销的研究工作。作为一名早期的营销学者，他的名著有《广告的商业作用》(1912 年) 和《营销学概论》(1920 年)。

保罗·T·切林顿 (1876—1943)

(2) 阿奇·W·肖 (Arch W. Shaw)。肖受哈佛大学的影响是从 1910 年他去剑桥 (此剑桥指的是哈佛大学所在的剑桥小镇) 重建工商管理学院时开始的。在那里，他讲授过商业政策。1912 年，他在《经济学季刊》上发表了名为《营销中分销的若干问题》的文章。1916 年，他写成了《商业问题的出路》一书。对营销的兴趣是在他对商业实务做出贡献之后产生的。在与一个办公设备制造商的生意交往中，肖广泛而深入地观察了商业运行的全过程，并以此为基础对其系统和方法进行了改进。在很多方面，与市场需求的多样性相比，肖更关注商业功能中体现出的统一性。因此，他主要通过自己的刊物——《系统》，来增加商人之间思想交流的机会，因为他感受到，商人之间利益和经验的隔离阻碍了他们各自生意的发展。强调商业秩序性和统一性的观点在其以后的文章中有所体现。当时，系主任盖伊对他的影响也很大。盖伊在追溯贸易活动及其功能的过程中，更强调商人在英格兰经济发展史上的作用。于是，在盖伊的要求下，肖在盖伊的课堂上讲授了他所知道的英国商人的作用。这次讲稿的精华部分体现于他在《经济学季刊》上发表的一篇文章中。

阿奇·W·肖 (1876—1962)

(3) 梅尔文·T·科普兰 (Melvin T. Copeland)。在科普兰的营销职业生涯中，个人因素的影响十分明显。1906 年，他作为陶西格教授指导的一名经济学研究生，从事了一项研究，并由此产生对棉花行业的兴趣。通过平时在图书馆钻研和实地调查，他对棉花行业及其营销活动已十分了解。以后的 6 年，他在哈佛

梅尔文·T·科普兰 (1884—1975)

教授“欧洲经济史和经济资源”课程。1912年，他出版了《美国棉花制造业》一书。同年，他返回哈佛商学院研究生院，并接手开设“商业组织”课程的工作。两年后，这门课程更名为“营销”。回到剑桥以后，他的营销思想又进一步受到盖伊的影响，在早期教学生涯中，他较早地实践了案例教学方法。1920年，科普兰出版了《营销中的若干问题》一书。经过不断研究和实践，又于1924年出版了《商业原理》一书。

(4) 哈里・R・托斯德（Harry R. Tosdal)。同许多其他营销作者一样，托斯德也是从经济学进入营销领域的。1915年，他在哈佛获得博士学位。之后，他分别在麻省理工学院（1915—1916年）和波士顿大学（1916—1920年）教授经济学。1918—1920年他在哈佛任经济学讲师，1920年他成为工商管理研究生院的副教授。1921年，他出版了《销售管理中的若干问题》一书。

哈里・R・托斯德
(1889—?)

(5) 尼尔・H・博登（Neil H. Borden)。博登的营销思想及其对营销理论的贡献，在某种程度上是由于他既是哈佛工商管理学院的学生，又是一名教师。他于1919年在科罗拉多大学获文学学士学位之后，来到哈佛，开始接触由科普兰等人已发展多年的案例教学法。因此，无论他的营销思想，还是他对案例教学的强调与钟爱，都极大地受到周围同事的影响和诱导。1922年，他获得MBA学位后，在商业研究所一度专门收集营销案例。次年，他在科普兰的领导下讲授营销，并以科普兰的《营销问题》一书为教材。他还帮助丹尼尔・斯塔奇讲授广告学。斯塔奇离校后，博登立即承担起广告学的教学任务，并开始试行案例教学。博登于1927年出版了《广告问题》一书。

哈佛大学与威斯康星大学相比，威斯康星的营销学者往往是完成学业后又到其他地方任教，而哈佛的大部分学者是在哈佛学习后留校任教的人。哈佛的学者是营销理论早期发展的重要参与者，但他们主要的贡献是对营销问题（包括一般性问题和专业化问题）的编辑整理（见表3—3)。

表3—3　　哈佛学派的贡献

学者	年份	论著
保罗・T・切林顿	1912	《广告的商业作用》
	1920	《营销学概论》
阿奇・W・肖	1916	《商业问题的出路》
梅尔文・T・科普兰	1912	《美国棉花制造业》
	1920	《营销中的若干问题》
	1924	《商业原理》
哈里・R・托斯德	1921	《销售管理中的若干问题》
尼尔・H・博登	1927	《广告问题》

3. 中西部学派

美国中西部通常指的是美国地理上中北部的州，包括俄亥俄州、印第安纳州、密歇根州、伊利诺伊州、威斯康星州、艾奥瓦州、堪萨斯州、密苏里州、明尼苏达州、内布拉斯加州、北达科他州及南达科他州。美国人口普查局将这个区域细分为中北部东方（基本上指五大湖地区，图 3—1 中深色部分）及中北部西方（基本上指的是大平原区，图 3—1 中斜线部分）。

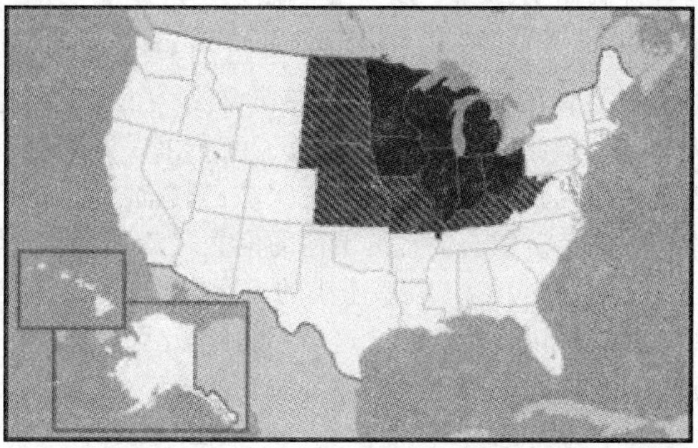

图 3—1　美国中西部地区示意图

美国中西部地区土地肥沃，盛产玉米、燕麦及小麦等各种谷物，其中以小麦最为重要，因此早期中西部也称为美国的“面包篮”。密西西比河及其支流和连为一体的五大湖，促进了中西部地区的农产品运销，美国中西部的农业生产带动了世界最大的人口和经济成长并为日后的“合并市场”的出现奠定了基础。在美国南北战争时期（1861—1865 年），中西部地区主要还是乡村，然而由于工业化、移民和城市化孕育了工业革命，加之中西部便利的水陆运输条件和丰富的矿产，使得中西部大湖地区成为美国早期工业进步的中心。这些因素推动了营销学在美国中西部地区的产生和发展。

尽管早期“营销”课程大多在中西部的大学里讲授，但除了威斯康星大学以外，其他大学对营销理论的发展并未做出太大贡献。虽然这些学校也有一些著名的经济学家，但并不像威斯康星大学和哈佛大学那么集中。然而，随着对营销兴趣的不断增大，在明尼苏达、密歇根、伊利诺伊及俄亥俄等州，个别学者也做出了一些有价值的贡献。其中包括韦尔德、克拉克、艾维、邓肯、肯沃斯、韦德勒、梅纳德及贝克曼。

（1）路易斯·D·H·韦尔德（Louis D. H. Weld）。韦尔德是由于工作环境需要而对营销产生兴趣的。他于 1922 年去了明尼苏达大学，并在经济系工作了一年，之后去了农学院，因为那里正迫切需要如何让明尼苏达产品进入市场的知识。农民对营销很感兴趣，因此，韦尔德用大量时间研究产品在离开农场后的营销过程，并讲授了“农业营销”课程。当时在威斯康星大学，泰勒和希巴德也在讲授“农场管理”课程。1913 年，韦尔德讲这门课时，还没有这方面的教材，只能依靠自己的知识来发展这门课程，他实地研究了明尼阿波利斯商会的谷物流通过程及期货贸易的运作。为收集有关营销过程的信息，韦尔德甚至实地跟踪了黄油和鸡蛋的运输全过程，考察了通过纽约、芝加哥和其他地方的营销渠道企业（如批发商、零售商等）。他还对定价方法、商品交换、拍卖市场及明尼苏达联合运输协会进行了调查。通过这些调查活动，他一方面增长了营销教学的知识和才干，另一方面也发展了自己的营销思想，进而出版了《农产品营销学》（1916 年）一书。之后他去耶鲁大学谢菲尔德科学院教了两年书，并继续从事营销研究。这时，他的研究兴趣已转向工业品领域。1914 年，韦尔德有幸在美国经济学会上宣读了他的论文《营销学》，这是第一次将营销的题目公之于众。4 年后，在里士满的一次会议上，他联合了五六位对营销感兴趣的人共同探讨教学问题。这个小团体以后每年聚会一次，并迅速壮大起来，成为日后成立的全国营销教师协会的核心。

路易斯·D·H·韦尔德
(1882—1946)

（2）弗雷德·E·克拉克（Fred E. Clark）。克拉克对营销的兴趣是受多种因素的影响而产生的。克拉克在农场长大，在英格兰大学学习后，又去了伊利诺伊大学攻读经济学研究生。在那里，受商学院和经济系负责人大卫·金雷（David Kinley）的影响，他增加了对实用经济学和私人买卖的兴趣。同其他早期营销学者一样，他也受到威斯康星大学的韦尔德、尼斯托姆、巴特勒、肖等人的影响。1914—1919 年，在完成他的学术培训后，克拉克接手了一项教学任务，这门课程使他的兴趣由经济学转向营销。1918 年，他为自己的课程准备了第一份油印讲稿《营销学原理》。他的讲稿分别被密歇根、明尼苏达和西北大学用作教材，并于 1922 年出版成书。

（3）保罗·W·艾维（Paul W. Ivey）。艾维的职业生涯与克拉克是并行的。在劳伦斯大学获得文学学士后，他与克拉克同时在伊利诺伊大学攻读硕士。他们同时于 1913 年获得学位。艾维先后在密歇根大学、艾奥瓦大学、内布拉斯加大学任教。同克拉克一样，在任教期间，艾维对自己的经历和经商经验加以提炼，出版了《营销学原理》一书。之后，又出版了一系列著作，尤其是零售推销方面的著作。

（4）保罗·D·肯沃斯（Paul D. Converse）。1915 年在威斯康星的一次短期培训中，他首次接触营销课程。当时他对巴特勒的《营销学》一书中的有关材料进行了深入研究，也从巴特勒的实际经验中获益颇丰，这对他 1915 年在匹茨堡大学讲授“营销”课程十分有用。在匹茨堡，由于没有通用教材，他给学生指定的参考书是尼斯托姆的《零售经济学》。受上述学者的影

保罗·D·肯沃斯
(1889—1968)

响，他在 1921 年出版的第一本书《营销方法与政策》中，主要研究了中间商的作用等问题。1924 年，他来到伊利诺伊大学，那里的营销理论正由李特曼和贝伦斯所发展。而肯沃斯则在另外两个领域产生了影响，他更清楚地认识到农业营销的重要性。由于农场远离大都市，他更强调营销原理的强化培训，而不是职业培训。

（5）沃尔特·C·韦德勒（Walter C. Weidler）。海杰蒂创造了营销这一行当，而韦德勒是他 1905 年开设这门课时被录取的早期学生之一。在哈佛攻读博士学位期间，韦德勒申请去听切林顿的营销课，但未能如愿。然而，他回俄亥俄时，向他敞开大门的是营销而非劳动经济学。后来，他与人合著了《营销学原理》一书。

（6）卡尔森·S·邓肯（Carson S. Duncan）。早在 19 世纪 90 年代，他就已经注意到营销问题，当时他在小镇百货店里当职员。其间，关于营销的一系列问题，他无法得到圆满的回答。直到他在俄亥俄大学教英语时读了韦尔普雷的《世界贸易》后，他报名参加了芝加哥大学切林顿讲授的“营销”课程。邓肯认为这门课程对他以后在这方面的思想和写作很有影响，也为他展现了进入这个既陌生又充满好奇的领域的可能性。听过切林顿的课后，他在芝加哥大学教了几年“营销”，并于 1919 年和 1920 年分别出版了《商业研究》、《营销问题与方法》两部著作。

（7）哈罗德·H·梅纳德（Harold H. Maynard）。1916 年，梅纳德报名参加了由科普兰在哈佛开设的“营销”课程，并研究了科普兰 1920 年出版的《营销问题》一书的原稿。之后，他又师从切林顿，当时科普兰被召到华盛顿从事战时工作。受这两个人的影响，梅纳德战后也从事了“营销”的教学工作。他曾在华盛顿大学教过三年书，之后，他于 1923 年到俄亥俄开始讲授“商业导论”课程。其间，他不断利用各种机会学习营销。在华盛顿大学讲授“零售学”时，他写了名为《西北部苹果营销》的论文。在俄亥俄，他又参与了刚刚开设的“营销问题”课程的教学。在哈佛他遇到了韦德勒，并应邀去了哥伦比亚大学，与韦德勒和贝克曼共同撰写了《营销学原理》一书。

哈罗德·H·梅纳德
（1889—1957）

（8）西奥多·N·贝克曼（Theodre N. Beckman）。贝克曼对营销的兴趣集中在信用学和批发学上，这归结于他所处的学校环境。贝克曼在讲授“营销”时，也为全美国信用人联合会信用研究院的哥伦比亚分院讲授“信用管理”课程，并受到海杰蒂的鼓励，因为海杰蒂对此也很感兴趣。1922 年在大学开设这门课时，由于可供使用的资料和读物不足和不完整，贝克曼于 1924 年写成并出版了《信用和融资的理论与实践》。这本书后来成为他的博士论文。此外，他还花费大量时间从事一项关于批发业的专门研究，得到邓肯的支持。

中西部学派的主要贡献如表 3—4 所示。

表 3—4　　中西部学派的主要贡献

学者	年份	论著
路易斯·D·H·韦尔德	1916	《农产品营销学》
弗里德·E·克拉克	1922	《营销学原理》
保罗·W·艾维		《营销学原理》(合著)
保罗·D·肯沃斯	1921	《营销方法与政策》
沃尔特·C·韦德勒		《营销学原理》(合著)
卡尔森·S·邓肯	1919	《商业研究》
	1920	《营销问题与方法》
哈罗德·H·梅纳德		《营销学原理》(合著)
西奥多·N·贝克曼	1924	《信用和融资的理论与实践》

4. 纽约学派

休·艾格纽
(1875—1955)

尽管哥伦比亚大学和纽约大学对早期营销文献没有什么突出贡献，但也做了一定的奠基工作。1920 年，休·艾格纽（Hugh Agnew）去了纽约大学。在此之前，他已拥有多年的教学经验，并成为日后该地区最早的营销思想家。20 世纪 20 年代，尼斯托姆和亚历山大也到纽约地区教学。他们与当地其他营销学者的主要区别在于，其成就是从科学研究机构取得的。在艾格纽思想和著作的形成中，职业因素起了很大作用，尤其在广告和沟通方面。1902 年艾格纽从密歇根大学毕业后，买下了一家地方报纸，成功的直邮广告诱发了他对这种推销方法的兴趣。1912 年，他接手了伊利诺伊州的一家报纸的管理工作，并发表了几篇关于广告的文章，由此引发的讨论使他写了更多的文章。1916 年他去华盛顿大学短期任教，之后，他一直投身于广告业。

综上所述，中西部学派对美国早期营销理论的发展贡献巨大，其主要贡献在于在 1920 年前后掀起了营销理论研究的第二次浪潮。第一次浪潮是在此之前 8～10 年里，以巴特勒、切林顿、肖和尼斯托姆等为代表人物掀起的营销理论研究浪潮。上述学者开展了大量的开拓性工作，如对营销定义的确定、内涵扩展和专题研究等，最终形成和拓展了营销思想的早期理论框架。早期的研究主要限于对一些营销新概念的切磋，从此，“营销”一词开始流行起来。20 世纪初的营销学者是从总体上探索营销实践的，第一次世界大战后，学者们开始注重对营销职能的研究，因而，中西部学派的主要贡献在于对营销理论的集成与提炼，并展开了营销职能和原理的研究。他们将这门学科加以定型，并不断丰富营销理论体系。

通过对美国早期古典营销学派的发展进行深入研究，我们可以得出如下结论：（1）营销研究是经济学研究的深化和扩展。因此，将经济学称作营销学的母学科，应该当之无愧，恰如其分。（2）对商业活动的开拓性研究，奠定了营销科学早期发展的理论根基。（3）不论是来自学术界还是来自实践领域的营销研究者，都受到多种主客观因素的影响。其中，教师对学生的影响之深，值得关注。许多著名的营销学者甚至营销先驱，都是受到老师的鼓励、教诲和引导，而走上营销学的学术之路的。中国营销教育者也应以此为鉴，行为世范，为人师表，以自己的学识品行影响和造就一代又一代的营销新人。只有这样，中国的营销学界才能充满希望。（4）营销的理论框架是在20世纪20年代（即“营销原理”成为很多著作的题目时）才形成的。（5）20世纪初的20年间对营销做出主要贡献的先驱后来大多仍是营销学界的杰出学者。

第4节　营销学的成长

在第一次世界大战以后的十几年间，美国消费经济结构发生了明显的变化。1914年开始，欧洲对美国产品需求增加，1917年开始，欧洲陆续加大对美国产品的进口，所有这些都有效地刺激了美国国内生产，美国进入了一个持续增长的繁荣时期。其主要标志是工业生产突飞猛进，就业率直线上升。由于经济的发展和国际地位的提高，国民收入迅速增加，生活水平显著提高，美国一跃成为世界上消费水平最高的国家。

在此期间，有两件事对营销实践起到了重大的推动作用：一是公路运输日趋发达；二是超级市场的出现和发展。1937年，美国在加利福尼亚州建成了第一条高速公路，长11.2公里。第二次世界大战后期，美国政府认识到国防对公路建设的依赖性，1944年美国国会又出台了联邦资助道路法案，确定以联邦和州立法形式保障高速公路建设，规定凡列入国家规划的高速公路建设都能得到联邦政府的资金援助，由此加快了全美高速公路的建设步伐。对于短距离的货物运输而言，公路运输越发达，就越能节省费用，缩短时间，企业提升营销业绩就越有保障。美国消费经济结构的变化，再度引起学术界和企业界研究营销理论的热潮。20世纪三四十年代是营销理论发展的黄金时代，整合、统一古典营销学理论的任务已告完成，接下来的任务就是对已有的思想体系进行修改与补充。

小资料

最早的超级市场

在超级市场出现之前，人们买肉去肉铺、买菜去菜市、买日用杂货到日用百货店……这种购物方法不仅不方便、效率低，而且商店用人多，经营费用也比较高。1930 年 8 月，美国人麦克·古伦在纽约牙买加街上利用一家废弃的汽车库开设了一家开架自选、现款自运、经营食品杂货的金库仑联合商店，它被认为是世界上第一家超级市场，具有以下几个特征：

店铺大型化。虽然商店的设备较简陋（当时把罐头和盒装食品统统摆在没有油漆的货架上，有的甚至直接放到大纸箱里），但营业面积却达到 6 000 平方英尺，而传统的食品杂货店为 800 平方英尺。麦克·古伦的商品是从四面八方收集来的，品种比较齐全。整个商店宽敞通风，并备有停车场。

自助服务。所经营的全部食品和杂货均开架售货、自助服务。由于面积大，经营品种较多，选购方便，能满足顾客的一次购齐，从而使顾客节约了大量时间，提高了购买效率。

廉价销售。由于设备简陋、租金较低、进货批量大等因素，商品售价较低，毛利率仅为 9%～10%，只相当于当时食品杂货店毛利率的一半左右。

刺激性广告。开业时，在报纸上刊登了整整 4 页广告，声称商品价格之低为世上所罕见，麦克·古伦称自己为世界上最大胆的价格破坏者。人们闻讯后，驱车数十公里到此选购。因此，开张以后生意十分兴隆。

资料来源：褚福灵：《超级市场》，北京，中国经济出版社，1996。

一、产品营销研究

学者们对特定商品营销的兴趣一直不减，有关非农产品和工业制成品的研究相当盛行。拉尔夫·F·布莱耶（Ralph F. Breyer）在运用商品研究法写出的《产品营销》一书中，借助大量案例论证了营销原理。布莱耶考虑到人们对除农产品之外的其他产品的营销关注较少，于是设计了一种标准分析模式，用于无烟煤、原油、矿物、轧钢、棉纺织品、旅行车和电话服务等非农产品的营销，并对其供求条件、产品特征、分销渠道、采用的代理商、执行的职能、定价、分销成本、贸易惯例和社团活动等问题进行了深入研究。

纽厄尔·H·科米什的《制成品营销》一书对工业制成品进行了专门研究。韦尔德在其农产品研究中，已对参与营销的机构提出了一种完整的分析方法，因此，科米什在此基础上对参与工业制成品营销的机构进行了高度专业化的探讨。他详细讨论了 13 种渠道，包括销售代理、经纪人、专卖店等。借助这些机构，产品的买卖双方得以联系在一起，共同致力于产品的转移。科米什分析了它们各自的优势与劣势，同时还对特殊品、价格维持和市场调查等各种专门的营销问题进行了研究。这本书本质上是为制造商准备的教材。

二、营销理论体系的简化

出于教学的需要，大量营销理论体系被简化了。当然，在多次的修订中，营销原理教材的内容更加充实，但是许多作者对相关内容进行了压缩与简化。

一个明显的例子就是由艾格纽、詹金斯（R. B. Jenkins）和德鲁里（J. C. Drury）为营销专业的新生所写的《营销大纲》。它采用了营销的通用结构形式，但是该书各章节的比例安排与众不同。只有 6 页内容涉及连锁商店，3 页涉及邮购商店，9 页论及营销职能，而用长达 14 页的篇幅介绍人口普查数据。书末列有营销词汇表，显示出学术界对统一术语的高度重视，但这并没有对营销理论的发展作出贡献。

三、营销研究方法的新突破

这一时期，营销学者除了继续从经济学中吸取养料外，开始转向社会科学的其他领域寻觅灵感。肯沃斯、梅纳德和菲利普斯的著作得到了修改，与此同时，大量与传统的营销解释不同的概念和方法不断涌现。看上去这些观点似乎在 20 年前就已经由莫里亚蒂、沃恩、布莱耶、奇罗（H. B. Killough）和其他人表述出来，但是这些观点增添了新含义、采取了新形式，并不仅仅是对已有观点的重复表述。营销管理得到了进一步的重视，营销管理所涉及的内容已不只是对简单规则或原理的应用。学者开始更多地从消费者观点和经济学分析方法入手，注重从总体上处理营销问题。

1. 消费者导向的研究方法

在 20 世纪 30 年代，首先打破陈规，放弃传统模式，编写出与众不同的教材的人是查尔斯・F・菲利普斯（Charles F. Phillips），他的《营销学》于 1938 年出版。其成功所在就是以消费者为导向组织体系，进行写作，并增加了消费者权益的内容。大多数作者对消费者表示关注，而菲利普斯不只是对消费者的购买动机和影响消费者的条件感兴趣，对于指导消费者明智购买、节约消费等问题，他也倾注了一定的心血。尤其是消费者如何在购买过程中实现“物有所值”，在收入水平低的情况下如何购买等问题的论述上颇具特色。菲利普斯也比其他作者更多地介绍了经济分析方法。他将价格决策、价格行为等营销问题，与经济学中的边际收益、边际成本、平均收益、平均成本、垄断竞争定价等问题有机地结合在一起。他还从历史的角度对营销机构的演变给予了解释。

2. 跨学科的研究方法

布莱耶的《营销机构》一书，率先打破了从经济学角度为营销下定义的传统做法，他是从物理学、社会学、心理学和其他社会科学的角度来描述各营销系统的整体运作。他认为，营销是一个整体，其中单个和综合的营销职能都在不停地发挥作用。他使用了营销“任务”（tasks）这个概念来代替营销“职能”(functions)。“任务”包括接触、谈判、储存、包装、运输、付款、融资和风险承担。他将渠道比作电线，“电流”通过它可在两个方向流动。例如，商品流在一个方向，付款流则在另一个方向流动。时间、空间和成本都是决定渠道选择的基本因素。这本书的后面部分论述了营销的社会效应。布莱耶的书出版后，由于与传统观念相违背，曾一度遭到非议。传统的方法是运用经济学理论分析营销问题。而布莱耶所采用的概念在当时来讲往往给人以陌生和奇异的感觉。他试图强调营销中的商业化职能，而不主张各种职能彼此割裂。

3. 经济分析的研究方法

奇罗在他的《营销经济学》中提出了另一种非传统的营销研究法。即在考察营销机构及其实务的演变时，着重从经济分析入手，这种做法与一般著作完全不同。该书用 8 章内容论述美国商业的经济和地理分布，进而表明变化是不断发生的。奇罗提出 10 种营销职能，包括会计（通常是工厂的职能）和估算（更多的是营销职能）。他认为簿记存档和数字分析与储存、运输一样，都是具有同等重要地位的营销职能。他用 23 页的篇幅论述营销代理问题，还用 200 多页的篇幅论述了科学方法在营销中的应用，以及营销调查问题。尽管奇罗介绍的一些新观点有其优点，但他的概念和术语并没有融入当时的营销理论体系。

四、传统研究法的新成果

这一时期，在涌现新的营销研究方法的同时，以商品—职能—机构研究法为代表的传统研究法也取得了一些新的成果。

1. 职能研究法的新成果

1940 年，拉尔夫·S·亚历山大（Ralph S. Alexander)、瑟菲斯（F. M. Surface)、艾尔德（R. F. Elder）和奥德逊在《营销学》中提出营销是一种管理职能，并以此为基础，发展了营销理论。他们不太赞成商品研究法，只是当论及特定产品时才指出其本质特征，因为这些特征对营销管理职能作用的发挥有着重要影响。他们更侧重研究营销计划、营销调查和预算控制，并将未包括在传统营销职能之内的许多管理职能概括为商品化职能，即“为满足消费者需求而调节商品生产或销售的各种活动”，其中包括产品计划、分级和包装等。还用专门的章节论述了如下主题：营销工作、开展营销工作的企业类型、营销管理的难题、营销活动规划和在营销系统中消费者的地位等。最后一章并未对营销作出整体评价，只是对当时流行的营销系统中的消费者问题进行了评论。这样，消费者利益问题和营销管理职能的结合便在营销理论体系中得到了进一步的重视。人们对这两方面日益增长的关注可在菲利普斯和邓肯的《营销：原理与方法》一书中得到证实。

罗兰·S·范利、格雷瑟（E. T. Grether）和考克斯（R. Cox）合著的《美国经济中的营销》一书反映了经济学对营销理论的影响，详细论述了营销如何进行资源配置，如何影响个人收入的分配，以及哪些因素影响人们的需求和购买等。作者认为，营销能够平衡供给和需求，并把营销当作一种分配稀缺资源的指导力量。他们依然把职能研究视为营销学的核心内容，提出营销职能应包括：购买、销售、定价以及地区内或地区间交换。他们认为，营销是一个配置资源、指导消费的过程。营销的核心是在两个区域内或之间进行的商品交换和商品运动。他们将营销看作一个动态过程，而且特别强调了营销者（尤其是制造商）的重要作用，并指出，是制造商的促销活动使得营销具有强烈的美国特色。组织、代理和渠道被认为是所有权转移和综合的结果。产品的集中、挑选和分散过程，使企业得以进行专业化生产而又相互合作。管理过程的具体效果是实现了公司净收入的最大化，而整个营销的运行则促进了社会财富的增长。

2. 机构研究法的新成果

杜迪（E. A. Duddy）和莱夫赞（D. A. Revzan）采用了不同的营销分析方法，提出要对营销机构进行思索，要了解这些机构是由相互关联的部分组成的有机体。他们运用机构研究法，不仅研究了具体营销企业的管理问题，而且还对整体营销的运行，从社会现象的角度进行了探讨。杜迪和莱夫赞将营销定义为“通过商品和劳务的交换并由货币价格决定其价值的经济过程”。他们从空间、时间、理论和职能等角度对市场进行了分类，并通过法律、商品、理论、机构和职能等各种途径和方法，来研究营销问题，认为所有营销职能的发挥都要通过价格等管理工具的协调运用以及政府力量的控制与规范来进行。

3. 营销的新表述

梅纳德和贝克曼在《营销原理》一书中，把营销定义为“影响商品交换或商品所有权转移以及为商品物流服务的一切必要的企业活动”。他们还指出，从20世纪初以来，营销学已从描述性方法过渡到分析性方法。定义是十分重要的，营销学所包含的各个要素若无正确定义，便无法进行研究。营销原理则是对一般规律的阐述。人们在研究各种事实的因果关系时发现了某种规律，这些规律在特定条件下就会起作用。当营销原理组合在一起时，便构成了营销理论。

由此可见，对营销进行的许多新的解释，与多年来占据主导地位的概念框架有所不同。尽管这些分析方法并未取代其他方法，也没有影响传统方法的改变，但是毕竟揭示了传统的商品—职能—机构研究法的不足。这对于营销的教育和培训具有相当重要的意义，即新情况下的教育培训，应强调营销在社会机构中的作用。这种观念上的更新，比理论化的说教更为必要。这一观念在之后的十几年里被人们广泛接受。在20世纪中期以后，学术界更加强调营销与管理的结合（包括管理问题的解决和决策的制定）、营销与行为科学的结合、营销案例教学法的采用以及比较营销的研究等，营销思想的发展开始步入现代营销学时代。

□ 思考题

1. 简述营销思想体系化的背景。
2. 简述早期的“营销”概念的特点。
3. 简述最早有关营销原理的论著并比较这些论著之间的差别。
4. 比较四大营销古典学派的异同点。
5. 比较四大营销地缘学派的异同点。
6. 简述营销学成长的背景及其主要内容。

第4章

现代营销学的形成

20世纪上半叶的古典营销学，形成了以商品—职能—机构研究法为核心的传统营销学范式。进入20世纪中叶，传统的营销学研究方法已经无法适应飞速变化的营销实践的需要，营销实践推动了新的营销学思想的产生，现代营销学随之应运而生。

第1节 现代营销学产生的背景

现代营销学区别于古典营销学的一个重要特征是现代营销学具有明显的管理导向。之所以如此，这与现代营销学所产生的历史背景紧密相关。

一、美国大众市场的繁荣

第二次世界大战之后，美国实行的战时消费品配给政策取消，美国民众在战争时期下抑制的消费需求一下子释放出来，大批军人的复员还家也推动了需求的上涨。人们对洗衣机、垃圾和下水处理器、电视、高保真收音机、立体声音响等新技术产品反应热烈。同时，美国军工产业的产能开始向民用行业转移，大量的消费品涌向市场，美国市场出现供需两旺的局面。消费者信用1945—1957年增长了8倍。

第二次世界大战的结束对美国市场产生的另一个极为深远的影响是创造了“婴儿潮”一代。在经历了20世纪30年代的经济大萧条和40年代的第二次世界大战洗礼后，战后美国的繁荣和希望，使得美国的出生率自1946年激增。从1946年开始，美国平均每年要增加400万个新生儿，直至1964年避孕药普及后，这股“热潮”才逐渐退却。这段时期，美国的人口统计曲线骤然上升，因此这批人被称为“蟒蛇腹中的猪”（pig in the python）世代，或“婴儿潮”。伴随着这批婴儿的成长，他们日益增长的消费需求对市场带来了巨大的冲击，到了1965年总共产生了7 600万新的消费者，为美国大众市场的繁荣注入了强劲的动力。[①] 例如，20世纪50年代末期呼啦圈曾在儿童、青少年甚至某些成年人中风靡一时。类似消费时潮经常涌现。

20世纪50年代至60年代，美国经济增长出现了一个西方经济学家所称的“黄金时代”。美国的国民生产总值经过“黄金时代”的发展从1961年的5 233亿美元上升到1971年的10 634亿美元；1965—1970年美国的工业生产以年均18%的速度增长。1971年美国拥有汽车1.11亿辆，83%的家庭至少拥有一辆汽车。1970年美国农产品比1950年增长了2倍，一个农民能养活47.1个人。1956年，美国政府迫于汽车、卡车和石油等工业迅速发展的压力，通过了历史上规模最大的公共设施建设计划联邦高速公路法案，拨出250亿美元在10年内建成了长达4万英里的州际高速公路网，直通全国每个城市，而且从市区通到市郊，极大地缩短了交通运输时间，减少了交通费用，制造业纷纷从市区搬往地价较便宜的市郊或乡间，越来越多的消费者有能力住在离城镇相当远的地方而享受宽敞的住房和广阔的家宅空地，车库、秋千、烧烤炉和游泳池逐渐普及起来。

二、营销环境的急剧变革

20世纪五六十年代，美国人的生产和生活方式发生了巨大的变化，人口逐渐由市区迁往郊区，购物中心庞大的停车场给顾客带来了便利，城市中心区的百货公司也开始在郊外设立分支机构。例如纽约的柯卫公司（E. J. Korvette，Inc.）和亚历山大公司（Alexander Co.）在1960—1969年间分别在长岛和新泽西州设立了一些分公司，形成一种地区性的连锁百货公司。

第二次世界大战后，随着美国经济的快速发展和为解决国内就业压力，美国的公路建设速度明显加快。1951—1979年的28年间，美国的公路总里程明显呈现快速增长的态势。统计数据显示在这28年间，美国共新增公路里程95.09万公里，年均新增里程达到3.4万公里/年，是1953年前15年间年均新增里程的5.3倍。从20世纪50年代初到70年代末，美国的高速公路平均每年建成3 000公里。随着美国交通等基础设施的大发展，美国企业的分销渠道也面临变革和重组。

20世纪五六十年代，对企业营销活动产生重要影响的另一个因素是电

---

① Blaine J. Branchik. Silver dollars：the development of the US elderly market segment，*Journal of Historical Research in Marketing*，Vol. 2（2），2010，pp. 174-197.

视这种新的传播媒介的迅速普及。1941 年，美国联邦通信委员会（FCC）通过了准许开办商业电视台的法令，电视业开始迅速发展起来。第二次世界大战后，彩色电视节目开始出现。美国广播公司（ABC）于 1948 年开始播出电视节目。1954 年，由于取得“迪士尼乐园”和“米老鼠俱乐部”的播出权，美国广播公司一举成功，由此也刺激了美国消费者对米老鼠手表和米老鼠帽子等相关产品的大量需求，洛杉矶主题娱乐公园迪士尼乐园也因为能够再现迪士尼节目中的许多形象和场景而获得了空前的成功。迪士尼将成功的娱乐节目作为有效的营销手段，带给营销业者诸多启发和思考，许多厂家如法炮制。电视广告业随着电视媒体的发展而迅速发展起来。1953 年，美国电视广告的收入已经达到 6 亿美元，基本上和广播广告收入持平，但第二年就猛增到 8 亿美元，大大超过了广播广告。在 20 世纪五六十年代，在每天晚上的黄金时间，居住在美国各地的观众都会守在电视机前观看同样的电视广告，这给美国的企业创建全国性品牌，开展全国范围的广告宣传提供了重要的契机。

小百科

迪士尼乐园之父——沃尔特·迪士尼

沃尔特·迪士尼

沃尔特·迪士尼（Walt Disney）是美国动画片制作家、演出主持人和电影制片人，1901 年 12 月 5 日生于美国伊利诺伊州的芝加哥。他以创作卡通人物米老鼠和唐老鸭闻名。他制作了世界第一部有声动画片《蒸汽船威利》（1928 年）和第一部动画长片《白雪公主》（1938 年）。他与其哥哥罗伊·迪士尼（Roy Disney）创办了迪士尼兄弟动画制作公司。

在米老鼠诞生以前，沃尔特曾经创作过一只叫奥斯瓦尔德的长耳朵卡通兔形象，很受观众欢迎。1928 年，就是米老鼠诞生的这一年，沃尔特和设计师们一起讨论，如何创作一个更可爱的卡通形象。他们把奥斯瓦尔德画在纸上，然后开始修改：把耳朵变圆，给短裤加上纽扣，给大脚穿上鞋子，双手戴上手套，再加上一条可爱的尾巴……不一会儿，一个可爱的老鼠形象跃然纸上！沃尔特眼前一亮，就是这只小老鼠！他的夫人莉莉连恩马上给它起了个响亮的名字“Mickey Mouse”（米奇老鼠）。这就是米老鼠的诞生过程。

沃尔特·迪士尼的很多事迹让他成为全球著名的人，包括他创造的《白雪公主》、《木偶奇遇记》等很多知名的电影，还有米老鼠等动画角色，也是他，让迪士尼乐园成为可能，开创了主题乐园这种形式，而且他在电视节目《迪士尼奇妙世界》中的主持让无数美国人无法忘怀。他获得了 56 个奥斯卡奖提名和 7 个艾美奖。沃尔特·迪士尼于 1966 年 12 月 15 日因肺癌医治无效去世，此时他还在为佛罗里达迪士尼世界操劳，该主题乐园于他去世几年后开幕。

资料来源：互动百科，http：//www.hudong.com/wiki/%E8%BF%AA%E6%96%AF%E5%B0%BC。

三、消费者成为商业世界的中心

第二次世界大战之后，美国及西欧经济从卖方市场过渡到买方市场。超大设置的生产能力致使产品剩余，产品销售越来越困难；同时在每一行业出现的几个大竞争者都使市场竞争变得更加激烈。营销学者开始对传统的供应取向的营销活动提出了质疑。他们认为，在当今经济社会，消费者是这个商业世界的绝对中心，企业必须围绕着顾客而不是其他在运转。越来越被人接受的顾客观念已经而且必将对社会商业产生深远的影响，并使经济思维产生一场事实上的革命。当这种观念获得更多的认同时，营销就会作为商业中最重要的个体功能出现。①

20 世纪 50 年代末至 60 年代初，顾客导向的营销还处于初级阶段，一些管理比较先进的企业，如皮尔斯伯里、宝洁及通用食品公司等，已经认识到顾客导向是当今经济社会中决定企业前途的一个决定性因素。

与此同时，人们逐渐认识到行为科学等许多领域的知识有助于完善营销学的知识体系。纯科学开始将它们的专长和思想应用于商业未开发的领域，一大批行为科学、数学和社会科学学者开始将其研究重点转入商业竞争领域。

四、管理科学在营销研究中的引入

20 世纪 50 年代，美国企业的经理们很少受过专门的训练，普遍缺乏所在管理岗位的专业知识。为了改变这种情况，福特基金会在 50 年代初期开展了一个为期数年的项目，试图将科学的理论、方法和分析工具注入美国的商业系统中。这个项目的焦点在于改变在美国商业学校中任教老师的研究计划、博士生培养和教学方法。卡耐基大学、哈佛大学、哥伦比亚大学、芝加哥大学和斯坦福大学是第一批试点的美国高校。一系列的研讨会在这五所高校中召开，来自约 300 所高校的 1 500 名教师就商科教育问题展开讨论。福特基金会和卡耐基基金会资助的一项研究报告指出，商科教授在当前所进行的商科教育很大程度上是描述性的，关注的是过去，而不是未来。之所以如此，部分是由于这些大学教授本身就缺乏专门的训练。

① David D. Monieson. A historical survey concerning marketing middlemen as producers of value，*Journal of Historical Research in Marketing*，Vol. 2 (2)，2010，pp. 218-226.

为了促进根本上的长期改变，福特基金会于 1959 年赞助了一个为期一年的专门项目，这个项目由哈佛大学和麻省理工学院的基础数学研究院进行，一批经过挑选的有希望的年轻商科教师接受数学教师的深度培训。这个项目中营销方面的学员包括菲利普·科特勒（Philip Kotler）、弗兰克·巴斯（Frank Bass）、罗伯特·巴泽尔（Robert Buzzell）、威廉·莱泽（William Lazer）、E·杰罗姆·麦卡锡（E. Jerome McCarthy）、埃德加·派斯米尔（Edgar Pessemier）、唐纳德·肖佛（Donald Shawver）和亚伯拉罕·舒克曼（Abraham Schuchman）等。这些学者将他们所学到的科学理论、方法和分析工具带到自己所任教的大学里，运用到自己的营销研究中，使得营销学具有明显的管理科学范式。除了他们个人对营销研究的重要贡献，这些人还通过撰写具有很大影响力的教材、召开关于研究理论和研究方法的研讨会和用这种新方法来教育下一代的思想领导者等途径来促进研究新视角的扩散。

除了福特基金会的影响，20 世纪 60 年代，计算机技术在产业和学术界的飞速发展也促进了管理科学在营销学中的应用。这一新工具能够帮助研究者进行精密的运算，构建复杂的营销问题模型。比如构建物流、销售力量配置和广告预算的最优化模型等。此外，新的多元统计分析工具也用于分析大众市场中的大型银行的信息。

五、企业对商科学生的大量需求

第二次世界大战之后，美国的战时经济转变为和平时期经济，人们的消费能力大量释放，为企业带来了大量扩充机会。20 世纪五六十年代，随着美国经济的飞速发展，急剧扩展的市场和不断扩大的企业规模，使得企业需要越来越多的受过专业训练的商科学生充实到企业的管理队伍中。

但企业对商科学生需求的骤增，最终暴露了美国的管理学院在目标、手段和教学水平上的诸多弱点。1958 年，卡耐基基金会和福特基金会各自的综合研究报告不约而同地明确了管理教育的实务性质，主张加强学生的定量分析能力，并基本形成了后来影响颇广的结构化的课程体系。

具体在营销领域，企业希望学校的营销教育能够更贴近美国商业的现实情况，为未来的营销经理提供一整套营销理论和分析工具，帮助他们解决在实际营销实践中出现的问题。企业对营销人才的期望和传统营销教育偏重描述性知识的缺陷，引起了营销学界的反思。一些营销学者开始尝试从研究整体市场行为的商品—职能—机构的传统研究法，转向从营销经理的管理视角来研究微观企业所面临的营销问题。同时，以奥德逊为代表的一批曾任职于企业的学者开始进入大学院校或进行营销理论研究，他们的营销研究具有明显的管理导向。在多种因素的共同推动下，现代营销学得以形成。

第2节 奥德逊的贡献

在营销学的发展历程中，奥德逊（W. Alderson）是一个具有里程碑意义的人物。他致力于推动营销思想的革命性转变，即从分析整体层面的市场行为到从营销经理的视角出发，从狭隘的聚焦于应用经济学到采取行为科学的全景视角，再到从关注于描述和分类到着重于分析和理论构建。对于营销学领域发生的上述巨大变革，奥德逊功不可没，因而他被公认为20世纪中叶美国最伟大的营销思想家和理论家，现代营销学的奠基人之一。①

一、奥德逊其人

奥德逊的一生富有传奇色彩。1898年，奥德逊出生于美国密苏里州圣路易斯市的一个农场。日出而作、日落而息的艰苦的农场生活磨砺了奥德逊的意志，也形成了他以后岁月的工作和生活习惯。他以每晚只需睡3～4小时而出名，他将空出来的时间用于满足他旺盛的阅读欲望。在他后来的人生历程中，阅读的习惯一直陪伴着他。他的阅读涉猎广泛，包括经济学、人类学、生物学、社会学、哲学和心理学等。丰富的阅读积累为他后来在营销领域的天才创见，提供了源源不断的素材。

奥德逊
（1898—1965）

奥德逊在小学时即辍学，很小的时候就离家出走，在铁路沿线流浪。第一次世界大战期间奥德逊应征入伍，担当一名文员。在两次世界大战之间，奥德逊做了多种兼职工作，如伐木工人等。后来，奥德逊进入今天的中央华盛顿大学读书，不久，他又转到乔治·华盛顿大学读书。奥德逊于1925年大学毕业，获得经济学和统计学学士学位。

大学毕业之后，奥德逊进入美国商务部工作，撰写了一些关于分销成本的具有影响力的报告。1936年，他举家搬到费城，加入柯蒂斯出版公司，这是一家在营销研究领域全国领先的企业。在柯蒂斯工作期间，奥德逊在《美国营销学期刊》（《营销学期刊》的前身）和《营销学期刊》上发表了一些文章。第二次世界大战期间，奥德逊任职于美国物价管理办公室。

① Donald F. Dixon. Wroe Alderson's marketing behaviour and executive action inserted into Reavis Cox's marketing theory course at Wharton 50 years ago：A student's reaction，*Journal of Historical Research in Marketing*，Vol. 3 (1)，2011，pp. 10-28.

1944 年，奥德逊创办了属于他自己的咨询公司，在第二年扩展为奥德逊和赛申斯公司（Alderson and Sessions)。这家咨询公司迅速成为全国领导者，为许多知名企业提供咨询服务，其中包括杜邦公司、新泽西标准石油公司（即现在的埃克森公司)、J·沃尔特·汤普森公司、洛克菲勒公司、美国橡胶公司等。

1948 年，奥德逊担任美国市场营销协会的主席。他推动了从 1951 年起持续到 1965 年一年一度的营销理论研讨会。1953 年，他成为麻省理工学院的访问学者，并在其他一些大学短暂任教。1959 年奥德逊加入宾夕法尼亚大学的沃顿商学院，成为一名全职教授。1962 年，奥德逊推动成立了管理科学协会。因为奥德逊对营销理论的贡献，他荣获了多项营销学奖项，其中包括一次帕林奖和两次肯沃斯奖。因为他在分销成本分析中的实际工作，他还被列入分销名人录。1965 年美国阵亡战士纪念日当天，奥德逊在和他的一些博士生交谈的时候，突发心脏病，结束了他传奇的一生。

二、奥德逊与现代营销学

奥德逊于 1957 年出版了《营销行为和经理行动》(Marketing Behavior and Executive Action) 一书，这本划时代的著作的出版标志着现代营销学的正式诞生。

在这本书中，奥德逊对“营销功能主义理论”进行了更深入的论述，分析了营销理论与其他社会科学之间的关系，指出市场行为是一种群体行为，而构成群体的个体要通过组织行为体系来实现其目标。奥德逊认为，所谓市场行为，也就是解决问题的行为，而营销组织，也就是一个为市场服务的行为系统。以此为基础，他提出了如下原理：(1) 营销系统是一个投入—产出系统。(2) 每个公司都具有一定的独特性，因而可以凭借差别优势参与竞争。(3) 谈判是营销系统实现经济价值和达到力量均衡的重要手段。(4) 交换的实质是买卖双方不断完善商品配置的过程。奥德逊将社会科学和物理科学中的许多概念引入其营销理论体系，并对营销理论加以系统化。

总结而言，奥德逊的《营销行为和经理行动》一书对于营销理论和思想具有三个方面的重要贡献。第一，使得营销思想从传统的关注于市场分销问题转向关注营销管理问题。第二，将营销这门学科的基础从经济学扩展到更为开阔的行为科学的视角。第三，转变了传统营销学偏重于描述和定义的局限，开启了营销学理论构建的浪潮。

这本书在营销学的发展历程中具有不朽的影响。尽管这本书的大部分是在探讨科学、理论和系统问题，但奥德逊将这本书的最后三章用于探讨营销中的管理决策制定。这是学界公认的第一本具有影响力的采取营销管理视角的著作。美国营销历史学派的奠基人罗伯特·巴特尔斯（Robert Bartels）如此评价这本书："奥德逊用如此现代的方式将营销呈现出来，创造了一种考虑营销管理的新范式。"

三、奥德逊对营销理论的贡献

在奥德逊学习和研究营销学的过程中，他发现在传统的商品—职能—机构研究法主导下的古典营销学存在一个严重的缺陷，就是缺少能够整合营销学的系统理论，营销学在很大程度上只是经济学在分销环节的应用，缺少属于自身学科的系统的一般理论。1954 年，奥德逊在纪念营销学先驱查尔斯·帕林的演讲中这样说道："之前营销学的发展看上去对于关键营销决策并没有产生多少应用价值。在决定如何生产新产品和使用何种媒体对其进行广告宣传这些问题上，有许多知识比经济学更有用武之地。"因此，创建营销学自身的理论，便成了贯穿奥德逊学术生涯始终的不倦追求。

奥德逊是第一位致力于创建营销理论并取得巨大成就的学者。在 1957 年的《营销行为和经理行动》一书中，奥德逊首次基于功能主义方法完整地提出了自己的营销理论。在这之后，奥德逊对自己的理论进行了修改和完善，1965 年奥德逊出版了《动态营销行为》（Dynamic Marketing Behavior），进一步丰富了自己的理论。《营销行为和经理行动》和《动态营销行为》这两本著作形成了奥德逊原创的功能主义营销理论体系。在这个理论体系中，奥德逊使用一种系统方法围绕着三个核心概念：有组织的行为系统、异质市场和交易集合（transvections）来研究和分析营销问题。交易集合是奥德逊独创的一个概念，指的是一组有顺序的交易集合，起始于原材料的最初出售者，经过中间环节的购买和销售，直到制成品的最终购买者。奥德逊的营销理论体系，吸收了生物学、社会学、文化人类学、心理学和其他社会科学的概念。受益于奥德逊广泛的涉猎和天才的构想，营销学被注入了强劲的多学科血液，焕发出勃勃生机。

奥德逊认识到一己之力还不足以创建和发展营销理论，因而他积极引导其他重要的营销学者加入这项运动。从 1951 年开始，一直持续到 1965 年奥德逊不幸去世，每年他都会组织年度营销理论研讨会，这是一个专门探讨发展营销理论概念的会议。20 世纪 60 年代早期，奥德逊还发起成立了营销科学学会。通过奥德逊的研究、著作、会议组织和教育，越来越多的学者开始投入营销理论构建的潮流。奥德逊亲密的学术伙伴雷维斯·考克斯在 1964 年这样形容奥德逊：他是"推动我们完成创建一个有效的营销理论体系任务的支配力量"。营销历史学家斯蒂芬·布朗（Stephen Brown）在 2002 年撰文称，奥德逊就如同一个船长，航行在营销学科理论构建之河，做他力所能及的每一件事，来为营销理论开拓疆域。

第 3 节　营销学的成熟

20 世纪五六十年代，营销理论体系开始具有明显的管理导向，进而形成了现代营销学的理论框架，即以企业营销活动中目标市场的确定、营销组合的设计为基本研究内容。其间对营销思想和营销理论的丰富和发展做出卓越贡献的代表人物，当数奥德逊、约翰·A·霍华德（John A. Howard）和尤金·J·麦卡锡（Eugene J. McCarthy）等。

一、营销知识的理论化

在此期间，学术界关注的焦点是营销知识的理论化和系统化，并运用其他社会科学的概念来解释市场行为。实际上，在“销售管理”研究中，管理方法主要用于培养学生的销售才能，在“营销学”研究中，管理方法用来使学生（尤其是非营销专业的学生）熟悉和了解营销活动中职业经理面临的各种营销难题和营销决策。总体上讲，从 20 世纪 50 年代到 60 年代，营销思想的发展趋势是，人们对营销理论的兴趣与日俱增。考克斯和奥德逊《营销理论》一书汇集选编的论文，揭示了营销的各个方面，充分体现了营销与经济学理论、公共政策及其他社会学科之间的联系。其中社会物理学、心理学、行为科学、区域贸易和区际贸易等理论的阐述尽管有些不完善，但毕竟是营销理论的起源，在以后的岁月里，这些理论得到了进一步的深化与发展。

除了奥德逊的《营销行为和经理行动》和《动态营销行为》两本划时代的著作外，凯利和雷泽编撰的《管理营销：前景与展望》一书，对 20 世纪 50 年代盛行的各种观念进行了系统整理和归纳，其目的是启发读者对现存的营销问题展开创造性的思考和探索。书中特别强调了如下观点：消费者是营销努力的焦点，企业必须善于应变；营销规划对于实现营销目标至关重要；营销组合具有战略性作用；营销沟通日显重要。

凯利和雷泽的著作为营销理论的系统整合提供了理论框架。而留给其他学者的任务，就是对营销理论进行系统整合。采取的方式主要有两种；一是提供导论性的著作，以指导更专门的研究；二是为有关人士提供全面的理论阐释。然而，遗憾的是，一些营销管理的论著在从广泛性上进行整合时，往往要略去营销的社会层面；还有一些著作在对已有的营销原理进行修改时，没有将管理方法包括进去。

此外，营销知识理论化和系统化的另一重要表征，就是在营销学界出现了诸如产品生命周期、品牌形象、营销观念、营销审计等新概念。

20 世纪 50 年代初，乔尔·迪安（Joel Dean）最先提出产品生命周期概念在营销理论史上占有很重要的地位。之后，西奥多·莱维特对这一概念给予了高度的评价，从而使产品市场生命周期在营销领域得到了广泛的运用。以后该概念经历了多次修正，至今依然是一个使人感兴趣同时又颇具争议的问题。目前比较流行的是把产品市场生命周期划分为四个阶段（介入期、成长期、成熟期、衰退期）或五个阶段（介入期、成长期、成熟期、饱和期、衰退期）等。

1955 年，西德尼·利维（Sydney Levy）提出了品牌形象概念，该理论受到了大卫·奥格威（David Ogilvy）的赞赏和肯定，以致在其讲话中经常引用。不仅如此，它还为广告人员和公关人员所偏爱，并证明巨额的广告支出对于建立品牌形象是有益的。

1957 年，通用电气公司的约翰·麦克特里克（John McKitterick）提出了营销观念这一经营哲学，并称它是企业效率和长期盈利的关键。营销观念的核心由过去的“以产定销”转变为“以销定产”。

1959 年，哥伦比亚大学的阿贝·舒克曼（Abe Shuchman）提出了营销审计的概念。他认为，众多的公司被关在生产产品或推销导向的圈子里，不知如何去寻找公司的发展机会和途径；许多公司濒临倒闭或正在走向死亡却浑然不觉。公司应该定期进行营销审计，以检查它的战略、结构和制度是否与它们最佳的市场机会相吻合。此后，菲利普·科特勒进一步对营销审计进行了界定，指出“营销审计是对一个公司或一个业务单位的营销环境、目标、战略和活动所作的全面、系统、独立和定期的检查，其目的在于确定问题的范围和机会，提出行动计划，以提高公司的营销业绩”。科特勒详尽归纳了营销审计的六大组成部分：营销环境审计、营销战略审计、营销组织审计、营销制度审计、营销效率审计及营销功能审计的具体内容。

二、营销管理的首次提出

霍华德的《营销管理：分析和决策》一书主张从营销管理的角度论述营销理论及其应用。当时，以“管理”为题的论文、专著屡见不鲜，但在“管理”之前冠以“营销”尚属首创。该书有四个主要特点：（1）管理决策导向；（2）运用分析方法；（3）强调经营经验；（4）引进了行为科学理论。霍华德指出，营销管理的实质是企业“对于动态环境的创造性适应”。霍华德提出，营销经理的任务就是运用这些手段来实现最佳的环境适应。企业要在动态环境里生存和发展，就必须根据形势的变化采取相应的政策措施。直到 1960 年和 1961 年才出现较为令人满意的完整论述营销的著作，其中涉及正在不断完善的新概念，以及从公司和社会的角度所进行的研究。[①]

---

① Roger A. Layton. Marketing：is management all that there is? *Journal of Historical Research in Marketing*，Vol. 3（2），2011，pp. 194-213.

小百科

约翰·霍华德

约翰·霍华德

约翰·霍华德从小在一个中西部农场长大，由于不在城市，因而无法享受城市优越的教育条件。在布莱克本学院读了两年书之后，他进入伊利诺伊大学继续学习，特别受到保罗·达德利·肯沃斯和汤普森院长的影响。他于1939年获得商业学士学位，1941年获得硕士学位。他在第二次世界大战期间参过军。

战争结束后，霍华德进入哈佛大学经济学研究生项目。他分别于1948年和1952年获得哈佛大学的硕士学位和博士学位。之后，他先后在伊利诺伊大学、芝加哥大学和匹兹堡大学任教，期间，他还在斯坦福大学做过访问学者。从1963年起，他在哥伦比亚大学任教。

霍华德的第一本主要著作《营销管理：分析和决策》影响了整个营销学术界和实务界的思维方式。首先，它是管理和决策导向的。其次，它是分析性的，描述性的东西很少而更多的是操作概念。这本书也扩展了应用最近的行为科学成果于营销管理的过程。这本书重构了我们对于营销学的认识。

霍华德担任了多个专业职务，其中包括在美国营销协会博士联合会服务了四年，担任全国营销顾问委员会的顾问和担当行业和政府的咨询师。他于1968年被全国销售和营销经理协会授予年度营销教师，被后人视为营销学的领导者。

资料来源：Peter D. Bennett. John A. Howard，*Journal of Marketing*，Vol. 34，No. 1 (Jan.，1970)，pp. 75-76.

三、麦卡锡的“4P”学说

麦卡锡的《基础营销：管理方法》是完整论述营销的著作之一。该书将管理营销的一般概念与社会历史导向的营销相结合，并从社会组织的角度加以评价。尽管其他书籍在论述营销的管理职能时，也对产品计划、地点或分销渠道、定价和促销进行了类似的研究（事实上，营销组合这个概念是由尼尔·博登最先提出的，他提出营销组合由12个因素构成），但是，是麦卡锡将营销组合中的这四个要素概括为“4P”，并以此为基础，建立了管理导向的营销理论体系。

1953年，尼尔·博登率先提出了“营销组合”（marketing mix）这一术语，意思是说市场需求在某种程度上会受到“营销变量（营销要素）”的影响，为了达到既定的营销目标，企业需要对这些要素进行有效的组合。此后，许多学者都围绕“营销组合”展开了深入的研究，纷纷从各自的角度提出了对“营销组合”的不同理解，形成了营销哲学发展史上营销组合的扩充与演变。

小百科

麦卡锡与4P理论

杰罗姆·麦卡锡（Jerome McCarthy）是美国密西根州立大学营销学教授，他于1958年获得明尼苏达大学博士学位。他是《基础营销：管理方法》这本产生了很大影响的著作的作者。如今，这本书已经出版到了第17版（合著者：威廉·D·贝罗特，约瑟夫·P·卡农）。在1960年，麦卡锡教授将营销组合概念压缩为四个元素：产品（product）、价格（price）、渠道（place）和促销（promotion）。

杰罗姆·麦卡锡

产品：营销学中的产品方面指的是实际产品或服务的具体规格，它如何与最终使用者的需要和欲望相联系。产品的范围一般包括如保证和支持等支持性元素。

价格：指的是为一件产品设定价格包括折扣的过程。价格不应只理解成金钱，它可以是任何用来与产品或服务交换的东西，如时间、精力和注意力。设定最佳价格的方法属于价格科学研究的领域。

渠道或分销：指的是产品如何到达顾客，例如销售网点布局或者零售。渠道所涉及的问题包括某种产品或服务如何被出售（比如在线或者零售），在哪个地域或者行业，到达哪个细分市场（年轻人、家庭或者商务人群），也包括产品的售卖环境对于销售的影响。

促销：包括广告、销售促进、公共关系和个人推销，以及其他多种多样与提升产品、品牌或公司有关的方法。

资料来源：维基百科，http：//en. wikipedia. org/wiki/E. _ Jerome _ McCarthy.

此外，麦卡锡还对美国营销协会定义委员会1960年给营销所下的定义进行了修正，进而提出自己的定义：“营销就是指将产品和服务从生产者转移到消费者或用户所进行的企业活动，以满足顾客需要和实现企业的各种目标。”麦卡锡强调说：“不是生产，而是营销决定了企业应该生产什么产品，制定什么价格，在什么地方以及如何出售产品或做广告。”麦卡锡在营销管理理论方面提出了新的见解。他首先把消费者看作一个特定的群体，称为目标市场。一方面考虑企业的各种外部环境，另一方面制定营销组合策略，通过策略的实施，适应环境和利用环境，满足目标市场的需求，实现企业的经营目标。①

① William Lazer，Peter D. Bennett. Reflections on the American Marketing Association Doctoral Consortium，*Journal of Historical Research in Marketing*，Vol. 3（2），2011，pp. 173-193.

从上面的分析可以看出，霍华德只是从企业环境和营销策略两者的关系来讨论营销管理问题，强调企业必须适应外部条件。而麦卡锡则提出了以消费者为中心，全面考虑企业内外部条件，以促成企业各项目标实现的营销管理体制。

四、新的思想学派的产生

从 20 世纪初营销学创立到 20 世纪中叶，在整个营销学界占主导地位的是以商品学派、职能学派、机构学派和区域学派为代表的古典学派。这些营销思想学派以整体市场行为作为研究重点。到了 20 世纪五六十年代，由于美国大众市场的繁荣，营销环境的急剧变革，消费者成为商业世界的中心。受管理科学在营销研究中的引入，以及企业对商科教育需求的转变等因素的推动，微观市场个体的行为日益成为学术界关注的重点，传统的古典学派已经无法适应营销学科发展的需要。在这个营销思想大变革的时代，涌现了许多崭新的思想流派，呈现出百家争鸣的局面，共同促进了营销学的成熟和繁荣。

20 世纪五六十年代新出现的营销思想学派包括营销管理学派、营销系统学派、消费者行为学派、宏观营销学派和社会交换学派等。营销管理学派以奥德逊、约翰·霍华德和尤金·J·麦卡锡为代表，将管理导向引入营销学，营销管理学派是现代营销学的基石。营销系统学派则是从系统角度研究营销和营销活动，探讨营销系统的特征、构成要素及其应用，其主要代表人物除了奥德逊，还有丹尼尔·卡茨和罗伯特·L·卡恩。随着消费者成为商业世界的中心，消费者行为研究日益成为一门显学，消费者行为学派也成为一个影响力很大的学派。消费者行为学派的代表人物有杰迪什·N·谢斯、莫里斯·B·霍尔布鲁克和罗伯特·凯斯、罗姆·J·马金等。宏观营销学派则继承了古典营销学派的整体视野，着重研究营销活动对社会造成的影响和冲击以及社会对营销活动的反作用。宏观营销学派的代表人物有罗兰·S·范利、菲利普·科特勒、雷维斯·考克斯和罗伯特·霍洛韦。社会交换学派创立的较晚，于 20 世纪 60 年代中期才由一些学者创立。社会交换学派认为交换是营销的核心概念，试图通过对交换问题的研究来构建营销的一般概念和理论。社会交换学派的代表人物有威廉·麦克伊内斯、麦尔斯·W·马丁、菲利普·科特勒和奥德逊等。

□ 思考题

1. 简述现代营销学产生的背景。
2. 简述奥德逊对于营销理论的贡献。
3. 简述营销知识的理论化过程。
4. 简述霍华德关于营销管理的著作和观点。
5. 简述麦卡锡的“4P”学说。
6. 简述 20 世纪五六十年代新出现的营销思想学派。

第 5 章

营销思想的扩展

在现代营销学于 20 世纪五六十年代形成之后，营销学者一直都没有放松对营销实践的关注、对营销思想的思考和对营销理论的总结。进入 20 世纪 70 年代，宏观的社会经济环境和微观的企业营销环境都在发生迅速和深刻的变化，对于出现在新领域的新问题，需要有新的营销思想和营销理论进行指导。同时，营销学已经不再满足于解决商业范畴里的营销问题，而在寻求思想和理论的扩展，一些营销思想领袖尝试对营销学进行新的革命，在更为一般的营销理论基础上，将营销学的知识运用于社会问题的解决当中。

第 1 节　营销思想扩展的背景

回顾营销思想的发展历史可以发现，营销思想总是随着社会环境和营销实践的发展变化而不断发展的。进入 20 世纪 70 年代，社会环境和营销实践出现了许多重大的变化，这既为营销思想的扩展提供了肥沃的土壤，也在呼唤着营销思想的革新。

一、全球化成为不可阻挡的浪潮

全球化的历史由来已久，早在 1492 年哥伦布发现美洲新大陆就开启了人类全球化的序幕。1967 年，加拿大传播学家麦克卢汉（Herbert Marshall McLuhan，1911—1980）在他的《理解媒介：人的延伸》一书中首次提出“地球村”（global village）这一概念。进入 20 世纪 90 年代，随着现代通信技术的发展，尤其是信息网络时代的到来，社会交往打破了原有的时空界限，全球的物质、资本、技术、劳务、信息等生产资料以更大的规模、更快的速度在世界市场上自由流动。世界出口贸易额从1950年的610亿美元增加到1975年的8 830亿美元，2000年增加到63 380亿美元。世界各国越来越深地被纳入到统一的世界市场体系当中，不同民族、国家和地区间的相互依存关系达到空前密切的程度。

全球化对于企业的营销实践而言是一个重大的挑战。在全球化的背景下，企业的营销活动所面临的外部环境更为复杂。不同的国家和地区有着不同的政治、经济、文化和社会环境，在美国适用的营销方案不一定在其他国家适用，如何开展全球范围的营销活动日益成为企业密切关注的问题。

全球化对于营销学思想和理论的发展而言同样既是机遇又是挑战。一方面，通过全球化，现代营销学的思想和理论从美国和西欧等发达国家逐渐向中国、印度、巴西等新兴发展中国家传播，营销学从而具有世界范围的影响力，营销学被用于指导全世界企业的营销活动。但另一方面，发源于美国的营销学思想和理论如何与所传播国家的历史文化背景相结合，如何形成具有全球特征的一般营销学理论，又如何形成符合所在国国情，具有所在国特色的营销学理论已经成为营销学全球化过程所面临的一个重大课题。

二、互联网和计算机技术的日新月异

互联网最早来源于美国国防部高级研究计划局的前身ARPA建立的ARPAnet，该网于1969年投入使用。最初的互联网主要用于军事和大学的科学研究，随着互联网技术的进步，互联网开始转向民用。1993年9月，美国政府宣布实施一项新的高科技计划——“国家信息基础设施”（National Information Infrastructure，NII），旨在以互联网为雏形，兴建信息时代的高速公路，也即所谓的“信息高速公路”，使所有的美国人方便地共享海量的信息资源。

在互联网技术飞速发展的同时，美国的计算机技术也呈现爆炸式的发展。20世纪70年代中期，计算机制造商开始将计算机带给普通消费者。这时的小型机带有软件包，供非专业人员使用的程序和最受欢迎的字处理和电子表格程序。1981年，IBM推出个人计算机用于家庭、办公室和学校。20世纪80年代，随着超大规模集成电路技术的突破，计算机的体积和价格不断下降，而功能和可靠性不断增强，个人计算机的拥有量不断增加，计算机继续缩小体积，从桌上到膝上再到掌上。

20世纪90年代，美国抓住了知识经济到来的黄金十年，科学技术迅猛发展。对大多数美国人来说，最明显的科技变革是各行各业都在使用计算机。许多美国人都通过计算机管理银行账目，大多数零售交易都通过计算机信用体系完成，企业和学校都使用计算机存储数据，制造业开始使用计算机辅助设计和工业机器人。计算机革命造就了成千上万的新兴企业，其中，既有计算机生产商（苹果、康柏、戴尔等），又有芯片制造商（如英特尔），还有软件公司（如微软）。

随着个人计算机和互联网技术的发展，人们的生活、工作、学习与互联网的关系日益紧密，以电子商务为代表的网络经济开始出现并迅速成长起来。企业日益需要借助互联网这个平台与消费者展开接触，开展发布产品信息、进行产品销售、开展网络信息传播和推广企业品牌等营销活动。营销学开始向虚拟的网络环境扩展，网络营销理论逐渐出现和完善。

三、企业社会责任和环境保护成为社会关注的主题

1962年美国生物学家蕾切尔·卡逊（Rachel Carson，1907—1964）出版了名为《寂静的春天》一书，阐释了农药杀虫剂DDT对环境的污染和破坏作用。由于该书的警示，美国政府开始对剧毒杀虫剂问题进行调查，并于1970年成立了环保署，各州也相继通过禁止生产和使用剧毒杀虫剂的法律。1972年由联合国发起，在瑞典斯德哥尔摩召开"第一届联合国人类环境会议"，提出了著名的《人类环境宣言》，环境保护成为全世界关注的主题。

20世纪80年代，企业社会责任运动在欧美发达国家逐渐兴起，它包括环保、劳工和人权等方面的内容，由此导致消费者的关注点由单一关心产品质量，转向关心产品质量、环境、职业健康和劳动保障等多个方面。一些涉及绿色和平、环保、社会责任和人权等的非政府组织以及舆论也不断呼吁，要求社会责任与贸易挂钩。迫于日益增大的压力和自身的发展需要，很多欧美跨国公司纷纷制定对社会作出必要承诺的责任守则或通过环境、职业健康、社会责任认证应对不同利益集团的需要。

营销活动的社会影响也引起了人们的关注。人们期望营销者能在环境污染最小化、抵制对儿童市场的过度开发、帮助少数族裔就业、保护消费者不受危险品的侵害并明确指出其危害性等方面有更多作为。在这种时代背景下，营销学者对营销与社会之间的关系问题展开深入的探究，注重营销的社会影响的社会营销观念和旨在解决社会问题的社会营销应运而生。

四、企业营销环境日益复杂多变

20世纪70年代初的石油危机触发了第二次世界大战之后最严重的全球经济危机。持续三年的石油危机对发达国家的经济造成了严重的冲击，在这场危机中，所有的工业化国家的经济增长都明显放慢，陷入了经济停滞和通货膨胀并存的"滞胀"阶段。此时的美国制造业，虽然许多大型工业基地已经有了几十年的发展，但其效率却远不及日本和欧洲第二次世界大战后兴建的新工业基地。从日本和欧洲进口的汽车、钢铁和其他工业品开

始在美国站稳脚跟。其间，遍布美国的上千家企业关门停产、解雇工人，新的就业机会开始转向科技、信息以及其他知识含量较高的领域。

20 世纪八九十年代，美国社会的消费习惯发生了巨大的变化。麦当劳、汉堡王等成为美国其实也是全世界最著名的西式快餐连锁店，凯马特、沃尔玛、巴诺书店、百视达音像制品出租店、盖普时装店等大型连锁店主宰了美国许多社区的零售业，好莱坞大片所吸引的观众人数空前，迪士尼和时代华纳等媒体公司推出的产品使其电影、电视在全世界家喻户晓。

进入 21 世纪，全球化日益向纵深发展，飞速发展的科学技术在改变人们生活习惯的同时也不断创造着新产品，亚马逊（www.amazon.com）和 eBay（www.ebay.com）等新兴互联网零售企业给传统的线下零售商带来了颠覆性的冲击，社交网站的兴起在将人们的社交活动延伸到互联网上的同时也提供了一种新的广告和品牌传播方式。企业间竞争的加剧使得营销战、整合营销、关系营销、内部营销成为企业所面临的新课题。发生持续而又深刻的变化的企业营销环境，既为营销思想的创新提供了可能性，也为营销思想的扩展提供了巨大推动力。

小资料

Facebook 2010 年广告收入近 20 亿美元

Facebook 越来越像谷歌了，至少它的吸金能力在日趋逼近谷歌。拥有超过 6.5 亿全球注册用户的 Facebook，商业模式看起来跟谷歌极其相似，利用其自助广告服务系统为大量中小企业提供了充足的广告机会。据悉，这种商业模式在过去 10 年已经为谷歌赚了 2 000 亿美元的收入。

根据监测机构 eMarketer 的最新统计数据显示，Facebook 网站 2010 年的全球广告收入为 18.6 亿美元，比 2009 年同期增长 151%，其中大多数来自美国，约为 12.1 亿美元。不过，需要指出的是，Facebook 2010 年全年收入中 60%（11.2 亿美元）来自小企业的投放，这些企业改变了以往委托广告媒体机构做营销的方式，直接与 Facebook 合作。此外，Facebook 2010 年全年收入中的 7.4 亿美元来自大品牌公司，如可口可乐、宝洁等。

威廉森（Williamson）女士 2009 年曾对 Facebook 自助广告服务平台做过收入预测，2010 年的这一收入比她当初的估值增长了 3/4。不过，这并不表示 Facebook 从搜索巨头的地盘里夺取了显著的市场份额，事实上，在 2010 年前 9 个月，谷歌的广告收入超过了 20 亿美元。现在这种情况只是表明，在自助服务在线广告领域出现了双寡头局面，不再是谷歌一家通吃。目前，在整个网络广告投放中，社交媒体占据了将近 5%的市场份额，预计，2011 年该比例会增长到 8%。

Facebook 的广告前景也带动了网络广告服务性公司的成长，立足于美国加利福尼亚州的社交网站 The Palo Alto 的注意力已经从满足客户营销需求转向开发更多适合 Facebook 网站 6.5 亿注册用户的网络产品。由于 Facebook 采取开放合作模式，已经出现了一种围绕着 Facebook 的第三方服务经济。在美国新成立了两家公司 BuddyMedia 和 Context Optional，它们的主要职责就是帮助广告公司和客户更好地管理和呈现他们在 Facebook 网站的专区页面。由于许多品牌在 Facebook 可能会拥有各种各样不同的页面，如何管理这些页面就成了一项专业而复杂的工作。比如，像麦当劳这样的大品牌在 Facebook 网站都有自己的专区，既要保持自己页面的特色，又要符合 Facebook 基本页面的要求，这就需要由专业公司来完成。不过，即便如此，谷歌和 Facebook 都仍保留了强大的直销团队，直接负责大品牌如可口可乐、宝洁等公司的广告销售。

资料来源：晓雪：《Facebook 2010 年广告收入近 20 亿》，载《中国图书商报》，2011-01-21。有删减。

五、非营利组织的飞速发展及其营销需要

第二次世界大战之后，人们对两次世界大战进行了反思，认识到一方面战争给社会造成空前的灾难和巨大浪费，另一方面民族间的、地区间的、国家间的差别和矛盾继续存在，并可能激化。人们发现，社会中的两大部门已不能满足社会经济活动与公共需求的平衡需要。于是，社会组织形态开始蛹化，逐渐出现了第三部门——非营利组织，也就是社会公益部门。如出现了联合国，以协调国家之间的关系；建立了世界银行，对不发达国家和地区做扶贫性质的援助性贷款工作；成立了世界卫生组织，关注支持不发达国家和地区的卫生与健康问题。除了这些新成立的全球性的非营利组织，传统的高等教育机构、慈善机构、教会、图书馆和医院等组织也属于非营利组织。这些非营利组织在社会服务领域日益发挥着不可替代的作用。

进入 20 世纪 70 年代，发达国家以及部分发展中国家和地区的非营利组织数量激增，对社会生活的重要性日益凸显。同时，由于竞争的激烈、政府支持的萎缩，不少非营利组织内逐渐出现了顾客对服务不满、会员减少、成本上升、捐助缩减等难题。虽然非营利组织和企业在性质上存在差异，但非营利组织所面临的这些问题与企业面临的营销问题存在类似性，这也引起了营销学者的关注和兴趣。当营销的思想和方法应用到非营利组织之后，马上显现出巨大的威力，非营利组织希望能有一套系统的非营利组织营销理论来指导其开展活动。

第 2 节 菲利普·科特勒的贡献

正如奥德逊在 20 世纪 50 年代现代营销学的形成过程中所扮演的奠基人的角色一样，在营销思想史的发展历程中，菲利普·科特勒是另一个不

可逾越的思想巨人。在20世纪70年代以来的营销思想扩展这场新的营销“革命”中，菲利普·科特勒是当之无愧的先驱者和领导者。

一、菲利普·科特勒其人

菲利普·科特勒

(1931—)

菲利普·科特勒1931年5月27日出生于美国的芝加哥。尽管菲利普·科特勒的名字和营销紧紧联系在一起，但他却是从经济学起步的，在相继获得芝加哥大学的硕士学位和麻省理工学院的博士学位后，他重返芝加哥大学从事行为科学的博士后研究。

在20世纪五六十年代，当时的营销学和高校商科教育正酝酿着一场变革。由于在大学从事管理教育的教授本身缺乏科学训练，所开展的商科教育局限于对历史资料和商业现象的描述和分类，导致培养出来的学生缺乏解决实际管理问题的专业知识。为了改变这种情况，福特基金会在50年代初期开展了一个为期数年的项目，焦点是改变在美国商业学校中任教老师的研究计划、博士生培养和教学方法。

在这一时期，福特基金会和卡耐基基金会资助的研究报告指出，传统的包括营销学在内的商科教学太过于偏描述性，应该将多个学科的理论方法整合进商科教育。福特基金会尤其强调经济学、数学和行为科学对商科教育的影响。而科特勒因为其经济学和行为科学的教育背景，正是新的商科教育所需要的教师。1959年，年轻的科特勒与其他被挑选出来的商科教师一起，参与由福特基金会赞助的一个为期一年的专门项目，在哈佛和麻省理工学院的基础数学研究院接受数学理论知识的深度培训。1962年，科特勒进入美国西北大学凯洛格管理学院，从此开始了令人敬重的执教生涯。

由于福特基金会的推动以及其他原因，营销管理学派成为20世纪五六十年代占据统治地位的学派，以管理导向为特征的现代营销学在这时创立。科特勒也受到这股潮流的影响，并迅速成为这股潮流的引导者。1967年科特勒出版《营销管理》一书，出版之后大受欢迎，不断再版，如今不仅成为美国管理学院最受欢迎的教材，而且是世界范围内使用最广泛的营销学教材。

科特勒不仅是出色的营销学者，还是许多美国和外国大公司在营销战略和计划、营销组织、整合营销上的顾问。这些企业包括：IBM、通用电气、AT&T、默克（Merck）、霍尼韦尔（Honeywell）、美洲银行（Bank of America）、北欧航空（SAS Airline）、米其林（Michelin）等。

菲利普·科特勒现任西北大学凯洛格管理学院终身教授，西北大学凯洛格管理学院国际营销学S.C.强生荣誉教授。他的社会兼职还包括美国管理科学研究院营销学院主席，美国营销协会理事，营销科学学会董事，管理分析中心主任，扬克罗维奇咨询委员会成员和哥白尼咨询委员会成员等，是当今世界的营销学权威。

小资料

菲利普·科特勒的个性与他的成功

加拿大皇后大学的莫林·布拉沙（Maureen Bourassa）和佩吉·坎宁安（Peggy Cunningham）两位学者合作研究了科特勒对于营销思想的贡献和科特勒在营销学中取得如此巨大成就背后的原因。他们的研究指出，科特勒的独特个性对于他的成功具有重要意义。

莫林·布拉沙和佩吉·坎宁安访谈了科特勒本人和科特勒的9位同事与合作伙伴。在访谈中，科特勒的同事觉得科特勒是一个“好奇者”或者说一个“海绵”，有着巨大的吸收能力，可以将他周围的每一件事情都吸收进来。科特勒的同事介绍，科特勒经常会在和他人的谈话过程中拿出一支笔，简要记下他人所说的一些事情，这些笔记甚至会进入他的教材中。科特勒对于多样化的视角有着真正的兴趣。科特勒特别喜欢学习和把问题应用到新领域中。科特勒的同事介绍了许多科特勒通过阅读和交谈来观察世界的例子。

科特勒不仅是一个“好奇者”和“倾听者”，也是一个出色的沟通者。科特勒公开演讲的风格非常富有效率，他总是能够将复杂的现象简单化。有人这样评价科特勒，正如在古典音乐中称赞一个演奏者可以将一段非常难的篇章处理得让人听上去非常简单，对于演奏者而言是一种莫大的赞扬一样，在营销中同样如此。

科特勒对于现实世界有着浓厚兴趣的事实表明他可以有效地收集信息，而他在与观众沟通方面的天赋则意味着他可以有效地传播信息。由于科特勒所具有的这种个性和技巧，不难理解科特勒为什么在营销界取得如此大的贡献以及为什么大家认为他如此成功。

资料来源：Maureen Bourassa and Peggy Cunningham. Behind the veil：Insights and influences on Kotler's contribution to marketing thought，in Proceedings of 12th Conference on Historical Analysis & Research in Marketing，2005，Ed. Leighann C. Neilson，pp. 16-24.

二、菲利普·科特勒的贡献

科特勒对营销学的贡献总体而言可以归纳为两个方面。一是在营销学思想和理论的发展方面。他一生致力于营销学的科学化，努力提升营销学的学科地位，他所提出的营销学的一般概念，极大地扩展了营销学的研究范围。二是在营销学的传播方面。他的《营销管理》一书及其修订对于营销学知识在全世界的传播和普及产生了巨大的推动作用，在学术界和实务界都有很大的影响力。

20世纪60年代，许多营销学者感到焦虑，因为有人批评营销学更多的是一门艺术，而不是科学，因而他们总是不停地在为自己的职业辩护。科特勒试图通过将营销与科学连在一起来为营销学获取合理的地位。科特勒在1971年出版《营销决策：一种理论构建方法》，将定量模型的科学方法应用于营销领域。此外，科特勒还通过在营销管理中使用数学来作为一种减少与营销相关的神秘主义的方式。如科特勒自己所言，他过去30年的目标一直是推动营销学成为一门科学，解释市场到底是怎样工作的，并将经济学家的理论应用于实际生活中。

相对于科特勒致力于营销科学化的成就，他在营销思想扩展上的贡献更为巨大。1969年，科特勒在《扩展营销概念》（Broadening the Concept of Marketing）一文中提出营销概念可以延伸到非商业机构，如教堂、警察局、医院以及学校等。1972年，科特勒在《营销的一般概念》（A Generic Concept of Marketing）一文中，提出每个学科都需要一个基础性的概念，交换（exchange）应该成为营销的基础或者核心概念，这里的交换已经不再局限于商业领域，科特勒提出任何社会单元之间的价值交换都应该属于营销学研究的范畴。科特勒的这两篇文章，引起了学术界极大的争论，但也开启了营销思想扩展的序幕。之后，非营利组织营销、社会营销和地区营销等的理论研究和实践开始蓬勃发展起来，科特勒在其中的贡献无比深远。

在营销学的传播方面，科特勒的贡献是与他的《营销管理》一书紧密联系在一起的。1967年，科特勒出版了《营销管理》第1版，这本教材突出的计划和战略导向，明确清晰的便于解释和教学的模型和框架，使得该书在当时众多的描述性教材中脱颖而出，成为美国管理学院最受欢迎的教材。随着企业与时代的发展，菲利普·科特勒不断充实与完善这本著作，在其后40余年的时间里，完成了13次修订，这部著作被翻译成25种语言，畅销100多个国家，成为世界上使用最广泛的营销学教材，营销学知识也随着这本教材在全世界得到了传播和普及。

三、对营销思想扩展的争论

根据菲利普·科特勒所提出的营销一般概念，营销中所涉及的交易可以是任意双方之间的价值交换。有价值的事物不再仅仅局限于产品、服务和金钱，还包括其他资源，比如时间、精力和情感。这种一般交换（generic exchange）涉及的是一些营销管理技术，特别是说服性沟通技术，是“如何”应用于一种非商业比如社会的、政治的、宗教的甚至是个人原因的情景下的。它超出了利润动机或者经济价值，将包括信念、情感和意见交换在内的任何参与方之间的任何动机和任何价值纳入进来。

针对科特勒的这种营销思想，有学者指出营销协会由于没有独特的研究主题而使得学科边界模糊化。很明显，几乎所有的人类相互作用都会在某种程度上影响人们的情感或者意见。因此，谢斯和加勒特（Jagdish N. Sheth and Dennis E. Garrett）在1986年指出，营销学必须限制其自身与经济价值的交换，否则营销学很可能会与其他学科比如社会心理学和群体动力学相混同。拉茨尼尔克和米奇（Gene R. Laczniak and Donald A. Michie）则在1979年列举了一些有关营销学主题模糊的例子，比如结婚誓言的交换，一个重罪犯恳求减刑，朋友之间打电话等，如果把这些也视作营销学研究的课题是否合适呢?

通过将营销概念（尤其是营销管理技术）的范围扩大到所有的原因、议题和情景，营销从以前给人的不道德形象变得备受赞扬起来，现在营销者因为其在吸引顾客和赞助人以及为慈善机构筹集善款等方面所具有的营销能力而受到称赞。但另一方面，通过将营销实践扩展到几乎所有的社会活动上，这种一般交换与营销学的历史背景不相匹配。一般交换或许可以作为社会学或者社会心理学的一般理论的基础，但是由于其排除了销售者和购买者、利润动机和经济评估等核心商业概念，将社会交换作为营销一般理论的基石让许多营销学者难以接受。

关于营销思想扩展的争论至今仍没有达成一致，但营销学依然在阔步向前。社会营销、非营利组织营销和地区营销等由于营销思想扩展而产生新的营销领域，不管是从理论研究还是在实践操作上，都在如火如荼地进行着。营销思想的扩展已经成为一种事实上的存在，随着科特勒《营销管理》等一系列著作的传播日益受到越来越多人的认同。从客观角度而言，营销思想的扩展促进了营销学的大发展和大繁荣，而且由于营销学在解决社会问题和推动社会进步上的突出贡献，营销学日益成为一门受人尊敬的学科。

第3节 营销思想的扩展

从20世纪70年代中期蔓延至今的营销思想扩展表现在许多方面。从核心概念上，营销思想从传统的商品交换扩展到社会交换甚至是所有形式的人类行为；从应用范围上，营销思想从传统的商业领域扩展到社会领域，从企业扩展到非营利组织、地区甚至国家；从传播区域上而言，随着世界上越来越多的国家开始实行市场经济体制，营销思想和营销理论从欧美等发达国家逐渐向中国、印度、俄罗斯、巴西等新兴发展中国家传播和普及，营销思想从本国营销视角扩展到全球营销视角。此外，由于营销实践的日新月异，营销战、网络营销、关系营销、内部营销、整合营销等创新性的营销概念和思想不断涌现，营销思想迎来了大繁荣和大发展。

一、社会营销、非营利组织营销和地区营销的兴起

营销原理在产品和服务分销中的成功应用，促使人们将这一理论用于那些非营利性的社会机构（例如医院、博物馆、教堂等）的价值交换。这实际上是一种特殊“商品”的营销。1971年，杰拉尔德·蔡尔曼和菲利普·科特勒提出了“社会营销”的概念，促使人们将营销学运用于环境保护、计划生育、改善营养、使用安全带等具有重大推广意义的社会目标方面，这一概念的提出，得到世界各国和有关组织的广泛重视，斯堪的那维亚地区、加拿大、澳大利亚和若干发展中国家率先运用了这一概念。一些国际组织，如国际开发署、世界卫生组织和世界银行等也开始承认，这一理论的运用是推广具有重大意义的社会目标的最佳途径。

科特勒的《非营利组织营销》（1975年）一书运用其他方法研究了社会营销问题。他将营销观念转化为非商业界人士更熟悉的术语，并将营销管理原理应用于健康服务、公众服务、教育服务以及政治候选人的“营销”。该书内容结构上与那些论述农产品、制成品或工业品营销的著作不同，而是着重对市场、交换过程、参与者互动、社会发展、市场结构、产品差异化和定价等营销问题进行了研究。它与早期著作的相似之处是为专业读者提供了入门知识。科特勒将社会营销定义为：“为提高目标群体接受社会观念和惯例的能力，而设计、执行和控制方案，并利用市场细分、消费者研究、构思形成、沟通、辅助、激励等概念和方法以及交换理论促使目标群体作出最佳反应。”

1993年，菲利普·科特勒、欧文·雷恩和唐纳德·海德出版了专著《地区营销》，深刻地阐明了营销的原理和工具完全可以用于地区和城市的营销。该书作为最早的地区营销研究著作之一，奠定了地区营销这一营销分支学科的基础。科特勒认为，地区营销是为满足地区目标市场的需求而进行的规划和设计，成功的地区营销应使市民、企业对其所在的社区感到满意，使游客和投资者对地区的期望得到满足。这一定义指出了地区营销的目标，概括了地区营销的顾客，并紧紧扣住了营销的核心概念——需求。此后，他们与其他专家合作，又先后推出了《欧洲地区营销》、《亚洲地区营销》、《拉美地区营销》等著作，大大推动了这一营销亚学科的发展。

二、营销战

进入20世纪80年代，市场竞争日趋激化，学者们越来越强烈地感受到，营销就是一场战争，需要用军事理论来加以指导。1981年，菲利普·科特勒和雷维·辛格首先考证了营销战这一概念。几年后，《新竞争——Z理论未涉及的营销理论》一书运用军事理论分析了日本开拓国际市场的成

功经验。

1986年，以提出“定位”概念而闻名的里斯和特劳特再度合作，推出新著《营销战》。书中指出，应当“以竞争者第一”取代过去的“消费者第一”。他们认为，“现在如果每一个公司都是信奉‘消费者第一’的，如果许多公司已经向同样的消费者群提供了服务，那么，你了解顾客需求的意义就不大了”。书中举例说：“美国汽车公司面临的难题不在于消费者，而在于竞争对手：通用汽车公司、福特公司、克莱斯勒公司以及打进国内市场的外国公司。”他们强调：营销需要一种新的基本原理来指导，这就是用军事原理指导营销，帮助公司战胜其他竞争对手。

三、全球营销的发展

1983年，莱维特在《哈佛商业评论》上发表了一篇题为《全球化的市场》（Globalization of Markets）的文章，在国际商业界引发了至今不能平息的争论，它使“全球化”一词载入了管理学词典。在这篇文章中莱维特明确提出了全球营销这一概念。他认为，过于强调对各个当地市场的适应性，将导致生产、分销和广告方面规模经济的损失，呼吁跨国公司向全世界提供一种统一的产品，并采用统一的营销手段。这一观点引发了激烈的争论。

全球营销是针对不同国家的国情，把市场细分、目标市场选择、市场定位和营销组合等原则灵活地加以运用的营销战略或策略。菲利普·科特勒认为：“国际营销人员必须很好地了解外国的营销环境和营销机构，并且随时修正他们关于当地公众对营销活动的反应方式所做的最基本的假设。”日本是开展全球营销最好的国家，在汽车、摩托车、手表、照相机、电视机、录像机、光学仪器、钢铁、造船、计算器等许多产业领域，已经取得了全球性的市场领先地位。日本企业的成功成为全球营销的典范。

全球性的竞争促进了“营销网络”（marketing network）概念的形成。营销网络是指公司在国内外寻找“战略伙伴”或“同盟者”，并与它们结合起来，以获得更广泛、更有效的地区市场的一种发展战略。营销网络的建立，为某一公司在世界各地同时推出同一新产品提供了可能，因而，也减少了由于种种限制，使产品在进入其他国家和地区市场的时间上有延误而被仿制者夺走市场的风险。

早在20世纪70年代初期，日本企业就开始在全球范围内寻找贸易伙伴，建立营销网络。日本企业历来以国内为生产基地，针对各个国家的特点开发适应各国需求的产品，发展出口贸易，取得了巨额利润。同时，也遭到美国及其他一些引进国家的不满和抵制。加上日元升值带来出口萎缩，迫使日本企业走出国门，到世界各国投资建厂，建立营销网络。近几年，日本企业以每年数百亿美元的速度对外输出资本，建立起自己的营销网络。

走出国门寻找贸易合作伙伴，走国际化、集约化道路，是21世纪各国企业营销发展的又一新趋势。

四、网络营销的盛行

回顾社会发展历程，我们可以发现：随着电话、无线传播技术以及光缆技术的出现及大规模使用，电子媒介的作用越来越大，并逐渐成为最具影响力的营销媒介。随着互联网的普及，特别是进入21世纪，网络营销因其创新性以及爆炸性的成长速度，迅速成为一个热门话题和令人激动的研究领域。

互联网同工业革命一样创造了商业运作和消费者行为两方面的根本性变革，特别是给企业市场细分、目标市场选择、4P策略、顾客服务以及价值创造等营销活动带来了显著变化。首先，互联网使企业可以通过一对一的营销创造价值；其次，互联网可以高效地将电子交易整合成企业的核心业务；最后，互联网使销售者关注最佳顾客，并可以使企业在每次交易中关心每一位顾客，并为其提供定制化服务。总之，互联网给企业营销活动的战略和战术层面都带来了深刻的影响。

目前关于网络营销的研究可以大致分为五类：（1）网络营销环境：消费者行为，政治、经济和法律主体，伦理和社会责任。（2）网络营销的功能：管理、计划和战略，零售，分销渠道，市场结构，物流，定价，产品，销售促进，广告，销售管理。（3）网络营销的特殊应用：工业，国际化及比较优势，服务业。（4）网络营销研究：科学理论与哲学，研究方法，研究技术。（5）其他：教育与职业主体，网络营销的总体。其中，有关网络营销的功能是当前营销研究的重点。

五、关系营销、内部营销和整合营销传播

关系营销是作为交易营销的对应关系而提出的。1985年，芭芭拉·本德·杰克逊（Barbara Bund Jackson）强调了这一概念。科特勒评价说："杰克逊的贡献在于，使我们了解到关系营销将使公司获益更多。"何谓关系营销？科特勒认为，关系营销是买卖"双方之间创造更亲密的工作关系与相互依赖关系的艺术"。关系营销是对一般的广告、促销、公关以及直复营销的组合，并创造更有效、更经济的方法来维系消费者，其核心在于发展消费与产品（服务）间的一种连续性的关系。在交易营销中，企业的立足点多是致力于完成交易行为，满足顾客只是为了实现商品价值，视营销为"创造性购买"。这种以交易为中心的营销，实质上把买卖双方的关系，仅仅界定为"你买我卖"。关系营销则较交易营销更好地抓住了营销的精神实质。关系营销的目的就在于同顾客结成长期的相互依赖的关系，发展顾

客与企业及其产品之间的连续性的交往，以提高顾客品牌忠诚度，巩固市场，促进销售。每个企业都是社会的一个组成部分，与社会的其他部分必然发生持续的接触和互动关系，企业之外的所有其他部分都是企业的“合作伙伴”，都在为企业的发展做贡献。而顾客便是企业最重要的伙伴之一。而交易营销只是把顾客看作交易的对立面，把双方关系当成单纯的商业往来，至多强调了交换过程中服务的一面；而关系营销则把顾客视为永久的伙伴，认为企业应同顾客在平等的基础上，建立互利互惠的伙伴关系，通过协作实现双赢。为此，必须保持与顾客的密切联系，认真听取他们的心声，关心他们的命运，了解他们存在的问题和面临的机会。

1981 年，克里斯蒂安·格罗鲁斯（Christian Gronroos）发表了论述“内部营销”（internal marketing）概念的论文。他认为，公司设置了强有力的营销部门，并不意味着这家公司实施了营销导向；公司实施营销导向的关键问题是，要培养公司经理和雇员接受以顾客为导向的理念，而这一工作比为顾客开发有吸引力的产品和服务更困难。在此基础上，菲利普·科特勒进一步提出了“营销化”的理论，指出要使公司营销化，就是要在公司里创造一种营销文化，即培养和训练公司员工以满足顾客需求作为宗旨和准则，并逐步在意识上和行为上产生认同感。20 世纪 80 年代，“营销化”、“企业文化”成为世界各国理论界和企业界研究的热点问题。

整合营销传播（integrated marketing communication，IMC）理论是由美国学者唐·E·舒尔茨（Don E. Shultz）等人于 1992 年提出，并在 20 世纪 90 年代得到营销理论研究者、企业管理者广泛认同的一种营销理论。舒尔茨把整合营销传播定义为：“整合营销传播是一个战略经济过程，用于在与消费者、顾客、潜在顾客和其他相关的内外部受众交往的过程中计划、发展、执行和评估协同的、可测量的、有说服力的品牌传播过程。”整合营销传播具有以下特征：（1）消费者处于核心地位，企业一切传播活动都要围绕消费者展开。（2）要想对消费者进行全面而深刻的了解，必须以建立资料库为基础，对以往传播活动进行记录，尽可能利用消费者行为资料作为市场分析的依据，进而从对消费者反应的分析判断中了解消费者的行为资料。（3）整合营销传播以本质上一致的信息为支撑点，以各种传播媒介的整合运用为手段进行传播。（4）整合营销传播不仅包括面向企业外部的对外传播，也包括面对企业组织内部的对内传播。

六、营销学在全球范围的传播

营销学在全球范围的传播是与市场经济在全球的发展紧密联系在一起的，这与营销学的学科特性有关。营销学研究的是市场交换问题，而在计划经济体制下，产品的生产、交换和分配过程都是由政府指令安排，营销学毫无用武之地。20 世纪 70 年代末，中国实行改革开放，开始逐步建立市场经济体制，步入市场经济国家行列。与中国改革开放大约同时，苏联和东欧国家也在20世纪80年代实行各具特色的经济改革，逐渐由计划经济国家向市场经济国家转型。随着市场经济成为全球主流的经济发展模式，营销学日益引起新兴市场经济国家的重视，在全球范围内迅速得到传播。1976年，菲利普·科特勒的《营销管理》作为第一本西方营销教材被译为俄文，在苏联出版，引起了轰动。1979年，中国的暨南大学开设了中国大陆的第一门市场学课程。与此同时，营销学陆续进入东欧国家及其他地区。

1995年6月，由中国人民大学、加拿大麦吉尔大学和康克迪亚大学联合举办的第五届市场营销与社会发展国际会议在北京召开。中国高等院校市场学研究会等学术组织作为协办单位，为会议的召开作出了重要的贡献。来自全球46个国家和地区的135名外国学者和142名国内学者出席了会议。25名国内学者的论文被收入《第五届市场营销与社会发展国际会议论文集》(英文版)，6名中国学者的论文荣获国际优秀论文奖。从此，中国营销学者开始全方位、大团队地登上国际舞台，与国际学术界、企业界的合作进一步加强，标志着中国营销学国际化的开始。

□ 思考题

1. 简述营销思想扩展的背景。
2. 简述菲利普·科特勒对于营销学的贡献。
3. 简述学术界对于营销思想扩展的争论。
4. 简述社会营销、非营利组织营销和地区营销的兴起过程。
5. 简述营销战理论的提出过程和基本观点。
6. 简述全球营销理论的提出过程和基本观点。
7. 简述关系营销、内部营销和整合营销传播的提出过程和基本观点。
8. 简述营销学在全球范围的传播过程。

第2篇

思想学派篇

第6章

商品学派

20世纪初，随着营销作为一门独立的学科出现，商品学派也开始萌芽。其基本原理是，既然营销是有关商品从生产者向消费者的流动，那么营销学者就应集中研究交易的载体——产品。因为营销学主要起源于农业经济和农产品营销，这支学派就被称为商品学派，尽管后来该学派的支持者主要研究的不是农产品，而是工业消费品。

第1节　商品学派的初创

早期的商品学派学者意识到那些更先进的学科都是建立在一种具体全面的分类体系上的。他们提出，在学术领域，学者首先关注行为的重要性，并用最适合比较行为的方法对材料进行分类；在营销领域，首先重视行为或者市场功能（即商品是怎样在市场上运行的）。随后，他们从对行为或功能的研究回到对商品分类系统的研究中，这对功能的范围和类别进行系统研究大有帮助。①

这些学者认为，如果营销过程中交换的物品能够按某种合理的方式分类，营销学就能在科学性上获得巨大进步。这些早期的商品学派学者不仅将视线放在理论科学范围内，还注意观察营销实践的应用领域。他们意识到，就算营销被学术领域所接受，如果不能为营销实践者所接受，仍然是站不住脚的。他们举例说，营销理论家能以什么样的建议来帮助一位克利夫兰的油漆生产者更好地将他的产品销售给俄亥俄州的油漆店呢？

---

① Terrence H. Witkowski. The marketing discipline comes of age，1934-1936，*Journal of Historical Research in Marketing*，Vol. 2 (4)，2010，pp. 370-396.

商品学派理论家认为，当商品分类体系发展完善时，每一个商品都不是孤立的，商品之间有着紧密的联系。因而这些商品可以组成一个相对同质的类别，对同类中的所有产品都可以采用相同的营销方法和技巧。这种认为商品可分为有限的内部同质而外部异质的几类的观点给商品学派学者以巨大的鼓舞，因为他们认为他们开始看到一个出色的“营销食谱”。他们认为，当一位营销实践者需要某种具体产品的营销建议时，他只需找到其产品所处的类别，然后再遵循该分类的既成“处方”就可以了。换言之，将一种产品归入商品分类中的某一类使许多决策变得简单，如选择适当的销售某一特定商品的商店类型、分销的密度、选择批发分销的方式、与交易商建立何种关系以及广告所要达成的任务等。

一、帕林的贡献

查尔斯·帕林（Charles Parlin）于1912年首先提出了商品分类体系。根据帕林提出的理论，妇女的购买物有三类，即便利品、急需品和选购品。便利品是日常购买的商品，如食品、杂货等，总的来说，就是价值低或急用的物品。人们无须比较价格，而在最方便的场所购买此种商品，这才有可能形成郊区杂货店、食品店和路口小店。急需品包括药物及其他一些以备不时之需的物品，这些物品使郊区药店比之经营糖果和其他便利品的小贩重要得多。选购品包括那些十分重要、需要选择、允许推迟购买的消费品，如各色高级纺织品等。妇女常将这些物品列入她们的购货单中，在下次进城的时候，就会逐件审查清单上的物品，比较价格，耗费精力，确保物有所值。

小百科

查尔斯·帕林

美国历史上第一个完全意义的市场调查组织是成立于1911年的柯蒂斯出版公司，这个组织头27年的领导者就是查尔斯·帕林（Charles Parlin）。查尔斯先生显然是当时还处于“婴儿期”的营销科学最早的先驱之一，而且毫无疑问是第一个将有序的调查研究应用于广告领域问题的人。

查尔斯·帕林于1872年出生于威斯康星州布兰德黑德的一个小镇。他的父亲是农产品的购买者和运输者，在帕林还是八岁孩子的时候就去世了。帕林通过半工半读的方式在威斯康星大学获得学士学位。在大学的时候，他特别擅长辩论和公开演讲。他本来想要继续学习法律，但迫于生活的压力，他不得不选择了毕业之后当一名教师。

查尔斯·帕林
(1872—1942)

帕林应邀到柯蒂斯公司从事一项全新的商业活动，是当他已经38岁且正在威斯康星一所高中当校长的时候，这是斯坦利·莱特肖（Stanley Latshaw），查尔斯之前的一个高中学生的主意。

查尔斯很快就在他的新领域创造了历史，他进行了过去从未有过的对整个行业所开展的彻底的市场研究。其中的一项重要贡献就是具有里程碑性质的于1911年发表的对农业器具市场的研究和于1912年出版的四卷对百货商店的研究成果。此外，查尔斯是最早关注根据商品的营销特征对其进行分类的学者之一，他还提供了选购品和便利品差异的实际证据。他的第三项重要贡献是对年轻的汽车产业所进行的研究，这一研究对于汽车产业营销和广告策略的制定产生了很大的影响。该研究成果于1914年出版。此外，查尔斯提出的许多重要概念现在依然广为采用，如购买力指数，以社区划分反映购买力的城市营销地图等。

在营销职业生涯中，帕林发表了很多公开演说，对广告学和营销学这两个领域的研究都产生了显著的影响。在帕林去世后，这两个领域的学者都向帕林献上了敬意。1953年，帕林被选入广告名人堂。1945年，美国营销协会费城分会以他的名字设立了查尔斯·帕林纪念奖。

资料来源：Wroe Alderson. Charles Coolidge Parlin，*The Journal of Marketing*，Vol. 21，No. 1（Jul.，1956），pp. 1-2。

二、科普兰的经典分类

另一个著名的分类是由梅尔文·T·科普兰于1923年提出的。科普兰同样将商品分为三大类别，认为所有消费品都可分为便利品、选购品或特殊品。

便利品习惯上在便利店销售，顾客对其十分熟悉。一旦产生需求，常常能在头脑中清楚地定义这种需求，并希望这种需求能及时得到满足。消费者习惯在方便到达的商店购买便利品，这些商店分布在居民住宅区、工作地点、街头巷尾、上下班必经之地或时常有人经过的路旁。

选购品是那些消费者在购买前往往要比较价格、质量、式样的消费品。通常消费者要去多家商店了解比较，在购买者脑海中不一定能清楚地刻画所需商品的确切属性，这与购买便利品时的态度形成了鲜明的对照。在需求产生后，选购品的购买经常可以耽搁一段时间，需求的满足与购买多数便利品时相比显然不是那么重要。

特殊品对消费者有特殊的吸引力，对价格的考虑则退居其次，消费者愿花精力光临经营特殊品的商店，却未必购买。消费者在购买特殊品时首先考虑的是制造商品牌、零售商品牌或是零售商店出售商品的信誉和服务质量。

这种分类方式，实质上是依据顾客的需要及其满足方式进行分类，它隐约体现了近代消费者行为学派的思想。然而，科普兰满足于把消费者的行为理解为一种理所当然的前提条件，并将之作为区分营销商品庞杂类别的基础，而没有进一步探求消费者采取某种行为模式的原因。

科普兰将他的分类方法建立于消费者的需求和行为之上，稍后的商品学派学者于1927年提出了以三个因素为基础的商品分类体系：商品的使用特性、商品的物理特性（如相对易腐性、价格集中程度、单位实体的规格大小等）和产品生产的特点（如生产规模、产地、生产集中程度、生产方法、生产周期等）。

第2节 商品学派的修正和发展

帕林和科普兰的经典分类在商品学派的早期发展历史中具有持久的影响力。直到20世纪50年代末至60年代初，随着消费者行为研究的深入，才有一些商品学派学者提出将产品类别定义为便利品、选购品和特殊品的这种方法需要修正。

一、商品学派的修正

这些学者认为，要区分便利品与选购品，应给予消费者所充任的角色以高度的重视。某些产品对一些顾客来说是选购品，对另一些顾客来说也许就是便利品，只有从个体消费者的角度出发才能更准确地定义便利品与选购品。可以说，便利品是消费者估计比较不同卖主产品价格质量的所得会小于自己付出的时间、金钱、精力等选购成本的产品；选购品就是个体消费者估计通过对不同卖主产品价格质量的比较所得会大于他自己付出的时间、金钱、精力等选购成本的产品。

这些学者还认为，特殊品在本质上并不是与便利品和选购品严格区分开的独立类型。这里必须分清两种不同概念，即愿意付出特别努力和必须付出努力。特殊品的显著特点就是必须去做一种特殊的购买努力才能买到所需的产品，这一现实问题根源于此种产品有限的市场供给。如果上述推理成立，特殊品就是面临一个有限的市场、销路相对窄小、需要购买者经过一番特殊的努力才能买到的便利品和选购品。所以，特殊品的分类似乎重叠了其他两类产品，不能独立于选购品或者便利品。

另一些学者认为，应多重视消费者花费特殊精力的意愿，而少注意这种努力的必要性。在这场争论中，商品学派学者提出，进行区别的第一步就是要搞清楚选购品与非选购品之间的区别。选购品是那些在消费者产生需要后，定期用不同方式来满足需要的物品，这些物品的适用性在选购中确定。非选购品是消费者愿意且能够用一贯的方式来获得的产品。非选购品可进一步划分为便利品和特殊品。显然，当消费者面临一大堆替代品而买哪一个都无所谓时，他将买最方便得到的产品而不是另求其他，这就是便利品。而当消费者认为只有一种品牌的产品才能满足他的需要时，他就会略过一些易于得到的替代品，去寻求自己想要的产品，这就是特殊品。

在这之后，以便利品、选购品、特殊品作为三大类别的分类体系重新在商品学派中确立了牢固的主导地位。随着营销学的发展和不断引进其他相关学科的新概念，营销学者也不断地对这种分类体系提出争议和挑战。如若将选购努力作为首要考虑因素的话，上述定义都没有明确区别两种类型的努力，一种是特别的体力付出，特殊品的购买者为了得到一项特定的产品而情愿专门花费的体力；另一种是脑力耗费，主要花费在问价、比较区分不同的选购品上。

通过引入认知冲突理论，商品学派为这三大基本产品类别做了另一套定义：

便利品是那些或是因为价格低、易损耗，或是因为购买活动对消费者并不重要因而介入程度低的物品。消费者经常由于寻求实用性而接受许多合适的替代品，这样一来，消费者在购买时很少担心自己的购买决策在日后会被证实为不合适的，而购买他物会更合算。

选购品是那些购买前会引起消费者的担心，怕自己可能在购买后产生不满意的产品。消费者可以通过收集信息和随后的购买决策缓解这种担心。这些物品在经济上和心理上对消费者都很重要，同时拥有卓越的与众不同的性能，拥有与这些性能特性相关的实体特征。

特殊品是那些无论在经济、心理的重要性还是在出众的产品性能特点上都足够列为选购品的产品，但它们的实体特征与消费者追逐的性能特征一般没有关系。另外，其替代品十分有限，以至于消费者不得不购买那些可能引起不满的产品。购买前同样有所担忧，而且不易被购买行为所缓和。

二、阿斯平沃尔的分类

著名的商品学派学者利奥·V·阿斯平沃尔（Leo V. Aspinwall）1958年提出了运用五大特征来区分三种不同类型商品的分类方法。他将商品区分为红色产品、橙色产品以及黄色产品，并认为依据产品特点的相对价值总和来排列产品的思想很重要。红、橙、黄三种光线的波长按此顺序排列，代表了光谱的一部分。根据当前的目的，仅使用这三种颜色比使用光谱的全部七色要方便得多。从红色到黄色，橙色居中，三种颜色如此组合就能得到一个价值的无限刻度等级。

在选择分类特征时，阿斯平沃尔确立了几个明确的指导方针。首先，选出的每一特征必须适用于任何产品；其次，每个选中的特征必须是相对可测量的；最后，每一特征必须在逻辑上与所有其他特征相关。根据这些参量，阿斯平沃尔选择了产品分类的五大特征：（1）周转率。顾客为了满足对产品的期望，选购和使用一种产品的比率。（2）总利润。最终实现的售价与成本之间差的资金总额。（3）应变性。为了更好地满足消费者的需要而附加于产品上的服务水平。（4）消费时间。产品耗尽其使用能力的消费时间。（5）选择时间。到零售商店的平均行程和距离的测量。

最终，阿斯平沃尔于 1958 年列出了如表 6—1 所示的体系，他称之为产品特征理论。

表 6—1　　阿斯平沃尔的分类

特征＼颜色	红色产品	橙色产品	黄色产品
周转率	高	中	低
总利润	低	中	高
应变性	低	中	高
消费时间	低	中	高
选择时间	低	中	高

比较科普兰与阿斯平沃尔的分类体系，科普兰的便利品大致相当于阿斯平沃尔的“红色产品”，特殊品类似于“黄色产品”，而选购品与“橙色产品”有密切联系。

就像所有商品学派的前辈们一样，阿斯平沃尔坚信这种方法是解决大多数营销实践者所面临困难的万灵药，实践中只需要将各产品填入分类系统，再按各产品种类的标准营销指令行事即可。他进一步解释道，产品的营销特征决定了所适合的最经济的产品分销办法，理解营销要求所需采取的第一步，就是在代表不同特征的等级表上找出产品的相应位置。大多数产品都适合这种模式，一旦明确了产品的特征就可以十分可靠地选择产品分销方式。与理论预期的严重背离显示出分销方式需要改变、完善，但所需考虑的不仅是物流，还包括一些相应的沟通问题，如促销媒介和舆论的选择。

三、商品分类体系的完善

20 世纪 70 年代，为了完善商品分类体系，商品学派提出了三个不同的原则作为启发未来理论的立论基础。首先，产品必须被视为物质成分与心理反应的联合体（心理物质定义）。产品分类的测量方法依赖于科技的高速发展。其次，产品必须用消费者行为和渠道反应来定义（称为分销速率）。相应的测量结果可以用工厂运货与零售的时间差来表示。最后，产品的沟通结果和购买行为的联系被定义为心理速度测量。

通过这三条原则的分析，该学派提出在基础分类体系中加上第四大产品类别，即偏好品。他们总结了三个维度：（1）产品特征（购买量与特征的鲜明度)；(2）消费者特征（自我参与和自信度)；（3）消费者反应（购买产品的体力、脑力耗费)。他们用这三个标准制作了一级产品分类表（见表6—2)。

表6—2 商品分类体系

	1. 特征鲜明 2. 自信度高 3. 购买时耗费脑力比较品牌 4. 无品牌忠诚度	1. 特征不鲜明 2. 自信度低 3. 购买前耗费脑力搜寻信息 4. 忠诚于品牌
1. 购买量少 2. 参与程度低 3. 体力耗费少	便利品	偏好品
1. 购买量大 2. 参与程度高 3. 体力耗费大	选购品	特殊品

这种分类的意图是通过强调消费者行为与营销者活动的联系，来重组产品分类体系。这个分类体系上下两维的差异代表了消费者依赖于使产品容易获得的密集分销方式而在购买时节省体力耗费的程度，而左右两维的区别在于消费者选择一个品牌时花费脑力劳动的时间。如果一个产品落在右半部分，消费者在购买这种产品前会通过广告、口头传播或其他途径搜寻信息。这说明消费者依赖于卖者的促销活动，而这种依赖存在于消费者对耐用品（选购品）和非耐用品（偏好品）的购买中。

四、伊内斯和罗因的贡献

本·M·伊内斯（Ben M. Enis）和肯尼斯·J·罗因（Kenneth J. Roering）于1980年采用了此四大分类体系。他们试图通过消费者与营销者观念的类比，来进一步改进这一分类体系。他们认为从营销者角度出发，以产品提供差异（提高产品认知差异的能力）和营销模式差异（为更好地服务于一个市场内的不同群体，将营销计划中的元素个性化的能力）两维为基础，可以建立四大产品类别。同样，从消费者角度出发，两种相关的标准是认知风险（即认为消费者的购买决策的后果会比买者认知的更差）和预期的努力（买者为了完成交易所必须付出的努力)。通过结合营销者和消费者的观点，伊内斯和罗因对四大产品类别作了新的定义（见图6—1)。

特殊品是那些购买者认为就性能和人际影响来说风险较大、值得付出购买努力的物品，此种产品的营销者可在产品供给和营销模式上实行差异化。

选购品是那些购买者认为无较高性能风险或人际影响风险，但值得付出相当的购买努力的特色产品，这时营销者的任务是通过营销模式来区分

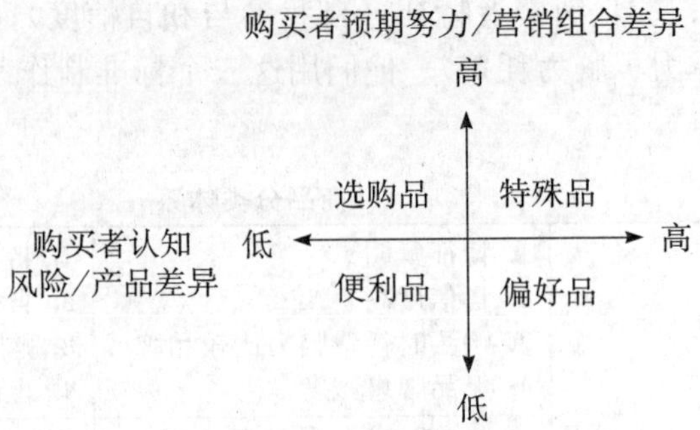

图 6—1 伊内斯—罗因商品分类系统

商品，而在产品供给上实行和竞争者一致的战略。

便利品是那些被认为低风险且不值得付出购买努力的物品，这时营销者必须高效生产并分销这种难以在产品供给和营销模式的差异上做文章的大众产品。

偏好品是那些购买者认为风险高，但只用付出有限购买努力的奢侈物品，这时营销者可以进行差异化的产品供给，但需有效地对这种供给品进行大量营销。

第 3 节 商品学派的衰退和演变

作为古典营销学的三大思想学派之一，商品学派在经历了 20 世纪上半叶的兴盛之后，虽然还有一些学者对其给予过关注和研究，但在 20 世纪 70 年代之后，商品学派逐渐衰退，并出现了一些新的变化。

一、商品学派的最新分类

1986 年，商品学派学者帕特里克・E・墨菲（Patrick E. Murphy）和伊内斯借助与价格有关的购买努力和风险的标准，进一步阐述了这四大产品分类体系（选购品、便利品、特殊品和偏好品）。他们认为，这种分类体系能在所有的营销交易、产品、服务和思想中得到应用。他们给出了如下定义：

（1）便利品。便利品无论从购买努力还是从风险来讲都是最低的。也就是说，消费者不愿花费太多的时间、金钱用于这些产品的购买上，在决策时也没有感到很高的风险。

（2）偏好品。这些产品在耗费的购买努力上较便利品多一点，风险则很高。事实上，便利品与偏好品的区别主要在于购买者感觉的风险上。让消费者觉得风险高的原因经常来自营销者的活动，尤其是品牌和广告。

（3）选购品。这个名称就包含了产品的许多特点。购买者愿意花费相当的时间、金钱来寻找、评价这些产品。这些参与度很高的产品同样也使消费者感到越来越高的风险。

（4）特殊品。这些产品就风险和努力标准来讲，都是最高的。选购品与特殊品的区别主要在于购买努力，而非风险。特殊品价钱通常很高，花费的时间也很多。在特殊品范围内，购买者不接受任何替代品。

二、商品学派的“衰退”和演变

在营销学的早期发展阶段，商品学派占据主导地位。但当营销学步入20世纪70年代之后，商品学派所采取的商品研究法被不少学者认为是过时的。科特勒在1972年撰文认为商品研究法可以看作营销思想发展的一个较早期的阶段。巴特尔斯在1976年出版的《营销思想史》一书中，将商品学派的衰退与20世纪50年代起学术界开始追求的一种对于营销现象更具理论解释性的方法的范式变革运动联系起来，认为商品研究法关注的重点是商品的分类，无法对营销现象做出系统性的理论解释。也有一些学者认为商品学派的衰退与营销思想的焦点从商品转向个体企业的视角转移有关。可以说明商品学派出现“衰退”状况的一个最有力的证据是，从20世纪70年代中期到整个80年代，出版的营销教材和学术期刊文章中很少有直接引用商品研究法来作为一种研究营销现象的方法的。

但同时让人感到迷惑的是，基于商品研究法的文章仍然见于各种营销文献。服务营销和工业产品营销成为一大批营销学者的研究领域。在今天，大多数的营销教材都包括工业和服务营销的章节。沃尔特·津恩（Walter Zinn）和斯科特·D·约翰逊（Scott D. Johnson）对这一悖论进行了研究，发现虽然学者对于商品研究法本身的研究兴趣降低，但是商品研究法却是学者们对于营销现象进行进一步深入研究的基石。

商品学派依然在当今的营销文献中占有一席之地的原因，可归纳为以下几点：（1）由于对商品进行分类是对营销现象进行系统性研究中重要的第一步，因而商品研究法往往有助于营销理论的构建。（2）商品研究法是进行比较营销研究的一个好的数据来源。比如，通过对在不同国家（国际营销）、不同文化（跨文化营销）和不同时期（比较营销历史）中营销的相似商品进行比较研究，有助于对营销现象的理解。（3）商品研究法识别出在大多数产品的营销中都存在着一种独特性的元素。独特性的一个重要来源是立法。一个国家的立法对于个体产品的设计、分销和营销具有重要的影响。（4）商品研究法能为那些被营销从业者和全社会都认为重要的商品提供具有洞察力的知识。

在20世纪早期，由于社会对食物分销的成本很关心，因而对于食物产品营销的研究就很重要，在当时也出现了大量关于食物分销的研究文章。而随着美国经济的发展，工业产品和服务产品成为社会关注的焦点，因而工业品营销和服务营销成了商品研究法的重点。从图6—2就能看出商品选择的演变也遵循了美国经济的重心从农业到工业，再到服务业的演变过程。

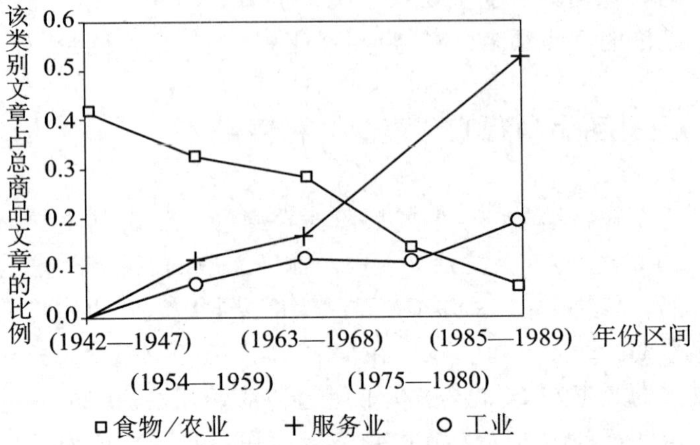

图6—2 各类别商品学派文章采用率比较图

资料来源：Walter Zinn and Scott D. Johnson. The commodity approach in marketing research: Is it really obsolete? *Journal of the Academy of Marketing Science*, Vol. 18, No. 4, 1990, 345-354.

三、对商品学派的评价

商品学派的学者总是强调"营销的管理食谱"对营销管理的重要性：任何产品分类体系都有这样一个目的，即对管理人员的决策进行指导。一个具体一致的营销战略应以购买者所感知的产品特征为基础。这一分类系统为管理人员的战略规划提供了导向：购买者的认知、营销者的目标和基本战略、营销组合的每一因素的具体战略等。

总而言之，商品学派建立的连接营销组合战略与产品分类的综合模型对营销学者和实践者极富吸引力，但这一学派也有其局限性：（1）研究重点一直局限于消费品，缺乏对商品理论对其他种类产品的适用性的研究，如工业品、服务和社会产品。（2）消费者行为在不同文化范围可能也有变化，要求分类系统也应相应地变化。（3）由于不断采用新技术（比如电子购物的发展）造成的消费者行为的变化，商品学派只有显示它能够适应新技术的冲击，其理论的丰富性才能大大提高。（4）从一个产品种类的集中研究中得出的只是一种特解，不具有普遍性，这也是长期困扰营销学者的一个问题。

□ 思考题

1. 简述商品学派所研究的主要问题。

2. 简述帕林的商品分类体系。
3. 简述科普兰的经典商品分类。
4. 简述阿斯平沃尔的商品分类方法。
5. 简述伊内斯和罗因的商品分类方法。
6. 简述墨菲和伊内斯的商品分类体系。

第7章 职能学派

当商品学派研究建立产品或交易对象的分类体系时，职能学派则集中研究执行营销交易所必需的活动。商品学派的研究基于营销中的“是什么”这一点，而职能学派则集中于营销中的“怎么做”。

第1节 阿奇·W·肖与早期的职能分类

职能学派是营销学科萌芽阶段所出现的第一个传统学派。肯沃斯将职能方法描述为早期营销思想发展中最具意义的理论进展，他甚至将职能学派与原子论的发现相类比，因为职能学派的主要目标就是定义和分类营销这一领域的基础性要素。

一、阿奇·W·肖的分类

阿奇·W·肖被营销历史学者公认为职能学派的首倡者。他在《市场分销中的一些问题》（1912年）这篇文章中提出了营销思想史上第一个营销职能的分类：（1）风险承担；（2）运送商品；（3）融资；（4）销售商品；（5）对商品进行集中、配货、转运。

在肖1950年的一篇回忆性的信件中，他描述了自己是如何在1910年作为一名哈佛商学院的学生产生这些想法的。当时他正在研究中间商对于经济的历史性贡献，他试图搜寻一些简单的概念，通过这些概念可以将营销的这些职能进行合理明确的分类，并揭示出彼此之间的联系。肖的目的是为那时所积累的市场分销方面的知识划定次序和明确可用性。

韦尔德认识到营销职能是“普遍的”，经常在分销渠道中后移或者前移，生产者和消费者有时也承担一些营销职能，并不一定像肖所说的那样只由中间商执行。和肖的分类很相似，韦尔德在1917年提出了以下七项营销职能：

（1）风险承担。只要委托商、经纪人和代理人不取得对产品的所有权，他们就承担非常少的商业风险。但是其他每个中间商与制造商，尤其是生产存货的生产者，不得不考虑风险的因素。商业风险的主要类别有：价格波动，火灾，质量降级，时尚改变，金融风险。

（2）运输。以前，商品中间商需要从事物品的实体运送，这一职能现在大多已为铁路和其他运输机构等专门从事这项工作的中间商人所承担。然而，运输仍是商人的重要职能之一。

（3）融资。这项职能主要由中间商、保险公司和银行来承担，为商品的分销活动提供资金支持。

（4）销售。这是最重要而且执行起来成本最高的营销职能。推销员的工资（再加上经常需要的差旅费）组成了商人花销账目中最重要的一项。销售包括为产品创造需求以及将产品送到消费者的手中，这两方面的销售工作大都由上门推销员来完成，而创造需求这项任务越来越多地借助广告来完成。

（5）集中。这里的集中，并不意味着商品从一个地方到另一个地方的实体运输，而是指寻找产品来源、谈判交涉、研究市场，从而以尽可能低的价格购买商品。集中涉及与购买相关的所有服务。

（6）重新配置。包括分类、定级，将大量产品分成小的单位、包装等。

（7）储存。就广泛的意义来说，表示在方便的地点保存产品的存货。

职能学派的一些评论家曾提出，事实上每个职能要素之间都常常是互相依存的，将它们分开可能存在风险。销售常常依靠标准化；融资依靠库存；风险伴随着销售与融资；运输、风险、储存与融资之间存在密切关系，如按订单运货和以批发商的收据做抵押等。

小百科

阿奇·W·肖

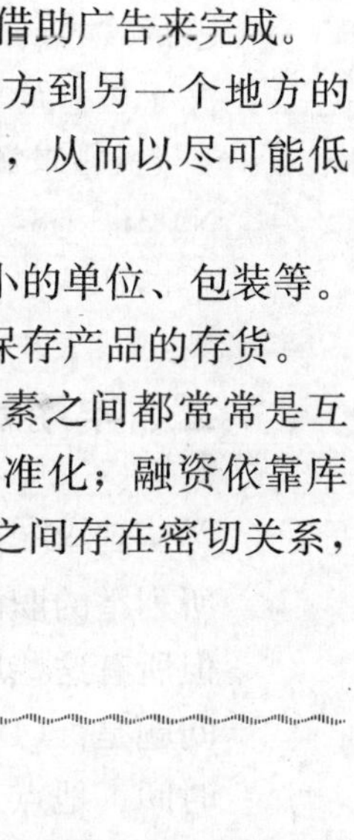

阿奇·W·肖
(1876—1962)

阿奇·W·肖1876年出生于美国密歇根州的杰克逊市。高中毕业之后，肖进入了奥利维特大学，不过他在获得学士学位之前便已退学。1899年，23岁的肖和另一个叫做沃克（L. C. Walker）的年轻人合伙成立了制造办公设备的名为肖-沃克的公司。四年之后，在保留其在肖-沃克公司的经济利益和董事地位的情况下，他从该公司的日常管理当中解脱出来，成立一家以自己名字命名的公司来出版《系统与工厂》杂志。除了《系统与工厂》杂志，这家公司还出版了数目可观的著作，这些著作主要是关于销售人员的基本技巧和商业管理的各个方面。1928 年，肖的出版公司出售给了著名的麦格劳-希尔出版公司。

肖总是保持着不知疲倦、满怀好奇和充满想象的头脑。1910 年，正是他作为一个出版人成功事业的中期，肖决定抽出一年的时间来探究是否能够在学术界发现任何具有实践价值的知识。于是，他来到哈佛，选修了一些经济学的课程。在那里他很快就被陶西格教授的经济理论高级课程所深深吸引。肖后来的关于营销的著作受到这门课程的显著影响。

在哈佛的一年，肖还结识了经济史教授埃德温·F·盖伊（Edwin F. Gay），盖伊在两年前被任命为哈佛新成立的商业管理研究院的院长。他们后来成了一生的亲密朋友。1911 年，肖被任命为哈佛商学院的兼职讲师和管理委员会的成员。根据盖伊院长的建议，肖撰写了一篇文章，发表在 1912 年 8 月的《经济学季刊》上，这篇文章在三年之后以《市场分销中的一些问题》的题目再次发表。它成为肖在营销学科中最为知名的作品。

尽管肖试图将经济理论应用到营销问题中，但是他从一种管理的视角来探讨分销政策、价格政策以及这些政策与需求刺激政策之间的关系却值得重视。他的“市场轮廓”概念和他对需要通过市场分析来决定市场轮廓的强调远远领先于当时的商业实践，肖的许多观点现在仍然具有启示意义。

资料来源：Melvin T. Copeland. Arch W. Shaw, *The Journal of Marketing*, Vol. 22, No. 3, 1958, pp. 313-315。

二、早期分类存在的问题

到 1935 年为止，职能学派的学者共提出了 52 种不同的职能，大多数学者所列举的职能通常都只是职能类别的简单总结，并没有组成一个分销过程体系。但所有这些职能都努力在生产分销过程中发现两个隐含的问题的答案，这两个问题是：（1）当产品逐渐向最终消费的地点移动时，哪些职能在这个阶段增加时间、地点、占有和其他效用（满足需求的作用）？（2）企业家或经理主管人员及手下执行分销工作的雇员都履行什么特殊职能？

在回答第一个问题时，以下五种职能较具代表性：（1）集中；（2）储存；（3）标准化；（4）运输；（5）销售。职能执行者在生产、分销过程中所执行的特殊职能一般包括：（1）风险承担；（2）融资，即为营销企业提供资金。

职能学派学者曾提出，要注意职能要求和真正的职能履行这二者间的区别。营销的每个职能都应被严格视为在将产品从生产者转移到消费者的过程中必须执行的一个步骤、任务或服务，这与通常的概念是一致的。一个职能的执行是需要行动的，认为职能是一种需要履行的活动也是合乎逻辑的。然而，将一种职能完全看作需要执行的任务和服务，这种需要可能与实际进行的工作完全不同，只有当职能的工作是为了产生意义重大的结果时，这样的程序才是十分重要的；只有当清楚地了解了任务本质和工作需要后，才能评价工作中可能使用的机构或方法。

第 2 节　麦加利的创新

在肖和韦尔德之后，又有许多营销学者提出了新的职能分类，共同竞争最佳的职能分类清单。如克拉克（Fred E. Clark）在 1922 年提出了一个精简的营销职能分类，将营销职能划分为 3 大类 7 小项，即交换职能（购买和销售）、实体分销（储存和运输）和辅助职能（融资、风险承担、标准化）。梅纳德等在克拉克归纳的 7 项职能基础上，增添了营销信息职能一项。而瑞安（Franklin W. Ryan）则在 1935 年对其之前的文献研究进行全面综述的基础上，将营销职能扩展为 16 个大类，超过 120 个小项，瑞安的分类是职能学派中最为细致的分类。

一、美国营销协会的不满

尽管职能学派在职能分类领域呈现百家争鸣的局面，但不同学者的职能分类不同却带来了一个突出的概念界定问题。1948 年，美国营销协会定义委员会这样表达了他们的不满：

"营销职能这个术语可能并没有被成功开发。在这个概念下，学生力图将一群不同质和不一致的活动聚到一起……像装配、储存和运输这样的职能是广义的一般经济职能，而像销售和购买则从特征而言本质上属于个体职能。我们试图将所有这些离散的活动都放到一个类别下，贴上营销职能的标签。"

二、麦加利的分类

为了使职能学派重现活力，1950 年埃德蒙・D・麦加利（Edmund D. McGarry）基于营销活动的目的，对营销职能概念进行重新考虑。他提出对于营销职能的定义应该满足职能使用的目的，麦加利认为营销职能就是创造交换。麦加利在对先前的分类体系进行综述的基础上，提出了自己的分类体系，这一体系由六大职能组成。

埃德蒙・D・麦加利
(1891—1973)

（1）契约（contractual）。寻找购买者和销售者。

（2）商品（merchandising）。包括生产产品以适应顾客需要的各种活动。

（3）定价（pricing）。处理产品供给的价格或产品可接受的价格问题。

（4）宣传（propaganda）。包括各种说服潜在用户选择某项产品和让他们一旦拥有就爱不释手的方法。

（5）物流（physical distribution）。包括产品的运输和储存。

（6）终止（termination）。整个营销过程的完成。

许多营销学者都认为麦卡锡于 1960 年提出的 4P 理论是营销学的一次根本性、突破性的进展。很明显，这 4P（即产品、价格、渠道和促销），实际上起源于早期的职能学派（诸如肖、韦尔德，尤其是麦加利）提出的分类系统。

第 3 节　职能学派的发展和消亡

颇具讽刺意味的是，尽管麦加利的初衷是为了让职能学派重获生机，但实际上麦加利在 1950 年的职能分类中其实已经播下了职能学派“消亡的种子”。

一、职能学派的发展

1969 年，职能学派学者理查德·J·路易斯（Richard J. Lewis）和利奥·G·埃里克森（Leo G. Erickson）试图将职能研究法与系统研究法结合在一起，主张营销事实上有两大真正的职能——获取需求（obtaining demand）和服务需求（servicing demand），把这些职能分解会产生一些活动。如图 7—1 所示，在获取需求这一职能下，可以列举出广告、人员推销、销售促进、产品计划和定价等活动。与服务需求相关的活动是仓储、存货管理、运输和订货处理。

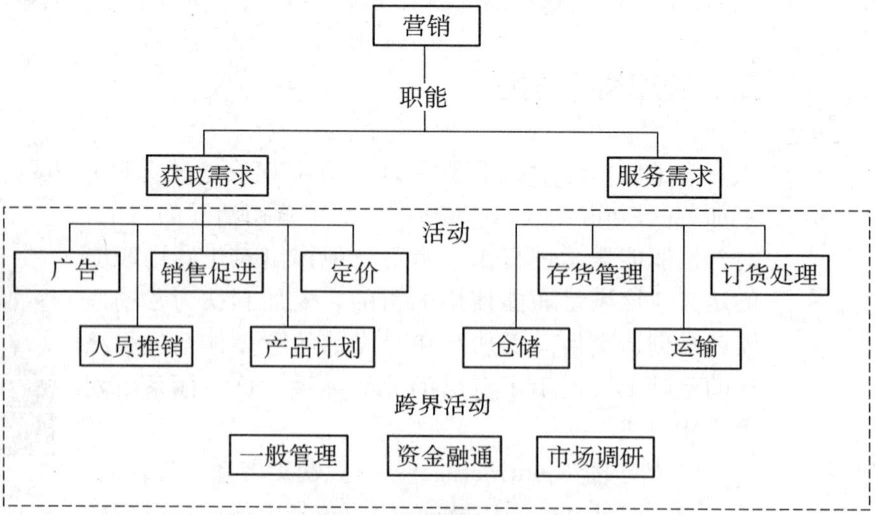

图 7—1　营销职能和活动

资料来源：Richard J. Lewis and Leo G. Erickson. Marketing functions and marketing systems: A synthesis, *Journal of Marketing* (July 1969): 10-14.

基于营销系统理论的视角，理查德·J·路易斯和利奥·G·埃里克森认为，营销是一个公司整体系统内的子系统，是一个人为的、开放的并通过反馈控制形成的一个回路系统。它既面临来自公司整体系统的政策、目标和财务等内部限制，也面临来自政府、竞争者和消费者等外部环境的限制。结合职能和系统研究，他们总结道，获取需求和服务需求这两大职能事实上是营销体系的输出物，而前面提到的活动则是营销体系的投入部分。

二、职能学派的消亡

亨特和古尔斯比（Shelby D. Hunt and Jerry Goolsby）在1988年的一项对于职能学派发展历史的研究中指出，麦加利的职能分类相对于过去传统的职能学派分类而言，要更加接近营销经理的工作。他们指出，在某种程度上，“麦加利预言了营销研究中管理研究法的兴起和职能研究法的消亡”。

尽管在麦加利、理查德·J·路易斯和利奥·G·埃里克森之后，职能学派并没有新的概念发展，但营销职能仍然可以在早期营销原理教材的修订版中发现，如贝克曼和他的一系列合作者从1927—1973年间先后出版的九次修订版教材。随着这些早期教材退出教材市场，营销思想中的职能研究法也随之退出历史舞台。然而，职能学派所研究的问题并没有消亡，后来在机构学派中出现的渠道“流”和在营销管理学派中出现的管理任务可以视为职能学派的演化。

□ 思考题

1. 简述职能学派所研究的主要问题。
2. 简述阿奇·W·肖的职能分类方法。
3. 简述韦尔德的职能分类方法。
4. 简述麦加利的职能分类方法。
5. 简述理查德·J·路易斯和利奥·G·埃里克森对职能学派的发展。
6. 简述职能学派的消亡和演化过程。

第 8 章

机构学派

商品学派认为最好是通过分析交易中的商品的类型来理解营销活动，职能学派认为分析的重点应放在市场交易过程的行为活动上，机构学派则认为只有把更多的研究注意力放在组织上（只有这些组织才能真正执行把商品从生产者转移到消费者手中的职能）才会对营销这门学科大有裨益。

第 1 节　机构学派的兴起

机构学派在营销这门学科的发展和成长过程中占据了一个中心位置。当营销学最初成为一门独立的学科的时候，机构学派就与商品学派和职能学派并列处于核心的地位。

一、机构学派的产生

机构学派在 20 世纪初出现，很大程度上是由于当时的消费者认为他们在零售商店购买的农产品的价格高得不合情理，特别是消费者无法理解为什么支付给农民的价格与支付给商店的零售价格之间的差异那么大。这种不信任和困惑只有在人们认识到当时发生的迅速而剧烈的社会变动时才能被理解。当时，美国有很多消费者从农村地区转移到正在飞速发展的城市地区，在那里找到工作安顿下来。这些新城市居民已经习惯于很短而且直接的营销渠道，在那种情况下他们要么自己生产自己需要的食物，要么直接从其他生产者那里购买，对于伴随着更精细的营销渠道而来的更高的价格没有心理准备。

为了回答这些不满，一些营销学者决定评价营销组织的功能和效率

（通过这些组织可以使产品通过运输的改变从而从生产者手中转移到消费者手中）。韦尔德被认为是机构学派的奠基人，在1916年出版的《农产品营销》一书中，韦尔德提出了营销渠道效率这一问题。当谈到渠道里的中间商过多的时候，他指出这意味着两种可能性：要么是细分层次过多，要么就是每一层的中间商太多。

这种细分不过是一个尽人皆知的劳动分工论的例子，并且正是通过这种职能的特殊化来获得经济性。从这个意义上讲，有足够的经济方面的理由在特定层次的交易商之间的营销过程中进行细分，并且也可以认为在一些情况下更细的专门化可以获得更低的成本和更高的效率，而在另一些情况下把两个或更多的中间商的职能集合于一个中间商的手中也有可能降低成本。无论有多少分离的中间商，营销的职能必须履行，问题就在于能否找到最经济的职能结合法。

这一问题只有通过对每一个单独交易的仔细考察才能决定。只有那些真正对营销系统进行了第一手研究的人（并且这种研究是公正无私的），才能认识到已发展形成的营销系统从整体上说是有效的。

小百科

韦尔德

大学学者的专业训练和商人的现实主义在韦尔德身上结合，使得韦尔德成为最高产的早期营销知识贡献者之一。

在哈佛学习完一年之后，韦尔德转到鲍登学院，在那里他被评选为美国最优秀的大学毕业生之一，并以最优等的成绩毕业。1907年，韦尔德在伊利诺伊大学获得经济学硕士学位，一年之后，他在哥伦比亚大学获得博士学位。在伦敦的国际银行公司工作了很短的一段时间之后，韦尔德于1908—1909年担任华盛顿大学经济学院的讲师，于1909—1910年担任宾夕法尼亚大学沃顿商业和财务学院的讲师。在美国统计局作为一名特别代理人工作了将近两年之后，韦尔德于1912—1916年成为明尼苏达大学经济学的助理教授。1916—1917年，韦尔德在33岁的时候，成为耶鲁大学谢菲尔德科学院的商业管理教授。

在明尼苏达大学的时候，韦尔德在1913年从经济系转到农学院。农学院希望他开发出一门如何营销明尼苏达产品的知识，这项工作要求韦尔德将他的大部分时间用于研究工作。在描述这种早期经历时，他说道："当我在1913年秋季开始讲授营销时，当时几乎没有关于这个领域的文献。我不得不走出去，发掘我自己需要的信息。"韦尔德研究了第一手的谷物移动、期货交易的使用、黄油和鸡蛋从乡村生产者向城市消费者的运输、合作运输协会的活动、主要的交换和拍卖以及在后续营销渠道中的价格决定方法。"通过这次研究，我不仅能够给予我的学生以前从未被收集的第一手的信息，同时也可以在我的头脑中形成一些关于营销的一般原理，包括中间商的职能、影响营销成本的因素等。"韦尔德因为自己的开创性研究，甚至被要求在明尼苏达大学校委会的一个特别委员会面前解释为什么讲授这些关于营销效率和期货交易的“危险学说”。

在1914年12月美国经济学会年度会议上，韦尔德报告了一篇关于市场分销的文章，很明显，对那时的营销协会而言，这是第一篇全面的关于营销的阐述。在这篇文章中，韦尔德呼吁经济学家关注这块他们忽视的领域。之后，韦尔德长期担任美国经济学会营销教学非正式圆桌会议的主席，为推动后来美国营销协会的建立做出了很大的贡献。与此同时，韦尔德在明尼苏达社会科学通报上撰写了多篇描述他的营销研究的文章。1916年，韦尔德出版了《农产品营销》一书，该书成为新的营销课程中的先驱之作。

1917年8月，韦尔德加入了当时在牲畜、肉类和相关产品领域居于国内和国际领先地位的苏威孚特公司。1926年，韦尔德接受他在鲍登兄弟会的朋友麦肯（H. K. MaCann）的邀请，成为麦肯公司在纽约的广告办事处的执行经理。后来，他成为麦肯-埃里克森公司的研究总监，并在这个职位上度过了他的余生。在这期间，韦尔德依然笔耕不辍，在《营销学报》、《美国统计学会学报》等顶级杂志发表了多篇论文。1949年，在韦尔德去世后3年，因为韦尔德对营销科学所作出的卓越贡献，美国营销协会授予他保罗·D·肯沃斯奖。

资料来源：Donald R. G. Cowan. Louis D. H. Weld，*Journal of Marketing*，Vol. 25，No. 2，1960，pp. 63-66.

二、巴特勒的贡献

1923年，时任美国橡胶公司广告部经理的拉尔夫·斯塔尔·巴特勒出版了《营销与经商》一书，这对于机构学派的早期发展做出了重大贡献。他的研究方法是强调中间商为生产者和消费者所创造出的效用。

中间商的一个重大作用是创造效用。效用有四种：基本效用、形式效用、地点效用、时间效用。例如，小麦可以用来维持生命，就是基本效用；为更好吃而把小麦磨成面粉就增加了形式效用。尽管对于每一个人来说这两种效用都是必不可少的，但事实上，如果具备基本效用和形式效用的小麦远在明尼阿波利斯的磨坊主的库房里，那么对于新奥尔良的饿汉来说就没有什么意义，因而还得加上地点效用。即使加上了地点效用，新奥尔良的居民还有可能吃不上它。如果1月份就把小麦送到新奥尔良而当地居民直到7月份才需要它，那么除非有人把小麦保管起来并等到7月份才拿出来供给居民，否则小麦对当地居民还是没有什么用处。即使具备了基本效用、形式效用以及地点效用，面粉还必须同时具备时间效用——当需要时就能得到才算有用。市场组织对于基本效用和形式效用是无所作为的，但对于地点效用和时间效用却举足轻重。中间商可以创造出时间效用和地点效用，他们把物品从生产地带到消费地，在消费者需要的时候把它卖给消费者。

小百科

拉尔夫·斯塔尔·巴特勒

有些人可以讲课，有些人可以工作，可以把这两样都做得来的人却很少，而学术研究和实务工作都做得很好，且均取得了骄人成就的人更加凤毛麟角。拉尔夫·斯塔尔·巴特勒就是其中之一。

巴特勒 1904 年从密歇根大学获得文学学士学位，之后又在这里读了一年法律。然后，他做了 3 年的宝洁东部销售经理助理，于 1910 年在科罗拉多学院毕业，同年进入威斯康星大学，年仅 26 岁的巴特勒成为一名商业管理助理教授。

巴特勒进入威斯康星大学执教后的第一件事是钻进大学的图书馆。不多的几个书架摆满所有商业方面的书籍。他们中的大多数是巴特勒所称的销售想法的两种表达，即推销和广告。没有任何关于分销领域的著作。基于他在宝洁的经验，巴特勒开始撰写一系列的小册子，来服务于他所负责的威斯康星大学的商业延伸课程。这些小册子中的六本于 1911 年以《销售、购买和运送方法》为题出版。经过扩充，这些小册子成为 1911 年由亚历山大·汉米尔顿学会出版的《广告、销售和信用》著作中的“销售与购买”部分的主体内容。这部著作被后来的学者认为“与营销术语的现代概念相一致，是最具影响力的早期营销著作之一”。

这些小册子中的四册构成了巴特勒于 1913 年开始讲授的营销方法的延伸课程。1914 年，他出版了《营销方法和推销》，这被认为是第一次在教材的标题中使用“营销”一词。在任教期间，威斯康星大学为他安排了一门商业组织与管理课程。巴特勒将这一课程分解成六个小课程，他自己讲授其中的一些课程。他将其中的一门命名为“营销”，这被认为是第一门营销课程。

巴特勒在威斯康星大学度过了六年快乐和富有创造力的时光。巴特勒在 33 岁的时候，作为一名商业管理副教授和两本学术著作的作者，离开威斯康星大学校园，重新进入商业领域。先后担任波士顿公司（后来的通用食品公司）的广告经理、负责广告业务的副总裁等职，在广告实务界做出了许多开创性的贡献。鉴于巴特勒在广告领域的杰出表现，《纽约世界电传》授予他“第一广告人”的称号。但是巴特勒坚持认为他并不是一个富有创造力的广告人员，而是一个使用广告作为一种促进商业的工具的营销人员。

巴特勒在 1940 年获得年度广告奖银质勋章，在 1947 年获得金质勋章。因为巴特勒在讲授和推进营销方面的先驱性工作，1949 年美国营销协会授予他卓越奖。1954 年，巴特勒获得科罗拉多学院荣誉博士称号。

资料来源：James Playsted Wood. Ralph Starr Butler，*Journal of Marketing*，Vol. 25，No. 4，1961，pp. 69-71.

三、布莱耶的贡献

这期间有很多学者加入到机构学派中并提出自己的营销观点。宾夕法尼亚大学沃顿商学院教师拉尔夫·F·布莱耶的《营销机构》一书说明了现有营销机构的形成过程。要完成营销工作就要求构建一个巨大而复杂的商业机制，我们已经看到营销职能与克服商品交换的障碍有关。这就需要我们花费很多的时间和努力，需要很多的土地、劳动力、资本和企业资源。这些要素必须组合起来，按质量和数量合理分配、相互协调、彼此相连，从而组成一个工作机构。这个机构的各个部分就是与营销相关的各种商业上必须考虑的事项。

此外，布莱耶还强调了作为营销活动基础的市场的重要性和机构研究法。对营销的需要取决于市场的存在状况，营销所提供的服务的数量、种类以及它们的组合，还有所需营销机构的种类、数量和协作关系都以市场的潜力为条件，因此，营销不管是作为整体还是它的所有组成部分都由市场所改变和决定。营销机构自身也会对市场作出反应，从而改变市场的某些方面。例如，营销者可以通过恰当的说服性推销和广告来刺激人们对产品的需求，实际上他们就这样塑造着市场的潜在顾客。正是这种市场与营销之间的相互作用，使得可以对营销机构进行分析研究。

小百科

拉尔夫·F·布莱耶

作为一名巴尔的摩杂货商的儿子，拉尔夫·F·布莱耶在1897年一出生便与营销结下了不解之缘。他在富兰克林与马歇尔学院完成了他头两年的本科学习。接着，第一次世界大战爆发，布莱耶参军入伍。退伍之后，布莱耶转到宾夕法尼亚大学沃顿商学院继续学业。1920年秋天，布莱耶成为沃顿商学院商业和运输系的一名讲师，从此开始了他的职业生涯。1968年，布莱耶以营销学荣誉退休教授的身份离开了学校。在这一时期，布莱耶从一名讲师成为一名全职教授，在1923年获得硕士学位，在1925年获得博士学位。他的第一本著作是他的博士论文，在1925年以《出口贸易中的代理商和契约》为题出版。从1968年开始，布莱耶在佛罗里达度过他平静的退休生活。

布莱耶的天生爱好是学术工作，泛读和精读、长时间的冥思和贯穿始终的有计划的授课等都促进了他的学术研究。布莱耶在这种环境里如鱼得水。然而，好景不长，不幸开始降临，突然和彻底的失聪剥夺了他所拥有的东西。助听设备也毫无作用。于是，在长达30年的时间里，他不得不在一种由耳聋所带来的隔离中工作。他大量地阅读、不受干扰地工作，他发明了一种可行的方式继续他的教学事业。但是，他无法再进行深入的对话和访谈，再也不能从非正式的讨论、会面、会议和讲座中获益。

布莱耶的第一部主要著作从他的课程教学的阅读作业中发展而来，在 1931 年以《产品营销》为题出版。这是当时农业营销学之外非常少的教材中的一本，通过对很多商品或者准确地说是产业，所使用的营销系统进行了细致的调研，充当了讲授一般营销的职能。由于当时关于农产品营销的材料已经很多，因而布莱耶把他的研究限制在非农业产品和两种服务——电力和电话之上。在撰写这部著作的过程中，布莱耶增强了他从许多分散的来源中收集事实并将其组合进系统的描述当中所需要的耐心、辛勤和艰苦的能力。然而，他所使用的自己称之为“为了寻求营销现象的总体与顺序和其他相关现象的自然倾向”的方法却并不让他满意。因此，布莱耶在自己的下一本主要著作中，使用了一种他称之为营销的机构研究的方法，这就是 1934 年出版的《营销机构》一书。

资料来源：Reavis Cox. Ralph F. Breyer 1897—，*The Journal of Marketing*，1956—1961，Special Section titled “Pioneers in Marketing”.

四、垂直一体化理论的提出

机构学派中最早对营销渠道中垂直一体化所带来的潜在利益和风险持批评态度的学者是保罗·D·肯沃斯和哈维·W·休吉（Harvey W. Huegy）。他们认为，垂直一体化意味着一个企业执行生产或分销中两个或更多阶段的职能。这样做有两个优势，可以降低营销的成本，还可以保证原料的供应和成品的输出。营销成本可以通过减少连续的买卖过程来降低，否则这些买卖活动将在不同公司之间进行。一体化提供了一个降低营销成本的最有希望和最成功的方法，但同时也带来了严重的管理和协调问题。如果想为完成最后工序的工厂制造各种最初的原料，或者是一个工厂想要管理一个零售商店，这时一体化就很困难了。零售是一个高度竞争的行业，要想成功就需要有专门的管理。以往的经验表明，零售和批发的功能可以成功地结合在一起，但是基本的生产功能与零售功能却很难成功地结合在一起。

机构研究法把经济秩序看成是由各种经济结构所组成的有机整体。不仅利用价格与边际利润，而且使用独裁和诱劝手段以及政府规定、社会风俗和习惯等来协调管理这个整体职能的执行。通过交易决定价值的现象只是机构主义者研究领域的一部分，对机构主义者来说，机构组织变化的模式与交易所处的文化环境对于任何价格法规或任何经济均衡思想都有同等的影响。

第 2 节 机构学派的鼎盛

就思想的先进性和在营销学者中的普及性来说，机构学派在 1954—

1973年的20年中达到了顶点。在这一时期，奥德逊等营销学者开始积极地用经济学原理来分析关键性问题，如营销渠道的出现、渠道结构的演变、高效率机构框架的设计等。

一、对渠道问题的研究

克拉克于1922年最早提出“分销渠道”这一术语。布莱耶（1934年）则把渠道视作营销机制的“基本结构”。进入20世纪60年代，渠道研究逐渐开始流行，并出现在当时的一些优秀营销读物中，如马伦（Mallen）1967年出版的《营销渠道：一种概念视角》，斯特恩（Stern）1969年出版的《分销渠道：行为维度》、巴克林（Bucklin）1970年出版的《垂直营销系统》等。在这些丰富的渠道研究文献中，学者们使用了大量的经济学和行为学概念，比如利润和非物质奖励，权力和依赖性，冲突和合作，信任和承诺等。

刘易斯在1968年进行的一项基础性的渠道理论分析研究中，定义了以下七种营销渠道理论：

（1）麦克因尼斯（1964年）的“市场分离理论”（theory of market separations）。

（2）韦尔等人（1952年）的“营销流理论”（marketing flows theory）。

（3）阿斯平沃尔（1958年）的“平行系统理论”（parallel systems theory）。

（4）阿斯平沃尔（1958年）的“仓库理论”（depot theory）。

（5）巴克林（1965年）的“延期和投机理论”（theory of postponement and speculation）。

（6）奥德逊（1965年）的“交易和转移理论”（theory of transactions and transvections）。

（7）奥德逊（1957年）的“分类理论”（theory of sorting）。

在营销学发展的历史当中，有许多学者基于分销渠道为构建营销过程的一般理论做出了贡献。虽然不同的学者所使用的术语不同，但是基本的理论结构从根本上而言是一样的。这些术语包括肖（1916年）和克拉克（1922年）所提出的失调（maladjustment）、布莱耶（1934年）所提出的“障碍”（obstacles）、“阻力”（resistances）和“渠道环路”（channel circuits），范利（Roland S. Vaile）等人（1952年）、菲斯克（George Fisk）（1967年）、迪克逊和威尔金森（Donald F. Dixon and Ian F. Wilkinson）（1982年）提出的“流”（flows），奥德逊（1957年）提出的“差异”（discrepancies），麦克因尼斯（1964年）提出的“分离”（separations）。

在上述术语中，由麦克因尼斯和奥德逊所提出的概念最容易理解。他们从商品的制造者和使用者入手分析。他们论证，由于劳动分工，当制造商与消费者分离时，市场互动的可能性就被创造出来了。随着专业化程度的提高，劳动分工越来越细，由分工所创造的间隙就越宽，潜在交易关系网络就变得越来越复杂。然而，具有交换可能性和发生现实市场交易是不一样的。由于差异（失调、障碍、阻力和分离）的存在，跨越将最初卖家和最终买家分割的间隙成为必要，这提供了由中间商执行的市场活动（封闭渠道环路、连接流）的机会，从而将交易可能性变为现实。

简而言之，流动克服分离。市场的间隙包括：空间、时间、感知（信息）、所有权、价值和分类。不过，对于跨越这些间隙的流动的认识，不同的学者给出了不同的见解。范利等人提出有八种“流”，其中三种“流”从卖家到买家（占有物、所有权、促销），三种“流”在参与双方之间（协商、资金融通、风险承担），两种“流”从买家到卖家（订购、付款）。菲斯克（1967 年）提出了五种“流”：沟通、所有权、资金、物理分销和分销。迪克逊和威尔金森（1982 年）则将“流”的数量减少到三种基础性的：接触（信息）、契约（协商）和物质履行（物理分销）。

二、渠道系统的提出

1964 年，鲍尔德斯顿（F. E. Balderston）尝试解释怎样设计营销渠道才能为营销者获得最理想的利润，他探索了一条更规范的研究方法。关于单个厂商设计渠道问题，他认为，单个厂商在三个方面面临渠道问题。这与先前的把整个营销渠道作为一个系统研究的总体分析是大不相同的。首先，不管人们在达到使预期利润最大化的目标之后还要达到其他什么目标，一个厂商的目标总比在设计渠道时的渠道标准更容易弄清楚，同时也更容易应用于替代方案的演化中。其次，如果厂商作为一个多店铺的企业来运行，一些渠道选择方案在市场参与的相对效率和内部控制方面就需要改进。单一厂商渠道问题与总体渠道设计问题之间的第三个差异是，营销渠道系统模型是这样产生的：（1）划分出商品或商品组合来研究；（2）检查、研究在给参与实体分配职能活动中产生的各种问题。但是，单一厂商并非只限于参加一个单一渠道系统，它可以在一个或多个店铺中使用同样的设施和人力，同时加入几个营销渠道。

在这一时期，机构学派还进行了一体化理论的研究，该研究指出，中心协调渠道系统有三种类型，即公司营销系统、管理战略和合约。公司营销系统是在单一所有权下连接生产和分销的连续阶段。与所有权相比，管理战略也可以用来协调产品和服务的流动，从而达到系统经济性。单独的企业可以通过充任领导经常影响试图控制渠道中相邻企业的行为。最后并且也是最重要的，就是可通过合约来影响渠道的协调。也就是说，不同层次的独立公司可以在契约的基础上协调它们的行为来达到系统经济性并影响市场，而这些通过单独行动是无法达到的。

中心协调营销系统的产生和发展有四种原因：（1）对资本的要求和对固定成本的要求比以前提高了。（2）边际利润和投资回收速度在下降。（3）营销过程日益复杂。（4）中心协调营销系统的潜在经济性。

三、渠道结构理论的提出

巴克林和马伦先后于 1965 年和 1973 年提出了解释并预测渠道结构的理论，指出了前述机构学派理论的不足之处。这些理论集中于延期和投机的概念上，并给出如下定义。

如果从把分销渠道看作一个整体的角度来看延期，它可以看作一个独立机构将所拥有货物的风险转移给另一个机构的一种工具。制造商延期就是除非有订单否则就拒绝生产，这样就把风险转移给购买者。中间商延期的方式有两种：一是拒绝购买（除非卖主能够提供日后的交通运输），这称为后向延期；另一个是当他确信能卖出时才来购买，这称为前向延期。消费者通过从零售机构（能够使其从货架上取下商品后立即得到所有权）购买来实现延期。

投机理论则意味着把风险转移给该机构而不是把风险转移往别处。投机理论要求凡是物品形式的改变以及存货中物品的变动都应当在营销流程尽可能早的阶段作出，以降低营销系统的成本。把延期理论和投机理论结合在一起，营销渠道中存货阶段的产生可以这样解释：通过比较替代方案的移交时间成本和利用一个中间的、投机的存货成本之间的差异可以选择出最小成本和渠道类型。无论何时，对于买主和卖主来说，只要存货在延期过程中带来的净收益能够大于附加的成本，渠道中就会出现这种存货。

1951 年，经济学家乔治·J·斯蒂格勒（George J. Stigler）在《政治经济学报》上发表了一篇文章，指出“市场范围限制了劳动分工”。受此理论的启发，马伦于 1973 年提出，职能的放弃这一概念可以用来评价和预测分销结构中的变动，进而提出了建立在职能放弃概念上的八个假设：

（1）如果一个市场中间商比生产者执行一项职能的效率更高的话，后者就会把这项营销职能转移给前者去执行。

（2）如果大范围的商品交换能够带来持续的经济性，产业中中间商（也可能是独立中间商）的比例将会变大。

（3）如果生产者自己执行该项职能的效率不低于后者，生产者将会自己保留或者从市场中间商中重新承担起一项营销职能。

（4）如果一个市场中间商在执行一项营销职能时，发现一个可能更专业化的中间商在执行部分职能时效率更高，他就会放弃这一部分职能而给后者。

（5）如果一个生产者发现由于上面假设（1）中的原因，在向他的一个或更多市场进行营销的过程中由中间商执行指定营销职能更有效，他就会在向这一个或更多市场进行营销时放弃这一职能。而如果在进行营销时由于上述假设（3）中的原因其至少能以同样效率执行这一职能，他就会在这个或更多市场中保留或者重新承担这一职能。

（6）如果是由市场中间商来认定一个产业的特征，那么职能和分职能的放弃与否及其组合将决定中间商的角色。

（7）（在每一渠道层次上）市场的最优规模越大，形成的营销渠道成员也越多。

（8）技术的变动以及最优规模的增长，如果不能带来相应的市场规模的变动，都会使公司离开这一渠道，反过来也是一样。

第 3 节 机构学派的演变

组织动力学派是机构学派的直接继承者，这两个学派的不同点在于它们观察问题的基本角度不同。传统的机构学派从经济方面分析分销渠道如何更有效，从而为最终消费者增加利益；而组织动力学派的支持者则将注意力从消费者利益转向分销渠道成员（如制造商、批发商和零售商）的目标和需要。

一、组织动力学派的出现

20 世纪 70 年代以后，出现了组织动力学派，它试图采用机构主义的基本观点，但它是行为学导向的。传统的机构学派注重效率的经济概念，而对行为学变量几乎不予承认，尽管这些行为学变量对于我们理解渠道结构和渠道行为大有裨益。

近年来的研究活动试图把立足于经济学观点的机构主义学派和立足于行为学观点的组织动力学派中的精华论点结合在一起。在机构分析的基础上建立一个更加健全的营销理论体系，必须考虑到以下四个方面的问题：

（1）必须解释为什么一项营销职能可以从渠道成员转移到另一个渠道成员手中去执行。特别是技术发展造成的冲击在这一职能转移过程中应当得到更多的注意。例如，现代社会中引入的精密的电子化、计算机化的通信系统使消费者与生产者或批发分销商直接相互作用更为简便，结果从前由零售商执行的营销职能现在经常由消费者或生产者和批发商来执行。

（2）随着近年来技术奇迹般的发展，许多职能看起来在一些渠道中可以完全被取消。例如，准时制能够使一个生产者不再需要和他的供应者之间建立一个中间的保持存货的机构，因而，任何更深入的关于营销机构的理论都必须考虑一定的营销职能何时和如何被营销机构省略，从而提高整个营销系统的效率和效果。

（3）尽管垂直营销在许多产业中已经成为标准化的实践，但仍需进一步考察。关于营销机构的理论必须能够预测出何时使用垂直营销系统。进一步说，需要解释什么时候公司系统、合约系统或者管理系统能够更有效。

（4）跨文化的渠道结构差异理论试图得出一个结论，即经济发展水平是不同文化之间渠道结构差异的主要决定因素。但事实上，对社会文化价值和传统形式重要影响的分析将有助于解释渠道结构的易变性。例如，露天市场由无数的沿袭各自不同文化传统的从事小额交易的商人组成，这并不是无法获得更高效率的交易方式，而是因为传统决定了商业交易和社会交往应当以这种方式进行。

二、组织动力学派对渠道问题的研究

分销渠道的概念在营销文献中是原创的、持久的和基础的概念之一。理解渠道内公司之间的关系和为管理这些公司而建立战略的努力以前都集中于经济理论，从这个角度看，公司加入贸易协议是出于成本和收入的考虑，其战略受到所处市场的竞争形式的限制。只要经济工具被认为在描述营销渠道中是足够的，这种分析就能满足要求。然而，越来越明显的是，如果营销学者、操作者想对渠道的复杂本质进行更深的洞察，就必须超越经济学领域以获取更多的概念。

依赖和责任的概念是理解营销渠道中的权力关系的关键。一个渠道往往由一系列的营销机构组成，这些机构的有效沟通和合作是分销高效和成功的先决条件。然而，当任何一个系统执行它的功能时，劳动在系统各成员中的分配越广泛，各成员之间的互相依赖就越大，因此，权力在渠道中是互相渗透的。当一个渠道成员对另一个渠道成员的依赖增加时，后者的权力就增加；一个渠道成员对系统的责任减少时，其他成员对它的影响力也就随之降低。

组织动力学派还着重研究了分销渠道的冲突。当一条分销渠道被视为一个社会系统时，这条渠道中的成员就构成了一个相互依赖的网络。任何一个渠道成员的行为都是其他成员产出（按各自的目标来衡量）的结果。这种相互依赖的关系显示了分销渠道冲突的根源。在任何一个社会系统中，当一个成员察觉另一个成员的行为阻碍了前者自身目标的实现或自身行为模式的有效运作时，挫折感就弥漫开来。

三、组织动力学派的主要论题

跟随这一理论框架，其他营销学家迅速加入了组织动力学派，并开始缜密地探索权力、冲突、合作和讨价还价等热门话题。其中包括以下一些论题：

1. 什么是权力的源泉

有的学者提出，一个渠道成员可能拥有强制性或非强制性的权力源泉。在实践中，强制性权力区别于其他权力，是因为它有潜在的惩罚，而诸如报酬、合法、专家和仲裁等属于非强制性权力源泉。某种权力的使用会直接影响渠道成员对权力关系的感觉，从而扩大了这里所建立的强制性或非强制性的权力源泉的理论框架。

我们制定了区分权力源泉的标准，如经济的（强制、报酬、合法）和非经济的（参考、专家、惯例和信息）。当我们从经济权力源泉转向非经济权力源泉时，也就从直接结果控制转向间接结果控制。如果一个渠道领导者成功地使用非经济权力源泉，受影响的渠道成员会将更少的权力赋予权力拥有者。这个结果的产生是因为渠道成员采纳渠道领导者的标准和价值作为自己的标准和价值，从而相信可以独立于权力拥有者而行动。结果是辅助质量越高（非经济权力源泉），受影响的渠道成员对渠道领导者的权力感就越低。

还有一种看法认为，一个渠道成员的权力的利益源泉和它的实际权力具有反向关系，即所谓“当然的反理论的发现”。这种观点认为，这样的“异常”可以通过报酬的使用和权力接受者的态度互相作用，并设计了测试方案，进而提出了另外一种假设——权力并不能被正确地衡量。

2. 渠道成员应该怎样使用获得的权力

相应地提出营销管理者应该怎样使用自己的权力源泉，从而增加了一种对权力描述的角度。

渠道关系为一个渠道成员影响另一个渠道成员的行为提供了经常的机会。任何一个渠道管理战略的最终目标都是要在渠道参加者的行为之间形成一定程度的合作，并期望从渠道的合作中获得的效率能够用来改善该渠道对其他分销系统的竞争地位。这就意味着渠道管理者不应该近似地将渠道成员之间不真诚的、被迫的合作视为成功的权力产出，而应该培育那些权力的基础，这些基础可以使系统目标和价值内在化和同一化。尽管在某些情况下，公司必须依靠强制、报酬或合同协议，但公司应该发展并更广泛地应用能产生最大化的长期合作双赢的权力基础。

另外，通过研究分销渠道中的成员关系，一些学者探讨了多种战略的使用，指出，供应商使用强制性权力源泉比仅仅显示有这种权力源泉对经销商的满意和渠道冲突有更强的影响；相反，报酬权源泉的使用对依赖变量仅有小的影响。他们还发现，高权力的渠道成员由于限制而获得的利润较多，低权力的渠道成员在相同的限制行为下获得的利润较少。

3. 权力应该怎样衡量

一些权力领域的著作致力于设计正确可靠的权力测量方法，认为权力与角色业绩直接相关。当对源公司（source firm）的角色业绩水平预期相当高时，目标公司（target firm）会被高度激发并保持交换关系。更重要的是，一个源公司的预期角色业绩越高，目标公司的有效替换项目就越少。通过确定源公司的渠道角色的基本要素，人们可以区分出需要描绘一个目标公司的依赖关系的要素领域。

4. 权力和冲突之间的关系是什么

研究者在研究美国汽车分销渠道中权力和冲突之间的联系时指出，非强制性的和强制性的权力源泉对渠道内部的冲突都有重要影响，至少在美国的汽车分销中是这样。非强制性源泉有利于减少冲突，强制性源泉倾向于增加冲突。

另一些学者则对权力和冲突之间有意识的因果关系提出质疑：我们认识到分销渠道中权力的使用是最终结果，而不是冲突的原因，强制性权力的使用与高水平的渠道冲突有关。也就是说，当渠道领导者认为基本的竞争和差异分化了渠道成员时，会采用强制性权力。这些差异显然不能通过“软”处理和确信渠道成员合作来解决；相反，使渠道成员顺从是通过威胁和控制资源等方法实现的。

前一种观点的支持者通过实践研究给出这样的结论：支持那些渠道研究者，即认为公司内部权力对促进渠道成员之间的有效合作有正面作用。制造商代表应尽量避免使用强制性权力，除非其他影响手段不能对某一重要问题产生满意的结果。

他们还指出，当经销商依赖公司内部关系而使制造商拥有高权力时，制造商和经销商倾向于更好地合作，制造商在此种情况下能更有效地运用信息交流，这样可以降低制造商对其经销商运用公开影响力（强制性的和非强制性的）的必要性。当采用公开影响力显得合适时，拥有高权力的制造商能更有效地运用非强制性手段，从而避免强制性手段的使用。

5. 怎样才能衡量冲突

就像权力的衡量成为学术研究的一个领域一样，最优的衡量冲突的方法也受到组织动力学派学者的关注。到目前为止，他们分析了测量冲突的方法的有效性。分销渠道中的冲突被定义为一个动态过程，在这个过程中，冲突从潜在的不协调状态发展到可察觉的状态，到可感受的状态，再到显露的状态。在显露的状态中，各方共同行动以对付无效的行为。最有希望的测量显露冲突的方法是监视在渠道关系各方面发生不和谐的频率以及在口头和书面沟通中其冲突行为的强度。

6. 什么是内部组织系统中的合作

组织动力学派的一些学者在以前的定义的基础上提出了在渠道网络中

的合作定义：合作是指两个或两个以上的行为者的联合行动，为实现组织内部目标和组织之间目标而对资源均衡交换的期望。在这一定义中有两点至关重要：一是合作从互相努力（联合行动）中产生；二是联合行动的基础是对均衡交换的期望。

7. 权力怎样影响讨价还价的过程

由于渠道成员必须经常谈判其在组织中的投入和报酬的水平，讨价还价行为变得越来越重要。尝试控制谈判各方的权力以确定权力将如何影响讨价还价行为的一项实验研究指出，在权力不对称条件下讨价还价的性质是，相对于权力平衡条件，在不对称市场中谈判过程更有效率，讨价还价者比在权力对称分配下更容易达成最优解决方案和报酬的平等分配。在不平衡条件下，尽管协议的某些条款出人意料，但讨价还价者倾向于采取直接的谈判方法。他们的最初报价与最终协议价较为接近，结果是在协议达成前，他们的让步较少，报价也较低。

在这些解释权力、冲突、合作和讨价还价等特定概念的努力之外，一些组织动力学派的学者尝试建立组织之间关系的一般模型。在一般模型方面的研究中有两大动向值得注意。

一个动向是该学派提出分销渠道可以从政治经济的角度分类。基本上可以认为，这种分类是将一个社会系统视为影响集体行为和业绩的重要经济和政治力量相互作用的集合。政治经济的倡导者力图跨越机构学派和组织动力学派的鸿沟。渠道理论被分为两种看上去截然不同的学科导向：经济导向和行为导向。前者尝试将微观经济学理论和工业组织分析应用于分销系统的研究，并采用效率导向，关注成本、职能差异和渠道设计；后者依靠社会心理学和组织理论，并采用社会导向，关注权力和冲突现象。很少有人将这两种观点合并。事实上，两者是相互补充的，因为前者主要关注经济产出，而后者关注行为过程。这一政治经济框架在解释营销渠道内外部的社会政治和经济力量相互作用的基础上，建立了一个理论模型。该模型用以解释组织之间对渠道环境中的不确定性和依赖限制的反应。

另一个动向是该学派指出渠道成员之间的交流可以分为三个阶段：创始、执行和评估。以前对营销渠道的研究集中于组织之间交换关系的执行或合作以及公司内部权力和冲突的概念，而在此建立的理论框架清楚地表明需要更广泛的研究以使营销渠道领域获得进步和深刻理解。人们的注意力集中到了交换关系如何和为什么产生，每一渠道成员怎样评估交换中的收益或损失。的确，由于创立、执行和评估的概念彼此紧密相连，要清楚地理解持续的交换关系，包括权力和冲突的概念，是不可能的，除非对另外两个过程有一定的理解，反之亦然。这就是说，检查有史以来的先例，包括存在的交换关系，分析每一个交换的历史，研究、解释它们现在的属性，对渠道研究是十分有用的。

组织动力学派最新的贡献是提出了一个解释买卖双方代表谈判结果的新理论。它从社会心理学的角度，提出环境限制（权力关系）和讨价还价特征（文化、国籍、人与人之间关系的定位和倾听技巧）影响着谈判的过程（问题的使用、最初的要求、程序纪律、结构精确的印象和话题控制），谈判的过程影响谈判的结果（经济报酬、满意和人与人之间的吸引）。

□ 思考题

1. 简述机构学派所研究的主要问题。
2. 简述机构学派产生的背景。
3. 简述巴特勒对机构学派的贡献。
4. 简述布莱耶对机构学派的贡献。
5. 简述麦克因尼斯和奥德逊的渠道概念。
6. 简述巴克林和马伦的渠道结构理论。
7. 简述组织动力学派与传统机构学派的差别。

第9章

区域学派

区域学派将营销看作一种填补买卖双方在地理或空间上的空白的经济行为。区域学派当然也同意研究交易的产品很重要（商品学派），同意那些促成了交换的行为是值得研究的（职能学派），但他们觉得应更注重买卖双方的空间距离所起的作用。他们更有兴趣研究这样的问题，例如，消费者在光顾A店而不去B店的这个决定中，距离起了什么样的作用？如何解释产品在拥有不同资源和不同需要的地区间的流动？

第1节　区域学派的定量研究

商品学派和职能学派于20世纪20年代出现，而区域学派直到30年代才出现。区域学派从一开始就广泛利用各种数学公式和数据进行定量研究。

一、雷利与肯沃斯的贡献

营销区域研究的发展主要归功于威廉·J·雷利（William J. Reilly）。雷利用了3年时间，对美国的150个城市进行了调查，之后根据牛顿力学中的万有引力理论提出了“零售引力法则”，于1931年出版了《零售引力法则》一书。雷利的目的是解释两个不同城市的商业区对居住在这两个城市之间的居民的相对吸引力。根据雷利的看法，下面的公式提供了这一问题的答案。

$$\frac{B_a}{B_b}=(\frac{P_a}{P_b})(\frac{D_b}{D_a})^2$$

式中，B_a 为被A城所吸引的中间城镇顾客的比例；B_b 为B城所吸引的顾客的比例；P_a 为 A 城人口数；P_b 为 B 城人口数；D_a 为中间城镇到 A 城的距离；D_b 为中间城镇到 B 城的距离。

从这一公式可得出一个城市对周围地区顾客的吸引力，与该城市的规模成正比，与城市之间的距离成反比。

雷利的方法引起了肯沃斯的注意，他对雷利所谓的“零售引力法则”做了大量试验，于 1949 年提出了自己的修改公式“零售引力新法则”，用以判定贸易中心和贸易区的界限：

$$D_b = \frac{D_{ab}}{1+\sqrt{P_a/P_b}}$$

式中，D_b 为 A，B 两城的分界点与 B 城的距离；D_{ab} 为 A，B 两城间隔的距离；P_b 为 B 城人口数；P_a 为 A 城人口数。

城镇的贸易区一经确定，商人便知去何处集中他们的交易活动，报纸广告也明确了应密集开发追踪的地区。例如，一家百货公司在相当大的地区范围内投入了广告宣传，通过应用判定贸易区域的公式，公司可以计算出贸易区域并判断是否花了太多的广告份额用于贸易区域外的宣传。这样，集中在贸易区域内做广告，商店的销售量大大提高，而广告费用却分毫不增。

二、胡佛的贡献

在雷利和肯沃斯研究的基础上，美国加利福尼亚大学的学者戴维·L·胡佛（David L. Huff）于 1963 年提出了预测城市区域内商圈规模的另一种模型。

$$p_{ij} = \frac{S_j/T_{ij}^l}{\sum_{j=1}^{n} S_j/T_{ij}^l}$$

式中，P_{ij} 为在原点 i 的消费者去某一特定商业中心 j 的可能性；S_j 为商业中心 i 的规模（用某一特定商品销售面积的平方数来衡量）；T_{ij} 为消费者从原点 i 到某一特定销售中心 j 花费的时间；l 为依经验值估计的参数，用来反映行程时间对各种购买行程的影响。

这一模型显示了在零售交易领域分析中理性程度的提高。首先，该模型去掉了人口这种替代测量因素，而是集中于某一特定产品的销售面积；其次，该模型分析出由于现代都市运输方式的多样性，消费者更注重行程的时间，而不是各商业网点的实际距离。

胡佛模型是国外在调查零售店商圈规模时经常使用的一种计算方法，该模型主要依据卖场引力和距离阻力这两个要素来进行分析。运用胡佛模型能求出从居住地去特定商业设施的出行概率，预测商业设施的销售额，商业集聚的集客能力及其表现，从而得知商圈结构及竞争关系会发生怎样的变化，在调查大型零售店对周边商业集聚的影响力时也经常使用这一模型。

第 2 节　区域学派的概念构建

在区域学派内部，除了定量研究方法，学者们还采用概念研究的方法。这两种方法的共同之处在于所关注的都是营销在“哪里”发生的问题。在概念研究领域，区域学派主要对批发环节、营销区域以及区域销售量进行了深入的研究。

一、对批发环节的研究

雷利、肯沃斯和胡佛等人通过定量研究对零售环节进行了细致的研究，区域学派的另外一些学者则把注意力集中于批发环节，提出了考虑空间距离对销售组织影响的区域变量分析方法。

区域结构与各种批发环节的系统程度有很大关系。影响这一结构的区域变量首先是一种空间间隔，即基本原料的商业供应地与使用这种原料的企业和相关商业地域之间的距离，连接这些地域的运输系统进一步加强了最初的影响。其次的影响变量是中间批发商构成的空间分布模式。零售商的网点分布和最终消费者在商品流的终端起到了修正这种影响的作用。为了进一步形成一个批发地域结构的理论，他们还提出了影响批发市场规模的八大因素：

(1) 相对于产品价值的产品重量。产品的价值相对于其体积和重量来说较高，产品的运输成本占产品总价值的比例就相对较小，其供给和分销的领域宜宽，反之则宜窄。

(2) 相对易腐性。当装罐、快速冷冻和储存这些保护措施没有条件实行或实行起来较困难时，易腐性条件就会限制供应和分销的地域面积。

(3) 产品差异化的技巧。生产者通过营销努力为其产品成功地建立起全国性品牌，产品的分销地区会扩大。

(4) 影响工厂位置的因素。原材料的易腐性、劳动力供应和运输成本等因素作用的主要结果是工厂在通往原料来源地的不同位置上的选择；考虑到成本因素、市场规模、消费者偏好或类似原因而接近消费者市场的位置选择；考虑到中间地带前往原料地和消费市场的成本因素而在中间地区选址的位置选择；依所谓的随意原则决定位置，即不依经济因素，而只求选位的最大适应性。

(5) 价格与价格战略。在非控制的、有组织的市场里，价格差异成为确定潜在的供应与分销地区的首要决定因素。对于无组织的市场，价格与价格差异较难确定，而产业的竞争程度对批发交易地区的界限有显著的影响。

（6）运输的效率和服务。比如，某特定商品运输费用率的结构、随着距离的增加费用率种类和数量的变动情况、铁路运费和公路运费的关系、不同运量条件下运输价格水平的关系、原料运费和成品运费的关系，这些因素都影响着竞争市场上的批发地域结构关系。

（7）个体公司的营销手段。个体公司关系营销职能和分销渠道的确定可以提高或降低某个贸易中心的重要性。

（8）附加服务。对组织的批发市场的影响因素还有系统性的价格制定方法和相关市场信息的利用、为方便中间商的行动而提供的特殊实物设备、特殊的金融以及其他机构服务的提供等。

二、对营销区域的研究

区域学派除了探讨关于批发方面的理论问题，还运用美国统计调查的数据分析了批发零售比率的地理变量。

区域学派认为，之所以一些营销分析被视为是无用的，原因之一就在于它们未能从整体的和经济的角度来对公司的行为进行全面的研究，忘记了商业、经济和社会现象都是本质上相关的有机体。不应仅从价格和销售的意义来考虑公司的行为，还应在自然、社会环境等外部条件下，研究公司的地理定位、公司在销售与购买上的空间拓展，研究在营销渠道中公司与供需各方的关系。在此基础上，区域学派进一步阐明了与营销的区域相关的概念。

空间，就如同时间一样，是无所不在的。然而，它在买卖双方和不同商品中的影响并不是完全相同的，因为各公司与各种经济活动所涉及的空间方面的量的差异极大。空间为生产、营销和其他活动提供机会，还使买卖双方都意识到了运行成本这一客观因素。

区域学派的另一项研究成果是解释了为何某种产品在同一经济区域内生产、消费，而另一种产品则在其产地以外的其他地区消费。运用该理论解释前者，即所谓“内销产品”限于其产地的原因在于：（1）不易运输；（2）不能与提供这些产品的个人或商业组织分离；（3）产品的易腐性将其正常分销局限于一个很小范围内；（4）运费高；（5）从外部来源获取同类物品的利益不大，不足以形成进口。

三、区域销售量的研究

格雷瑟（E. T. Grether）被认为是区域学派中进行概念性研究的主要学者，他运用波蒂尔·俄林（Bertil Ohlin）在经济学领域取得的成果，提出了一系列解释区域间销售量的理论。格雷瑟在1951年指出，地区间贸易主要取决于以下几方面：

（1）产品供应商地区间资源的相对不平衡。某地一般出口那些使用当地丰富廉价资源的产品。

（2）地区间的相对富裕程度。如果其他条件都相同，那么总收入与人均收入高的地区的贸易量一般比收入低的地区要多。

（3）地区间相互需求的导向。如果两地对另一方的特产都有强烈需要，就会产生相当大的贸易量。

（4）竞争的相对有效性。除了个别特例，地区间的竞争越激烈、越有效，则交换越频繁。限制竞争将会导致地区间贸易以及地区的总产量的减少。

区域学派的学者尽管在地区研究的方法上各有千秋，但他们的地区研究对营销战略研究尤为重要。地区间竞争者的身份、数量和重要性都常常会有差异，仅此一点就需研究不同地区以便于分析和控制。尽管有人主张市场是均质的，但就需求而言，无论最终是消费者、商人还是政府的需求，在地区间都确实千差万别。如果充分考虑了地区性的竞争与需求特点，部署营销战略就会大有成效。

近年来，区域学派学者专注于对贸易区域数学模型的研究，如评估两个市场边界重合的方法及零售商店选址模型等成果。这种对地理影响的持续关注证明了区域学派仍是营销理论发展的一个极富创造性的领域。

□ 思考题

1. 简述区域学派所研究的主要问题。
2. 简述雷利的零售引力法则。
3. 简述肯沃斯的零售引力新法则。
4. 简述胡佛模型的基本内容。
5. 简述区域学派提出的影响批发市场规模的八大因素。
6. 简述区域学派关于营销区域问题的基本观点。

第 10 章

营销管理学派

营销管理学派注重从企业管理决策的角度研究营销问题，产生于 20 世纪四五十年代，正值西方国家由卖方市场向买方市场转型的过渡时期。在买方市场新形势下，企业决策者必须研究在营销方面如何迎合购买者需要，即如何面向市场、适应市场和开拓市场。与此同时，营销理论的发展也进入了一个管理导向的新时期。

第 1 节　营销管理学派的兴起

20 世纪 40 年代末至 50 年代初，一些经济学家转向了一个新的大胆的研究方向，就是把大量抽象的经济学理论转化为商业实践的理论，以供高级经理们在管理工作中使用，从而开辟了管理经济学新领域。

一、营销管理学派的贡献

管理经济学家开了先河之后，尤金·凯利、威廉·雷泽、温德尔·史密斯（Wendell Smith）、西奥多·莱维特和菲利普·科特勒等营销思想家也从 20 世纪 50 年代开始主张一种更加立足于管理的营销研究方法。然而营销管理思想的真正核心出现在 20 世纪 50 年代末 60 年代初引入了“营销近视”、“营销组合”、“市场细分”等概念之后，这些都是为了高级经理们的应用而引入的。这些营销管理概念被证明是相当有活力的，它们在现在的营销管理教材中仍然很受重视。

该学派发展过程中一个最为重要的概念性突破就是所谓的“营销组合”的出现。这一概念着重于让营销经理把营销任务看成是同时整合几个不同职能的过程。该学派是这样描述营销组合基本原理的：回答以下问题是很有必要的，根据管理所面临的环境应采用何种整体营销战略来获得有利可图的行为？在有利可图的条件下为了得到理想的生意和消费者行为，应采用什么样的营销步骤和政策的组合？特别是，怎样才能使广告、人员推销、定价、包装、渠道、存货以及营销规划的其他要素相互配合、统一运作以促成有利的行动？

二、营销观念的提出

在这一时期，营销管理学派的麦克特里克提出了营销观念，即只追求生产的效率可能是相当短视的；相反，营销者应当在作出关于生产的决定之前把注意力更多地集中于弄清楚消费者的需求和欲望。如果一个企业要在瞬息万变的现代市场竞争中获胜，要做好营销工作就应在使用资源之前做好计划并正确地考虑竞争的作用和效率，需要具备关于消费者的各类知识。因而从管理的意义上说，营销的主要任务与其说是要有使消费者做符合商业利益行为的技术，不如说是使商业行为更好地符合消费者利益。营销者应当把消费者需求放在优先于公司生产能力的地位。

这些学者进一步阐述了这种思想。总的说来今天美国的商业在经历一场对自己的革命——一场营销的革命，这场革命起源于这样的思想：公司再也不是商业世界的中心，今天消费者才是商业世界的中心。我们的注意力已从生产之间的问题转移到营销的问题，从我们能够制造的产品转移到消费者想让我们制造的产品，从公司本身转移到市场。

三、“营销近视症”问题

与营销观念密切相连的一个现象是“营销近视”，西奥多·莱维特警告说营销者不能再天真地认为现在的形势是有利的，特定产品永远有市场。每个产业都必须小心翼翼地搜寻可能使公司遇到冲击的信号，并不存在成长产业这样的东西，而只有组织起来运行的、创造和投资于成长机会的公司。那些自认为乘上自动成长的顺风车的产业总是毫无例外地走向停滞。每个已死亡的或垂死的成长产业都表现出一种自欺欺人的循环：先是充分的扩张，然后是不易察觉的衰败。

通常有四种条件可促使这个循环出现：（1）认为一个扩大的、更为充裕的人口能够保证成长的存在；（2）认为产业的主要产品没有具有竞争力的替代品；（3）过于相信大规模生产时，随产出上升单位成本迅速下降而带来的额外收益；（4）过分迷恋通过科学控制改善品质和减少制造成本的产品。

四、市场细分问题

伴随着要求给予消费者的需要以更多关注，并把消费者需求作为营销努力的方向的呼声，人们意识到并非所有的消费者都具有同样的动机和目标。1956 年，温德尔·史密斯第一次主张营销者应当将市场细分，并努力发展几个不同的营销组合，以更好地满足消费者的不同需求。

市场细分理论把一个差异性市场（它是以不同的需求为特征的）看作根据在细分市场中不同的产品偏好划分的许多小的同质市场组成的市场，这是由于消费者要使他们变化的需求得到更好的满足。

市场细分这个概念的内涵有时是容易引起争论的。有的学者认为，许多营销者错误地把注意力集中于消费者需求层次的多样性上，而不是把注意力集中于消费者之间不同需求类型之上；人们对消费者子市场按人口统计标准划分以及对产品的形式而非产品的需求的着迷程度，已经使人们偏离了细分化市场的最初内涵。

但是，市场细分这个概念至今仍然吸引着研究者的注意力。该学派的研究成果有：区分了市场细分与产品差异化；随着产业营销受到越来越多的重视，营销管理学派研究了在产业市场中市场细分化的应用问题；该学派还发展了市场细分定量化的分析方法。此外，营销管理学派的学者还提出了营销经理怎样处理营销组合中各种要素（这些要素包括产品、价格、促销和分销的决策）的理论或原理。

五、产品生命周期问题

在产品决策方面，最重要的成就就是切斯特·沃森（Chester Wasson）于 1960 年提出的产品生命周期概念。

在产品生命周期这一概念的实际应用中，一方面，由于产品在直观上的逻辑发展，产生—发展成熟—衰亡与生物有着类似的顺序，所以这个概念有持久的吸引力，基于此，可以将它作为一个系统的理论框架来解释市场动力；另一方面，当用它作为预测模型来预测什么时候会发生变化以及什么时候一个阶段会接替另一个阶段时，或者作为标准的模型来预测在每一个阶段该考虑何种替代战略时，还存在缺陷。

六、定价理论的提出

在定价方面，营销管理学派的乔尔·迪安等人努力把经济理论转化为规范的政策准则，以使营销经理理解并易于应用。

对于定价理论中的撇脂定价策略和渗透定价策略，该学派认为，对一种新产品定价作出战略性决策，就是在初始价格很高以撇取“需求的奶油”和销售开始时以低价作为市场渗透的促进力量这两种政策之间作出选择。尽管实际的选择范围要宽得多，但考虑定价时都是鲜明地二者取一。撇脂定价针对的是已经被接受的提供服务的习惯方式作出重大变革的产品。这一策略要求在营销发展的早期阶段有一个相当高的价格并且伴随着大量的促销费用（以后阶段可以逐渐降低价格），并且这一策略已被证明对很多产品是成功的。另一种策略是渗透定价，它以低价格作为尽早渗透到大的市场的主要手段。这一策略与撇脂定价策略相反，撇脂定价策略只是由于短期竞争的缘故才会降价。被动的撇脂定价策略有在各个阶段都保持利润的优点，但是它抑制了许多处于中下收入水平或是偏好较低，因而不愿为产品的良好声望多付钱的购买者的迅速购买。另外，在探索通过渗透定价以促进市场扩张的可能性时需要研究、预测和勇气。

营销管理学派主张，为了组织起价格决策所依据的各种信息和考虑事项，营销者可以采用多阶段分析法作为定价工具。这个方法把一个定价决策中要考虑的主要因素划分为六个连续的阶段：（1）选择目标市场；（2）选择品牌形象；（3）确定营销组合；（4）选择定价策略；（5）决定定价战略；（6）选定特定价格。

按这种顺序进行定价决策，每一步的计算都能够简化后面阶段的工作并减少错误的发生。可以说这种方法把价格决策分成了可管理的几个部分，每一部分在逻辑上都先于后面的部分，每个阶段的决策都能使后面的决策更简单。这种分析方法也可以被认为是一种选择和寻找的过程，在此过程中，通过在前后相继阶段中做出决策而大大减少了需要仔细考虑的备选方案的数量。该学派关于价格决策的研究还涉及价格决策、价格敏感性以及产品线定价等。

小百科

乔尔·迪安

乔尔·迪安（1906—1979）因其在一般公司财务理论方面，尤其是在资本预算领域的贡献而著称于世。他被认为是商业经济学的奠基人之一。他在定价领域的研究对于营销学的发展产生了很大影响。

迪安出生于美国佛蒙特州的弗希尔，先后就读于洛杉矶波莫纳大学（1927年获学士学位）、哈佛商学院（1928年获工商管理硕士学位）和芝加哥大学（1936年获博士学位）。他的博士论文是《对平均成本和边际成本行为的一种统计检验》。他所出版的《管理经济学》（1951年）和《资本预算》（1951年）两本著作，使他成为商业经济学的奠基人之一。他的研究领域覆盖成本、定价、需求分析、利润和利润管理，以及竞争和政府管制。正是因为《资本预算》在1951年的出版，净现值（NPV）开始在公司财务中广泛使用。

迪安先后执教于印第安纳大学、芝加哥大学和哥伦比亚大学。在第二次世界大战期间，他是政府价格管理办公室的成员，同时兼任考尔斯委员会（负责美国战地物资分配的机构）的助理研究员。1940年，迪安创办了名为乔尔·迪安的管理咨询公司。他曾多年担任《产业经济学学报》和《营销学报》的编委。

资料来源：Karen Fortin and Walter J. Primeaux. *Foundations of Business Economics*：*The Contributions of Joel Dean*，University Press of Florida，1984.

七、对分销问题的研究

在分销方面，约翰·F·麦基（John F. Magee）等学者鼓励营销经理把分销决策提到与产品、定价、促销决定同等重要的地位。

分销问题本身是一个系统性的问题，要深入研究一个分销系统并做出一个有效的实施计划，必须具备三大条件：（1）公司管理层认识到改善分销意味着检查整个物质分销系统；（2）利用量化的系统分析或行为研究方法来清楚地表明物物交换的本质以及系统运行与公司政策之间的关系；（3）具备销售、营销、运输、原料加工、原料控制和信息处理方面知识的人的相互合作。

八、对促销问题的研究

在促销领域，罗伯特·J·拉维奇（Robert J. Lavidge）和加利·A·斯坦纳（Gary A. Steiner）等营销学者就人员推销与广告决策给营销操作者提出了建议。他们主张，广告的目标应该是使消费者通过一系列的阶段最后实现其购买行为。广告可以被看成是一种力量，它推动人们经过一系列的阶段。

（1）处于这些阶段最开始的是潜在购买者，他们根本没有意识到所讨论的产品或服务的存在。

（2）距离购买稍微近了一些，但离付款还有很长一段距离，消费者仅仅知道产品或服务的存在。

（3）对产品可以提供何种效用的预期。

（4）消费者开始对产品持有积极态度，他们开始喜欢产品。

（5）消费者持有积极态度，并且发展到超过喜爱其他产品的程度。

（6）消费者不但有偏好，而且有购买欲望，并且他确信购买是明智的。

（7）把这种态度转化为实际购买行为。

近年来，这一领域研究的重点转移到了广告中竞争性的影响、广告中决策的制定以及广告有效性的决定因素上。营销管理学派主张，销售商应放弃不体谅别人和带有欺骗性的战术，转变那种认为必须依靠个人推销的强制性方法来开拓市场的观念。有的学者主张采用“人员推销的需求—满足理论”。

这个理论认为购买是用于满足需求的，因而，为了促进购买，销售商必须发现潜在顾客的需求并且表明他的产品或服务如何能够满足这些需求。与以前的销售商导向的分析方法相比，这是一个消费者导向的分析方法。

运用这一理论需要更多的技巧并要求销售商是成熟的，在发现消费者的需求之前应防止销售商只谈论自己的产品。这与推销方式形成鲜明的对比，推销总是鼓励推销商指出其产品的所有重要特点。这也要求推销员应足够自信以便能够通过提问而非引导谈话来控制购买洽谈。

对于更严峻和更复杂的销售形势，前面阐述的两个理论都愿意使用这一分析方法。很明显，这是非常花费时间的，但是随着用适当的产品特征和利益来适应消费者的需求以促成购买可能性的不断增长，这种分析方法就更具有吸引力了，尤其是当潜在的佣金和利润之和大于在额外时间上的花费时。

近来营销管理学派的学者把注意力放在了人员推销和销售管理的问题上。在人员推销方面，为了让人们理解销售效果而提出了概念性的框架。他们考察了买者与卖者之间关系的发展，讨论了推销人员与消费者之间的沟通问题。在销售管理领域，他们研究了监督行为对于销售力量的影响、销售力量的转移、推销人员的动机、销售力量的社会化以及推销员职业的各个阶段等。

如前所述，在过去几十年中人们已经完成了大量关于这个学派的关键性概念的研究以及案例分析。除此之外，营销管理学派还包含了其他内容，如市场定位以及组织中营销与其他职能单位的划分和相互作用等。一般认为，可以把营销管理学派当做营销思想学派中最具综合性的一个学派。

第 2 节　营销范式扩展的影响

营销学的发展不是一成不变的，和其他学科一样，营销学的发展也呈现螺旋式上升。在某一时期，某些天才学者的伟大构想会对整个学科的发展产生革命性的影响。在营销思想的发展历史中，菲利普·科特勒就扮演了这样一个角色。

一、关于营销概念的争论

在营销管理领域思想中出现的主要发展是菲利普·科特勒和西德尼·J·利维于 1969 年发表在《营销学报》上的一篇题为《扩展营销概念》的文章。在这篇文章中，他们提出可以将营销（管理）从它历史上的商业背景扩展到将营销组合技术应用到非营利组织当中。科特勒和利维的这篇文章在接下来的几十年中引发了营销学界旷日持久的关于营销是一种可以应用于所有组织和个人的营销管理技术集合，还是一种设计用来实现社会目标的经济机制的争论。

营销管理教材市场的竞争对这场争论的结果产生了重要影响。20 世纪 80 年代，科特勒的《营销管理》超过麦卡锡的《基础营销学》，在营销教材市场取得了最大的份额。因此，在争夺学生大脑的竞争中，科特勒的一系列著作占领了营销管理教材的所有细分市场。这一点之所以值得注意，是因为麦卡锡的教材保留了营销的传统商业背景，而科特勒的教材则极大地扩展了营销，将营销组合技术应用于处理任何社会或个人目标。在科特勒教材培养下成长起来的新一代营销学者，将扩展的营销概念视为教条，扩展的营销概念观点获得了事实上的胜利。

二、营销范式扩展的影响

这一范式扩展（broadening paradigm）显著地重构了营销这一学科的主旨问题。因为对于非营销专业人士和许多学者而言，营销管理就等同于营销。根据科特勒所言，营销的概念确实大大地扩展了。在科特勒于 1972 年发表在《营销学报》的一篇题为《营销的一般概念》的文章中，他指出"营销者是理解人类欲望和价值，决定付出什么代价使人们行动的专家"。这将营销管理技术应用于任何一些需要"销售"东西的组织和个人。

在一些营销学者看来，营销范式的扩展是一把双刃剑。尽管营销学科通过将营销管理技术转移到非营利组织使得自身看上去被扩展了，但是营销历史学家巴特尔斯却认为若将营销视角局限于个体收益而非超越参与方的社会影响，营销的范围实际上就被缩小了。其他一些学者也认为存在营销被局限于营销管理视角的问题，他们提出营销（管理）的边界扩展导致我们对于营销的感知被局限于销售和促销。正如这些营销历史学者所指出的，尽管有许多学者将营销管理等同营销，但在营销学中实际上存在很多的营销思想学派，而非只有营销管理的单一视角。

三、营销管理学派的地位

尽管营销范式扩展得到流行，不过营销管理中的研究仍然主要是商业导向，大多聚焦于营销战略、市场细分和目标市场选择或者营销组合元素：产品、价格、促销、渠道和营销调研。在目前的营销学术界，在营销组合中吸引了很多人关注的是产品这个组织要素。具有讽刺意味的是，在营销的早期定义中，产品被定义在营销之外。例如，肯沃斯和休吉在 1930 年提出了一个相当流行的营销定义："营销是地点、时间和占有效用的创造。"

在这个定义中，形式效用或者说产品被明显地排除在营销之外，被移交给生产（农业或制造业）。

在产品研究领域，另一个让人意想不到的是，当前大部分的相关研究都聚焦于服务而非产品，服务营销已经成为营销管理研究中的一个显著的细分领域。有学者提出服务要更具有根本性，因为消费者仅仅需要一个产品所提供的服务利益。这种认为产品只是提供服务利益的一种传递工具的观点有待学者进一步的探讨。

但是，无论如何，营销管理已经成为一个如此庞大的思想学派，在它的一些细分研究领域，比如服务或广告的研究学者的数量要超过大多数其他学派的研究者数量。毫无疑问，营销管理学派已经成为当今营销学界的主流思想学派。

□ 思考题

1. 简述营销管理学派所研究的主要问题。
2. 简述营销观念的提出过程和基本观点。
3. 简述市场细分理论及围绕该理论的争论。
4. 简要评价产品生命周期概念的实际应用。
5. 比较定价理论中的撇脂定价策略和渗透定价策略。
6. 简述学术界关于营销概念的争论。
7. 简述营销范式扩展的影响。
8. 评价营销管理学派的学术地位。

第 11 章

营销系统学派

与营销思想中的其他学派一样，营销系统学派也是随着营销环境的变化而出现的。乔治·弗斯克、里德·莫耶、艾尔弗雷德·库恩等早期学者已经认识到营销必须被视为一个系统，但直到 20 世纪 50 年代营销系统学派出现才真正明确这个观点。营销思想的系统学派登上舞台应归功于商业的其他学科操作技术研究的影响，这促进了从系统角度研究营销和营销活动。更重要的是，计算机的广泛使用使“系统”一词得以在管理文献中普及。

第 1 节　营销系统学派的基本观点

为了正确认识营销系统学派，了解其基本观点是十分必要的。第二次世界大战后兴起的操作研究方法从多学科的角度研究问题，并将行为科学和定量科学的整合应用视为解决复杂问题的必要手段。公司不能简单地视为独立功能的集合，而应视为一个系统。在这个系统中，信息、原材料、人力、资本设备和资金的流动产生了决定成长、波动和衰退等基本趋势的力量。

一、系统的特征及其应用

通过系统理论考察营销，决策者能够发现一系列问题，而许多问题已存在可行的解决方法。如果决策者对解决方法不满意或找不出解决方法时，可以参考类似问题，看看是否有已知方法可用。通过系统，可以获得非常多的信息。还有一种研究方法，是对社会采用了系统概念，将系统思想扩大到更宏观的范畴，认为营销是社会的一个子系统，也包括它自己的子系统，如市场和分销渠道。

对于这一学派的学者而言，系统由两类变量组成：要素和要素之间的关系。这些要素通常是在一系列限制条件下关于交互作用以及环境的一般思想。要素仅仅是系统的元件，对于不同的特定系统，要素处在一定的范围中。属性是要素的特征，而关系将一个系统中的要素结合得更紧密。任何一个系统的环境都可以定义为所有对象的集合，它的属性可被系统的行为所改变。任何一个特定的系统都可以分为几个子系统，它也有自己的父系统，即存在系统等级序列。

1966年，该学派的丹尼尔·卡茨和罗伯特·L·卡恩出版了一本非常经典的著作——《组织的社会心理学》，使系统观点众所周知。对他们来说，组织系统是复杂的、开放的和行为的系统，他们归纳出这些系统的九个特征：

（1）能量的输入——开放系统从环境中输入某些形式的能量。

（2）生产能力——开放系统将能量转化为它们可以使用的形式。工作在系统中完成，而且这些系统再次组织了输入。

（3）产出——开放系统向环境输出的产品。

（4）作为事件循环的系统——能量交换活动以循环为特征。输出到环境中的产品为循环活动的重复进行提供了能量源泉。

（5）负熵——自然界的一般法则是熵，即所有形式的组织都走向分解或死亡。为了生存，开放系统必须通过从环境中输入比消耗的更多的能量来获取负熵。

（6）信息输入、反馈和编码过程——除了能量，开放系统也输入信息，为环境及有关自身功能的结构提供信号。信息输入的最简单的形式就是反馈，即使系统在过程中改正偏差。然而，输入只有当系统认为输入与它协调时才被接受。编码这个术语就是选择性地拒绝、接受或解释某种信息的系统结构。

（7）稳定状态和动态自动平衡——能导致系统崩溃的任何一个内部或外部的因素都会遭到力求恢复到系统先前状态的力量的反抗。

（8）区别——开放系统按照有区别的、细分的方向运动。专业化的功能取代了一般模式。

（9）相同的最终状态——一个系统可以以不同的初始状态和不同的过程到达相同的最后状态。

由上可知，营销子系统显示出复杂的自动平衡机制的许多特征，因为它帮助企业获得动态平衡并保持它的特征。例如，营销的一个传统功能就是从环境的各个部分收集信息，并把信息传输到系统的其他部分。在执行这一功能的过程中，按照营销系统对企业需要的认识，信息被译解和重新编排。这种操作的译解/记录阶段对信息怎样用来改变企业行为是至关重要的。显然，有某些条件限制了营销在一定程度上按照一个自动平衡机制行动。这些限制条件有公司内部的子系统、它所处的环境和系统/环境之间交换关系的种类和数目。

二、营销系统的提出

事实上，在出现更多的系统用词之前，商品学派、职能学派、区域学派和机构学派的营销学者就已经理解了营销的多种要素是相互关联和相互依赖的。但第一个在营销中使用系统术语的学者是奥德逊，他在1957年出版的《营销行为和经理行动》一书中，讨论了"有组织的行为系统"、"系统的生存和成长"和"投入—产出系统"等系统概念。

尽管奥德逊在他的文章、著作和营销理论研讨会上奠定了营销系统思维的基础，但由于奥德逊于1965年不幸去世，奥德逊未竟的学术事业由他的学生和同事们继续向前推进。其中的主要代表有费斯克1967年的教材《营销系统：一种介绍性分析》，在这本书中费斯克描述了微观和宏观营销系统。迪克逊1967年发表了一篇论文，基于宏观视角揭示了营销系统是如何被整合进一个更大的社会中并成为社会的一部分。鲍德温在1966年的论文中开发了一种比较性营销系统研究的理论框架，该框架聚焦于结构、职能、过程和环境等与营销紧密相关的因素。此外，介于宏观和微观之间，巴克林1970年提出的垂直营销系统则描述了作为系统的渠道的经济性。斯特恩则在1969年描述了渠道系统的行为维度。雷泽1971年则采取一种微观视角，使用一种系统方法来分析营销管理问题。

从以上内容也可以看出，营销系统学派的营销学者在探索有关营销的系统理论时，采用了多种研究方法。有学者对营销的社会系统做了充分的论述，分析了社会系统的内涵和社会系统的特征及要求，将营销系统视为社会系统的特殊形式。主要有以下观点：

（1）一个系统是相互联系的要素的集合。所有处于这一关系之外的要素都处于系统之外，是环境要素。

（2）系统的要素影响系统的行为。类似地，环境影响系统要素。

（3）系统要素的条件是可变的。要素条件的改变或环境条件的改变使系统行为的调整成为必要。

（4）为了分析的方便，封闭系统可以独立于环境。在分析营销系统时，期望最好的情况可能就是环境条件的暂时不变。

（5）在系统分析中，在控制条件下观察系统和环境的关系是很有效的。因此，在市场调查中使用有控制的实验是明智的。

（6）在系统分析中，注意力主要集中于动态。这是一个过程，即系统在经历不平衡之后采取适当的改变，向新的均衡运动。

（7）系统是动态的，由许多变量组成，任何不变的要素都不是系统的组成部分。在营销系统的分析中，几乎所有的事情都是动态的。

三、营销系统的构成要素

另一些研究者探索了什么系统更接近营销方法，还讨论了营销系统的构成要素。

(1) 系统包含了人们和机构之间一系列功能独立的营销关系，包括制造商、批发商、零售商辅助机构和消费者。

(2) 为保持必要的关系，个人和公司之间的交互作用包括对改变的调整、革新、合作、竞争、联系和阻碍。

(3) 从交互作用中产生，并增强交互作用的目标、信念、符号和感觉的建立，从而决定了实际的营销目标，创建了有利的程序、印象、态度、意见和实践。

(4) 消费者导向的环境随着竞争性市场经济、良好的法制和社会经济形势、营销功能的关系和实践等限制条件的变化而发生交互作用。

(5) 营销技术包括通信媒介、信贷机构、标准化和改进的技术、市场调研和物流技术等。

职能学派提出过三种形式的系统：原子系统、机械系统和生态系统。在原子系统中，没有一个要素足以影响整个系统，要素自由地移动和交互作用，任何一个要素都不能变得更重要。该系统类似于完美的市场结构，只有少数几个营销系统可以被认为是原子系统。营销的某些方面像机械系统，特别是仓储和分销。生态学是对与环境相联系的有机体的研究，有组织的行为系统是生态学概念在营销中的表现。

第 2 节 宏观和微观营销系统

营销系统学派在研究营销系统的过程中有宏观和微观两种视角。宏观分析法关注作为整体的系统行为。宏观分析法并没有完全忽视特定的营销现象，但它将注意力集中于不同环境条件下系统的行为模式。微观分析法关注某些子系统的微小结构，如广告和分销（传统的营销观念），营销系统学派在对营销系统思想的分类和组织过程中也多采用微观分析法。

一、宏观营销系统

营销系统学派将系统视为一个整体，指出营销研究中采纳系统观点是一种进步。营销系统学派对营销文献的评估和解释表现出丰富的知识储备，并能用于更精确的分析处理。这些知识可以总结为三个相对独立而又彼此相关的集合。

第一个集合指营销系统中存在着的某些要素，这些要素对于任何一个营销系统的存在都是基本的和必要的。这些要素包括目标、营销活动的主体和客体、营销活动本身以及所有的其他的存在，诸如法律、管理机构、习俗、社会机构、人力和其他资源等。

第二个集合是由对基本要素产生的系统通过动态交互作用而导致的系统行为进行概念化的结果组成的。

第三个集合是由第一个集合中提到的要素内部或要素之间的关系进行概念化和实际观察的结果组成的。

营销系统学派对营销系统在机构、活动和三维空间上进行了界定，这比界定营销的行为空间的传统做法更进了一步，对于营销理论的发展更具有重要意义。1967 年，营销系统学派设计了竞争市场反应的计算机模型，营销的多种功能被整合进去，可以操作模拟营销系统。营销系统学派还使用模拟平衡评估技术，展示了如何使用营销系统分析。

营销系统学派通过探讨几种评估牙买加分销结构的统计技术，得出结论：尽管该领域的理论相对来说设计较好，但仍有一些实际问题——特别是有关这些系统中的解释性变量的互相联系——这是我们考虑处理这些问题的次优方法。像与营销问题有关的其他领域一样，在我们对该领域研究结果满意之前，需解决很多实际问题。

于是，在更近一些时候，一些学者采用了系统方法来整合描述性概念，诸如需求和供给循环、产品等级、竞争结构和消费者决策模型，以形成一个公司的营销理论。根据这些思想，营销管理需要系统性的知识来引导决策。因此，应将营销视为一个系统。这些学者使用二维图形来描述公司环境的特征，用生产、销售、营销和社会营销四种营销管理哲学进行分析，考察营销系统的演化。

环境复杂性的每一等级都依赖于在环境中组织的不同目的以及这些目的随着时间改变的速度。目的可分为正目的（如目标）和负目的（如避免某些事物）。营销的演变可以用企业更好地察觉相关外部公众并作出反应这一条件来描述。以这一结论为基础，可以对将来做以下观察。

所有社会系统的未来环境将会以增加相关的不确定性为特征。营销子系统可以定义为为它的母系统企业执行复杂自动平衡功能。这种功能使它适合于监视环境变化，在必要时提供帮助，改变母企业结构的信息。营销系统执行其自动平衡功能的能力将部分地决定企业如何察觉环境变化并对此作出反应（见表 11—1）。

表 11—1 营销及其环境之间的关系

环境	相关的不确定性	企业（系统）的标准反应	相关的营销管理哲学
温和的随机	低	自动反应	生产观念
温和的密集	中低	战略	销售观念
不正常反应	中高	战略、战术和操作	营销观念
激烈	高	创立、系统改变	社会营销观念

二、微观营销系统

营销系统学派提出过许多微观系统的例子。例如，制造商和它的经销商应该视为单一组织，并按照一个系统来管理；公司应该视为整合了市场的系统，市场对公司的所有活动享有否决权；建立零售定位的系统框架；营销信息系统有三种合适的一般信息子系统；探讨了营销信息系统面临失败的几种原因，并建议采用向前看的方法；讨论了营销信息系统和市场调研，还指出在管理成为系统导向之前，营销信息系统中错误的计算机管理；提出动态自动平衡假设，并用来解释研究条件和在营销案例中的使用，探讨了一般生活系统理论在营销中的运用和针对社会需要的改变。

20 世纪 60 年代，系统被认为是营销过程中最重要的趋势。系统思想影响了几门学科的发展，尤其是作业研究和工程学。它强调将要素和活动整合进整个系统、网络、联系、交互作用、反馈、系统调整、生存和增长。这产生了广为流传的营销哲学和营销概念，它们都强调营销要素的合作、整合和联系，以获得一个行动的整体系统。系统工程师研究出新的数学技术，用于分析、模拟复杂的系统，其中一些用于营销系统，产生了新的概念和分析方法。

当时很少有公司在营销中采用系统观念。然而，少数企业的积极反应体现出这方面的需求，所以还是可以预测系统观念的使用会逐步扩展，而且这样做对先行者有极大的益处。研究者认为正确的系统分析是将复杂市场环境分为组成要素，并用实践证明的假设描述要素间的相互作用。

营销系统学派认为有两个原因使营销的系统观念不能在短期内实现。第一个原因是它的全面综合的本质。几乎所有的学者都采用了具有每一营销职能（产品、沟通、市场调研和分销）的系统。显然，我们需要对作为一个系统的营销和营销系统进行详尽的概念研究。第二个原因是关于系统的研究问题，特别是宏观营销系统。我们没有在宏观水平上对系统分析的知识进行有效的分类，这样，即使把知识组织起来，仍然缺少合适的分析技术来处理极有可能的关系。如果这不成问题，研究者所处的变化的环境也使其缺乏时间进行良好的系统研究，尤其是在宏观水平上。

营销系统学派在营销思想学派宝库中占有重要的地位。任何试图对营销思想学派进行综合或者开发一种一般营销理论的尝试，都必须至少将系统思维作为一种理论结构包括在内。尽管如此，由于营销管理和消费者行为学研究的兴起，学术界对于营销系统本身的讨论在20世纪70年代逐渐消退。

小资料

管理学中的系统管理学派

系统管理学派盛行于20世纪60年代。由于当时系统科学的兴起，对营销管理学派的影响很大，因此系统管理学派的管理思想基础是一般系统理论。他们把一般系统理论应用于工商企业管理，系统地阐述了系统观点、系统分析、系统管理三者的关系，侧重以系统概念分析和考察企业的组织结构模式以及各项管理职能。

系统管理学派的主要代表人物是：美国的约翰逊、卡斯特、罗森茨韦克、米勒、梅萨罗维奇。系统管理学派的主要著作是：约翰逊、卡斯特、罗森茨韦克三人合著的《系统理论与管理》，卡斯特、罗森茨韦克合著的《组织与管理》等。

系统管理学派从系统观点出发，认为工商企业是一个由相互联系共同合作的各个要素（子系统）所组成的为达到一定目标（既有组织的目标，又有其成员的个人目标）组成的系统。工商企业是一个开放的系统，它同周围环境（顾客、竞争者、工会、供应商、政府等）之间存在动态的相互作用，并具有内部和外部的信息反馈网络，能够不断地自动调节，以适应环境和自身的需要。系统管理学派的管理方法的一个重要特点是采用模型分析方法。

系统管理学派的影响是很大的，尤其是利用系统论的方法来进行管理，使管理在思想上有了一个巨大的发展。现在，任何一个现代的管理人员都应该具有的管理思想就是系统的思想。

资料来源：郭咸纲：《西方管理思想史》，北京，经济管理出版社，1999。

□ 思考题

1. 简述营销系统学派的基本观点。
2. 简述营销系统的提出过程。
3. 简述营销系统的构成要素。
4. 比较宏观营销系统和微观营销系统的差别。
5. 评价营销系统学派的学术地位。

第 12 章

消费者行为学派

消费者行为学派研究的重点是市场中的消费者。消费者行为学派研究消费者是谁，他们有多少，消费者为什么在市场中采取某种行为方式。由于所研究的是人类行为问题，消费者行为学派是最折中的营销思想学派之一。

第 1 节　消费者行为学派的产生和兴盛

消费者行为学派最初研究的是购买行为（搜寻和选择）和消费行为（使用和处理）。尽管购买者和消费者通常被混为一谈，但是将他们视为扮演不同角色的人有时会带来更多有价值的成果，因为他们存在显著的差别。例如，一个产品或服务可以由一个个体购买，而由另外一个个体消费。购买者评价获取产品或服务的交易，而消费者则评价对产品或服务使用的满意状况，无论是不佳的交易还是不满意的体验都不大可能会导致再次购买和使用。尽管存在这些差异，购买和使用通常都被归属在消费者行为这一术语下，这一术语所涵盖的范围相对于它传统的领域已经大大扩展。

一、消费者行为研究的早期阶段

消费者行为学派最早源于经济学中的“追求效用最大化的消费者”假设，在其成长和发展过程中，吸收了众多学科的知识。其中包括：弗洛伊德心理学中的“消费者受潜意识信息操控”，巴甫洛夫心理学中的“消费者受重复广告影响建立条件反射”，物理心理学中的“消费者的感知阈限被最小感知差异激活”，认知心理学中的“消费者处于信息处理和风险决策的包围当中”，社会心理学中的“消费者受到意见领袖和社会因素的影响”，社会学中的“消费者陷入社会阶层和亚文化当中”，甚至人类学中的“消费者服从于民俗、仪式、神话和符号”。

在20世纪50年代之前，有大量的心理学家、社会心理学家、社会学家和经济学家的研究成果影响了营销思想中消费者行为的早期发展。这些学者有马斯洛（Abraham Maslow）、费斯廷格（Leon Festinger）、霍曼斯（George Caspar Homans）、罗杰斯（Shelly Rodgers）、奥斯古德（Charles E. Osgood）、西蒙（Nobelist Herbert Simon）、卡托纳（George C. Katona）、卡茨（Daniel Katz）和拉泽斯菲尔德（Paul F. Lazersfield）等人。受当时占主导地位的商品—职能—机构研究法的影响，早期的营销学者在研究消费者行为时主要关注消费经济和整体的零售顾客。

二、20世纪50年代的消费者行为研究

消费者行为学派，尤其是强调行为的学派实际上是在20世纪50年代早期产生的，它有三个相对独立的研究领域。

第一个研究领域主要集中于消费者行为的情感或非理性的心理决定因素，一般称之为动机研究。这种研究方式的基本假定是：消费者根据情感的因素或内在的（他们既不愿谈论又不甚清楚的）原因选择产品或品牌。理解他们动机的方式是应用方法论和临床心理学的观点。动机研究首先运用重点小组研究和随机性个人访谈的研究方法，这种研究的结果需要专业的临床心理学家进行分析和解释。

一些学者对于动机研究的质疑主要来自两个方面：（1）它对弗洛伊德心理分析和无意识动机过分依赖，而这只是消费者行为的例外而不是一种规则。大部分消费者行为是有意识的和正常的。（2）消费者信息的解释是高度主观的，缺乏有效的一致性。动机研究的学者则用心理测验和许多性格检验的方法来回应这些批评。

第二个研究领域是关于消费者行为的社会决定因素。社会学中的一些流行概念包括显著性消费和相关群体影响等，引起了一系列的对消费者行为进行的经验主义研究。

在产品和品牌选择行为上最流行的研究领域是相关群体的影响。例如，人们发现相关群体可以决定一个人是否抽烟，抽何种牌子的香烟。另一方面，相关群体虽然不能决定一个人读杂志还是买家具，但是，对这个人读何种杂志、买何种家具有重大影响。

与此相关的研究是关于个人沟通中语言的作用。研究结果表明，在社会选择中个人影响要比其他媒介更重要，这就引起了对广告、个人影响及意见领袖对消费者行为影响力进行的检验。

第三个研究领域是家庭购买决策。通过考察杂货店销售情况和家庭主

妇进入超市之前准备的购买清单，学者们产生了对这一领域研究的兴趣，并把消费者意图发展成为考察美国经济中消费行为的领导性的经济指标，从而导致了家用经济学家和营销学者对家庭购买行为展开的大量重要的研究。

三、20世纪60年代的消费者行为研究

随着将概念（包括认知心理学、风险承担、意见领袖、信息处理和其他来自心理学和社会学的概念）整合进购买者行为的综合模型的出现，作为一个营销思想学派，消费者行为学派在20世纪60年代开始步入其成长阶段。大量的具有不同学术背景的学者开始致力于消费者行为的研究，并产生了许多具有创新意义的研究方法。

第一种研究方法是关于消费者对产品的品牌忠诚度的研究。许多学者开始分析家庭购买行为方式，从而促进了建立在贝努利、马尔科夫及其他随机过程基础上的品牌忠诚度模型的发展。这之后，应用于品牌购买行为的随机模型和计量经济学模型也在不断发展。

第二种研究方法是建立在消费者行为基础上的实验设计和实验室方法。例如，明尼苏达大学应用品牌选择行为的认知冲突理论进行了一系列的实验；许多广告从业者开始应用实验的方法，通过一些电子器具测量出瞳孔扩张程度、电流皮肤压力等来检验消费者的生理反应；杜邦公司建立了一个市场研究部门，对广告媒体的影响进行了大量研究；美国农业部则成功地进行了关于消费者选择柑橘还是苹果的实验研究。

第三种研究方法始于哈佛大学，该方法提出了消费者行为的认知风险理论。这一理论的基本原则建立在有限理性和满意度概念之上，提出消费者在进行消费选择时并非经济学家所说的使效用最大化，而是使风险最小化。

第四种研究方法是注重消费行为的综合理论。这种理论认为，消费者行为复杂多变，很难用成熟的或截面（静态）模型来解释。因为购买行为是重复的，消费者从一种选择情形到另一种选择情形较难总结经验，因而需要用一种允许观察一段时间的过程导向的理论来解释购买行为。

在这个时期，许多营销学者提出了关于消费者行为的综合模型理论。这些综合模型将环境和营销刺激作为输入，通过情感和认知的大脑处理过程，导致购买和提供反馈学习的行为层级输出。尽管第一个消费者行为模型由尼科西亚（Francesco M. Nicosia）在1966年提出，但是发展最完善的两个模型理论却是恩格尔（James F. Engel）、科拉特（David D. Kollat）和布莱克威尔（Roger D. Blackwell）等人于1968年提出的消费者行为理论和霍华德（John A. Howard）与谢斯于1969年提出的购买者行为理论。这些理论是对消费者行为中应用元理论标准并建立在一些知名的心理学概念基

础上的综合理论，其中包括学习理论、探究行为及语言和信息概念的象征。这些理论有两个共同特点，即过程导向和学习及经验反馈。

四、消费者行为学派的盛行

随着一些著作的出现，消费者行为研究日益流行，其中的代表著作有：卡萨瑞恩（Harold H. Kassarjian）和罗伯逊（Thomas S. Robertson）1968年出版的《消费者行为研究述评》，霍洛威（Robert J. Holloway）等人1971年出版的《消费者研究：进行中的当前研究》，科恩（Joel B. Cohen）1972年出版的《消费者行为的行为科学基础》等。1969年，在消费者行为研讨会的基础上，消费者行为学会（Association for Consumer Research，ACR）正式成立。1974年，消费者行为学会出版了第一期《消费者研究学报》（*Journal of Consumer Research*）。消费者行为学会和《消费者研究学报》的出现，为消费者行为学派的研究提供了重要的学术交流平台和研究发布渠道，极大地促进了消费者行为研究的发展。

对于消费者行为学派的迅速发展和盛行，经过分析可有两个原因，即营销观念的出现和行为科学知识体系的建立。

第二次世界大战之后，美国及西欧的经济从卖方市场过渡到买方市场。超大设置的生产能力使产品产生剩余，产品销售越来越困难；同时在每一行业出现的几个大竞争者使市场中的竞争更加激烈。

营销学者开始对传统的供应取向的营销活动包括推式营销观念提出了质疑。他们认为，在当今经济社会中，消费者是这个商业世界的绝对中心，企业是围绕着顾客而不是其他在运转，越来越被人接受的顾客观念已经而且必将对社会商业产生深远的影响，并使经济思维产生一场事实上的革命。当这种观念获得更多的认同时，营销就会作为商业中最重要的个体功能出现。

他们对比了产品、推销和顾客导向的营销哲学，提出在营销实践中应当采用后一种哲学。该学派的学者罗姆·J·马金精辟地阐述了这种观点：营销战略的成功与失败将最终取决于其战略所指向的顾客，所以，大部分的战略规则应建立在这样的假定之上，即顾客的行为能够被分析、理解和修正。营销经理应当知道和掌握如何修正顾客的印象和想法以及公司怎样才能成功地与顾客沟通其营销计划。

20世纪50年代末至60年代初，顾客导向的营销还处于初级阶段，一些管理比较先进的企业，如皮尔斯伯里、宝洁及通用食品等公司，已经认识到顾客导向是当今经济社会中决定企业前途的重要因素。

与此同时，人们逐渐认识到行为科学的许多领域的知识有助于完善营销学的知识体系。纯科学开始将它们的专长和思想应用于商业未开发的领域，一大批行为科学、数学和社会科学学者开始将其研究重点转入商业竞争领域。

爱德华·T·霍尔从文化人类学的角度，提出了五种在国际商务和营销谈判中会产生障碍的无声语言，包括时间语言、空间语言、友谊语言、资料占有语言及协议本质语言。詹姆斯·G·马奇（James G. March）和赫伯特·A·西蒙（Herbert A. Simon）从认知心理学的角度，提出了一些与经济学原理并不一致的概念，包括主观效用、有限理性、满意目标、目标以及因公司成员价值观的差别而造成的组织冲突。

营销学界从认知心理学领域借用了诸如消费者行为和组织行为中的认知不协调和认知冲突等概念；从临床心理学和个性学领域吸纳了一系列新知识从而形成商业领域学科中新的概念，如集团活力、感情合理性行为、更人性化的管理激励理论等；在社会科学领域借用了一些概念和理论，如社会分层、社会阶层、创新扩散理论及其中包含的意见领袖和个人影响的理论。

随着知识体系的不断充实，商业领域（包括营销）开始应用行为科学的方法论。例如，重点小组会谈和随机个人访谈在营销研究中变得非常普遍，学者们开始收集进行纵向传统型消费者调查的调查小组的数据。这种调查小组是建立在社会学、政治学和公众意识研究的基础上的。同时也开始应用科学的实验方法检验行为假设，尤其是当其与心理学中的认知和学习理论相关时。这一时期还开始应用与生理学、心理学有关的实验方法，包括感觉刺激和对物质现实的理解力，瞳孔扩张、触电皮肤压力及其他用以观察顾客反应的生理系统检验方法。

除了行为科学，营销还开始借用数学、运筹学和其他管理技术，如随机过程、在线控制及最优化理论等，研究消费者行为。

第 2 节　消费者行为学派的扩展

20 世纪 70 年代可以说是消费者行为学派时代的来临。在这一时期，美国消费者研究协会得以创立和发展壮大，《消费者研究学报》于 1974 年创刊。以此为标志，消费者行为学派日益具有一门独立学科的气质。

一、20 世纪 70 年代的消费者行为研究

20 世纪 70 年代的消费者行为学派产生了许多研究趋势，其中有些是 60 年代的延续，有些则反映了新的思想。例如，对消费者行为综合理论的验证，70 年代一直在进行。一些学者不断地把有关消费者行为的研究成果加以应用，创新扩散的研究也在那些更具数学研究导向的学者的领导下继续发展。关于个人影响、社会阶层、家庭购买决策及认知风险的研究 70 年

代也在不断发展。从 20 世纪 70 年代开始，消费者行为学派也出现了几种新的研究动向。

第一个研究领域是研究工业和组织购买行为。这种研究大致可分为两类：一类是围绕组织购买中心来研究，它注重研究那些在购买决策过程中介入程度较深的组织成员。一些学者研究了购买中心成员在产品类别选择上的相互影响，发现对不同购买层次这种影响不大，而对不同的产品类型和决策类型这种影响却很大。他们还建立了一个模型，用以解释那些处于购买中心边界地位的成员的行为。另一类研究是围绕着组织购买行为进行的。这一类主要研究组织实现购买的过程而不注重购买中心。这一类学者创立了专业卖主选择过程的风险处理策略，还提出了组织购买过程的模型，这个模型是建立在一个假设之上的，即购买过程的参与者进行购买行为的动机是期望获得内在和外在的回报。这些学者通过对销售经理的咨询发现，在问题的更新和信息要求的关系方面，销售人员观察的结果与组织购买行为的购买层次理论一致，它们是高度相关的。但观察选择考虑的程度的结果却与购买层次理论的结论不尽一致，有着较强的独立性。还有一种典型的组织购买行为研究是将认知记录理论应用于分析产业的购买行为。

研究购买行为的第二个主要领域是将社会和公共服务（如人口控制、教育、健康保护、运输和营养）的营销概念应用于非营利组织。这种使购买行为趋向于社会要求行为的结果使人们认识到研究消费者行为可以使消费者与营销者双方受益，因而，许多社会心理学和社会学的研究人员开始注意到消费者行为这个可以应用他们的研究概念和方法的领域。这种对非营利性领域的研究如今已扩大到各个服务因素，包括健康服务、资金、信息和娱乐业。

第三个研究领域是跨文化问题。尽管有的学者在更早的时期就已经提出营销者在国际营销中应重视跨文化差异，但直到 70 年代早期才开始进行深入的研究。研究的兴趣是源于不断增强的国际竞争，尤其是来自日本和韩国的竞争以及不断增长的发达国家和发展中国家的国际贸易。跨文化购买行为综合理论的研究在 80 年代和 90 年代得到了加强和发展。

第四个研究领域是家庭购买行为，包括夫妻共同决策购买行为。这一领域的研究者建立了一个过程导向的家庭购买行为的综合理论，这一理论与关于工业购买行为的理论有些类似。其深入的研究引发了人们对这一研究领域的兴趣，尤其是家庭成员共同决策过程和冲突解决策略成为重要而有趣的研究领域。对家庭购买行为的研究到 80 年代依旧令人关注。

第五个也是最大的研究领域是关于态度行为关系及态度信息和结构的。态度的产生、改变、持续性和复杂性，特别是菲什拜因（Martin Fishbein）于 1967 年提出的"态度选择模型"，成为 20 世纪 70 年代的热门研究课题。这一领域的研究成果指出，在没有抑制的前提下，前期对品牌的态度将是后期行为的预兆。该领域研究者提出的行为意图的理论及其模型简单、完善，其变量可精确检验。这一模型的基本假设认为人的某种行为意图是两种因素作用的结果，个人对于行为结果的想法或者个人关于其相关群体对于其是否应从事这种行为的标准想法，即个人想法或标准想法及各自的突出程度决定了个人的行动。

二、20 世纪 80 年代的消费者行为研究

20 世纪 80 年代可以说是消费者行为理论的又一个黎明。人们对信息处理和贡献模型的对抗性反应产生了浓厚的研究兴趣，其中包括仪式化、象征性的经验的和想象的行为以及宗教对消费者行为的影响。

信息处理是作为一个独立研究流派出现的崭新领域。消费者怎样利用信息、吸收信息并对产品和品牌作出评估，这些问题引起了许多营销学者的关注。对这一问题的研究导致了三种争论。第一，是否存在信息过量的问题。当消费者进行选择判断时，若信息太多，情况是否会更糟？第二个争论的问题是消费者是否利用补偿对非补偿的方式，这个问题有补偿、分离、直接和信息处理等几种经典模型。第三个争论的问题是有关信息收集的方法。

这一学派越来越多地发展和延伸了既有的结构和概念，而不是产生一些孤立的新的发现。如最近的一些研究成果对消费者寻找行为提出了一个扩展框架，研究了两种情绪类型学，利用经验主义的方法检验了现实的消费者行为方式，扩展了有关消费者介入程度的思想；考察了选择和创造替代选择的问题，还研究了产品、消费基础上的情感反应和购买行为。这一学派的丰富性还激发了许多新的思想。例如，消费者专长理论认为消费者专长与产品相关专长不同，并把它分为五个层次（认知努力、认知结构、分析、考虑和记忆），研究了其间的相互关系。

另一个新的研究领域是符号学。符号学是提供用以研究分析特定环境中符号功能结构的科学。符号学研究消费者怎样理解市场中的象征意义。另外，还出现了其他新的研究领域。如用仪表学说解释消费者行为，并提出了对年青人仪表整洁化现象的两种研究结果，有关消费心态的概念体系描述了消费者内心的角色调节及其对消费者行为的潜在重要性等。

三、消费者行为研究的扩展和争议

1974 年创刊的《消费者研究学报》被设计作为一种“跨学科交流的媒介”，极大地扩展了消费者行为的边界，消费者行为由购买、消费或者使用延伸到事实上包含任何人类行为，如家庭计划、职业选择、家庭迁移、生育率的影响因素等许多非市场相关话题。

这种扩展有相当数量来自行为科学特别是心理学的非商业研究学者，他们在《消费者研究学报》上发表文章，进入营销领域。这些学者中的大部分对于那些说服消费者购买产品或者服务的管理启示并没有特别的兴趣。他们更关心的是把消费者行为本身作为研究的目的，而不是一种促成销售的营销管理手段，他们并不关心消费者行为的研究成果是否会有助于促进市场购买。

这产生了营销思想界的另一个分歧。分歧之大使得学界领袖科特勒也不得不撰写了一篇题为《购买也是营销!》的文章来回应。指出，研究消费者购买行为的主要目的，是为了帮助企业制定正确的营销决策。许多学者预言，营销研究和消费者行为研究将会分离开。霍尔布鲁克（Morris B. Holbrook）在 1987 年发表在《消费者研究学报》上的一篇题为《什么是消费者研究?》的文章中说到："消费者行为研究领域……现在发现它自身陷入进一种身份危机当中……《消费者研究学报》近来接受了种类多样的研究议题，这些议题曾经被认为过于晦涩深奥，而不适合发表在《消费者研究学报》这一致力于消费者行为研究的学术出版物中……但是现在，由于它包含了如此多与其他学科结合而产生的内涵，使得它能够代表每一件事情，这也等同于它不能代表任何事情。"

作为一个对于消费者行为研究已经偏离营销学有多远的指示，威尔基（William L. Wilkie）和穆尔（Elizabeth S. Moore）在 2003 年的一项研究中统计了最初 20 年发表在《消费者研究学报》上的将近 900 篇论文，结果发现"营销"这个词语只在论文的标题中出现了三次。显然，对于非商业研究学者而言，营销并未受到认可，因为营销并不受到尊重（但是这种观念目前正在改变）。因此，像营销管理一样，消费者行为研究已经超越了它传统的营销领域，囊括了与任何来源的消费相关的所有行为，包括自我生产、礼物赠与、政府救济、慈善、偷窃等，而不仅仅只是购买行为。

四、消费者行为学派的学术地位

随着消费者行为研究从购买甚至消费大大扩展，消费者研究现在可以说是覆盖了社会科学的范围。它自身几乎成为一个独立的学术思想学派，而不是一个营销思想学派。下面是这个学派所研究的一些流行的研究课题：动机、个性、影响、选择性注意、感知和记忆；需要层次；经典和操作性学习；情绪；信息处理；意见领袖；效果层次；创新的扩散和采用；亚文化和跨文化；联合决策；家庭礼物赠与；购买和消费；家庭生命周期；社会影响；情感；认知；意愿和选择；标志；符合和象征；信息搜寻；涉入；记忆；说服理论；享乐；形象化；展望理论；判断；多样化搜寻；极端化；偏差行为等。在当时的营销学界，消费者行为研究在流行程度上是仅次于营销管理学派的第二大思想学派。

□ 思考题

1. 简述消费者行为学派所研究的主要问题。
2. 简述消费者行为研究的历史发展过程。
3. 简述消费者行为学派在20世纪六七十年代盛行的原因。
4. 简述消费者行为研究的扩展和争议。
5. 评价消费者行为学派的学术地位。

第 13 章

宏观营销学派

不同于营销管理学派和消费者行为学派这些微观导向的学派，宏观营销学派研究的是一些大图景的问题，比如营销系统如何影响社会？社会如何影响营销系统？总体营销系统的效率如何？宏观营销学派的主要代表人物有罗兰·S·范利、格雷瑟、菲利普·科特勒、莱维斯·考克斯、罗伯特·霍洛韦、罗伯特·汉考克、里德·莫耶、查尔斯·斯莱特和谢尔比·亨特。

第 1 节　宏观营销学派的先驱

虽然作为一个学派，宏观营销学派于 20 世纪 60 年代登上历史舞台，但在营销思想史上，很早就有学者对宏观营销的一些议题进行探讨，其中的先驱有克拉克、布莱耶、杜迪、莱夫赞、罗兰·S·范利等人。

一、克拉克的贡献

对宏观营销的理论研究最早可追溯到克拉克的《营销学原理》一书。这本书最早出版于 1922 年，之后修订再版过数次。20 世纪 20 年代的营销学研究由于关注于商品、职能和机构框架，因而基本上是一种宏观研究方法。克拉克在《营销学原理》一书中也体现了这一倾向。

克拉克在书中指出，他这本书的目的是探讨营销过程的本质，将营销结构视为一个整体，分析营销问题和解决这些问题中所使用的策略。克拉克在其书的第 1 章中开始将营销的关键元素编织到一起：（1）营销包括影响商品所有权转移和实体分销（即物流）的努力。（2）市场过程涉及相互冲突的利益。（3）集中和分散——商品的双向流动，一方面是商品的收集和集中，另一方面是商品向最终消费者的分散。（4）一个市场——当某一特定的商品为了销售而被集中，一个市场就得以形成。

克拉克在《营销学原理》一书中，用两章的篇幅来探讨营销和政府政策之间的相互作用。在《营销学原理》的修订版中，克拉克提出了营销的社会目的问题。他指出，和生产一样，营销的社会目的是尽可能有效和经济地满足消费者的需求。克拉克的这些思想被后来的一些营销理论家接受，并加以扩展。

小百科

弗雷德·爱默生·克拉克

弗雷德·爱默生·克拉克（Fred Emerson Clark），是美国营销协会第二任主席，也是第一位来自学术界的因为其学术著作和作为一名教师的广泛影响力而获得主席职位的营销学者。

克拉克在密歇根州的阿尔比恩长大，在阿尔比恩学院本科毕业之后，他前往伊利诺伊大学攻读经济学学位，1916 年获得博士学位。在特拉华学院和密歇根大学有过短暂的任教之后，克拉克成为西北大学教职工中的一员直至去世。

他的主要著作《营销学原理》于 1922 年出版。在这本书里他发展了一种可被借鉴的框架，在很长的时间里被他的学生和同事引用。此外，他成功地向他的读者和学生们传递了他在大多数描述性部分里其实可以有更多的分析内容。他的这本开山之作在长达 20 余年的时间里一直是国内外营销领域的引领者。这本书还在 1929 年被翻译成日文出版。克拉克的第二部主要著作是与韦尔德合作完成的于 1932 年出版的《美国农产品营销》。这本书在多年时间里是农产品营销领域的领先教材和参考著作。

除了研究和著述外，克拉克还是一名出色的演讲者和教师。在长达 30 年的时间里，他培育了营销教师和营销经理，许多在营销界处于领导地位。他为他的学生们提供指导和独立工作的机会。克拉克充分利用自己在美国营销协会的身份，为他的学生牵线搭桥，创造与知名学者的合作机会。

除了担任全国知名企业的营销和销售管理咨询顾问，克拉克还因为其专家能力在美国国家复兴管理局任职。1944—1946 年，克拉克担任美国经济发展委员会的咨询顾问和委员会主席。

在克拉克去世后，人们用学术奖项来肯定这位营销先驱的贡献。1949 年，由于克拉克对于营销科学作出的卓越贡献，美国营销协会授予其保罗·D·肯沃斯奖。1953 年，克拉克入选波士顿分销大会分销名人堂。

资料来源：R. M. Clewett. Fred Emerson Clark，*Journal of Marketing*，Vol. XXII，No. 1，1957，pp. 1-2；Fred Emerson Clark. *Marketing Agricultural Products in the United States*. The Macmillan Company，1932.

二、布莱耶的贡献

克拉克的著作主要是基于对周围世界的观察，虽然也应用了一般的概念，但基本上没有抽象化。而随着拉尔夫·F·布莱耶（Ralph F. Breyer）的《营销机构》一书的出版，营销理论开始了朝向抽象化的显著改变。

布莱耶的营销理论并不是基于经济学的结构，而是基于一个物理学中描述电池中电的产生的类比。他把市场比作能量的来源，就像一个电池一样，拥有正极和负极。他把社会中的“生产”能力看作正极，这些元素创造有价值的产品和服务；类似地，顾客和他们的“消费能力”被看作负极，他们消费那些创造来满足购买者缺陷和需求的东西。在营销回路中“电流”可以被视为三种渠道流。一种渠道承载着从负极（消费者）到正极（生产者）的订单，另一种渠道承载着从正极（生产者）到负极（消费者）的产品，第三种渠道承载着相反方向的支付。布莱耶将包括职能、结构、空间、时间、成本和竞争等营销概念纳入他的范式当中。他的视野开阔，并将动态性置于营销机制的核心。市场并不是一开始就运行流畅，时间、空间和与生俱来的极不均衡的分布都会影响回路的物理特征。

布莱耶将其著作的核心章节用于探究营销行为，贯穿其中的是他的营销社会方面的概念。布莱耶将营销重新定义如下：

营销是一种用来实现不可或缺社会目的的经济机制工具；在劳动分工原则之下，营销所扮演的角色是将专业人员的过剩生产移动到缺乏的地区，以使社会能够支持自身。这就是营销的社会目标。

布莱耶的观点具有持久的价值，成为后来的宏观营销学者著作的一部分，这些学者包括奥德逊、菲斯克、迪克逊和威尔金森等人。奥德逊和布莱耶曾经是沃顿商学院的同事，很早就认识。奥德逊在其 1948 年与人合作的一篇论文中，指出了布莱耶在空间和时间、渠道成本和作为一种社会机制的营销概念等研究领域中的先驱性贡献。奥德逊在其博士生的研讨会中常常提到布莱耶，并推荐学生们阅读《营销机构》一书。

三、杜迪和莱夫赞的生物学类比

杜迪和莱夫赞的机构研究法延续了布莱耶将营销视为一种社会机制的精神，但和布莱耶不同的是，杜迪和莱夫赞使用了一种不同的类别方法作为他们研究范式的一部分。杜迪和莱夫赞于 1947 年出版了《营销：一种机构研究方法》一书，1953 年再版。

在这本书中，杜迪和莱夫赞的机构研究法基于生物学类比。虽然他们认识到这不是一个完美的类比，但他们在科普兰的建议中找到了佐证。科普兰在 1931 年指出，和其他社会科学一样，经济学具有生物学的特征，研究的都是人类这种生物体之间的群体关系。他们关注的焦点是在一个分销过程中，作为一种有机整体运行于各种各样营销结构的经济顺序。受美国制度经济学家的影响，他们从个体层面上升到企业、市场、行业层面，最终到作为整体的经济层面，他们指出行动是集体的而非个体的，群体行为塑造整体经济。

在杜迪和莱夫赞的分析中，个体消费并没有被忽视，但更多的是被放在群体情境下加以考虑。他们分析消费者行为的方法起始于作为基本决策单位的家庭。自我利益仍然是一种驱动力，但并不是压倒性的力量。合作而非竞争成为组织的基本原则。虽然杜迪和莱夫赞的分析存在不少缺陷，但却为后来的学者提供了一种不同的研究范式。

四、罗兰·S·范利等人的理论整合

罗兰·S·范利（Roland S. Vaile）、格雷瑟和考克斯在 1952 年出版的《美国经济中的营销》一书中，将系统的营销模型整合起来。他们扩展了克拉克的分类、收集和分散概念，并将布莱耶的“流”理论纳入到他们的范式当中。他们从指导与配置稀缺资源，使得消费具有动态性以适应我们服务人类需求能力的变化的方面来定义营销。他们指出：“我们相信学生应该被给予一种明确的理解，如营销为什么存在，营销在由公共企业和私人企业动态混合的美国经济中如何实现。他们必须有能力作出一些判断，关于营销执行社会和经济任务的状况。”

罗兰·S·范利、格雷瑟和考克斯将国际环境和跨地区贸易纳入营销当中。同时，他们也将营销实践同公共政策的起源和管理连接起来。尽管其他人已经探讨过公共政策的问题，但这些讨论将公共政策作为一种从外部影响营销的外部因素，而不是视作一种综合的现象。而他们则在其著作的第 14 章“营销的政府管制”中提出，在控制和引导经济活动中，政府是私人企业的一个积极的合作方。他们进而探讨了政府作为竞争者的其他角色。他们的《美国经济中的营销》对于宏观营销的发展具有重要的影响，提供了一种先前营销文献中没有讨论过的将营销与其他社会机制连接起来的开发良好的范式。

小百科

罗兰·S·范利

当罗兰·S·范利在 1955 年退休的时候，明尼苏达大学失去了一位杰出的教师、作者、管理者和学者。范利活跃的头脑和学术兴趣并不仅仅局限于营销领域。在他的授课、研究和写作中，他触及了令人惊叹的种类和数量的营销以及其他领域的问题。他具有一名先驱者和创新者的激情，也试图将事实和理论更好地整合。这些特征使他在南加利福尼亚州柑橘实验站的果园管理研究中脱颖而出。他1924年对柑橘产业的果园管理实践的研究被认为是当时最好的农业管理研究。他是在这一领域最早使用多样相关程序的学者之一。

罗兰·S·范利
(1889—1970)

他于1927年出版的《广告经济学》或许是他创新能力的最好例证。这部著作起源于他对于南加利福尼亚柑橘产业销售问题数年研究的经历。在范利之前，对于广告意义的讨论要么过于推崇要么零碎散乱。范利的著作则将理论和实证分析结合起来，而这也是他所有著作的特点。

在将近30年的时间里，范利在课堂上和著作中讨论了众多的营销重要方面和问题。他专著或者与人合著了不下20本著作和超过34篇发表在学术期刊和类似出版物上的论文。从1937年4月到1941年春天，范利担任《营销学报》的主编。他对《营销学报》的发展有很大的影响。

在许多年中，他参与到发展一种适合营销研究的更好理论和框架的讨论和努力当中。尽管他研究领域广泛，但基本导向是采取经济分析方法。他宣称，营销在使用适合的理论性经济工具方面，还有很长的一段路要走。

资料来源：E. T. Grether. Roland S. Vaile，*Journal of Marketing*，Vol. XX，No. 4，1956，pp. 333-335.

第2节 关于宏观营销定义的争论

虽然有越来越多的学者关注宏观营销问题，但对于宏观营销这个概念，不同的学者却有着不同的理解，在营销思想史上引起了一场旷日持久的争论。

一、宏观营销概念的提出

作为奥德逊、布莱耶和考克斯等人的学生，菲斯克在1967年出版的《营销系统》一书中区别于面向个体企业或家庭的微观营销，将宏观营销视为代表这些单位的总体。

另一种有代表性的观点则认为，宏观营销问题不像微观营销问题，应从社会的角度进行研究。这样，宏观营销即是指作为整个经济系统的基本因素的营销的集合。因而，营销就像其他经济系统，如收入分配（税收）、福利和生产力一样可以进行评判，至少可以在集合水平上进行评判。此外，营销应像其他经济系统一样有责任实现某种社会目标。

雷泽和凯利在 1969 年的论文中也共同指出应该更多地关注营销管理对于社会的影响，因为他们相信营销不应该狭隘地从个体利润的方面来理解，而应该置于更大的社会收益情景之下。巴特尔斯和詹金斯（Jenkins）在 1977 年发表在《营销学报》上的一篇题为《宏观营销》的文章中如此认识宏观营销："（宏观营销）意味着综合的营销……整体意义的营销过程和执行营销机构的总体机制。宏观营销意味着系统和成群的微观机构，如相对于他们个体组成单位的渠道、企业集团、行业和协会……宏观营销意味着微观营销的社会情景……意味着微观企业不可控的环境。"

二、区分宏观营销和微观营销的标准

到了 20 世纪 70 年代，为了进一步区别宏观营销和微观营销，一些学者提出了下列九个区分宏观营销和微观营销的标准：

（1）研究营销系统的是宏观营销。

（2）研究交换关系网络的是宏观营销。

（3）采取社会角度研究的是宏观营销。

（4）研究营销对社会影响结果的是宏观营销。

（5）研究社会对营销影响的是宏观营销。

（6）研究产业和营利性组织活动的以及采用个体利益角度研究的是微观营销。

（7）研究个体、非营利组织营销活动的是微观营销。

（8）采用个体企业研究角度的是微观营销。

（9）研究消费者营销活动的是微观营销。

总之，他们认为营销者能够通过宏观、微观营销分类的方式对营销现象、问题和研究进行分类，利用集合程度、观察角度和结果三个标准，通过加权理论模型彻底地对宏观营销进行研究分类。

三、《宏观营销学报》的应对

1977 年，第一届宏观营销会议召开，在这次会议上成立了宏观营销学会。1981 年，《宏观营销学报》创刊。和消费者行为学派一样，宏观营销会议和宏观营销学会提供了学者们表达观点和相互交流的机会，《宏观营销学报》提供了非微观营销研究这一新领域研究成果的发表渠道。但是宏观营销是什么，什么样的文章可以发表在《宏观营销学报》上，这是这个刚成立的学报所面临的首要问题。

《宏观营销学报》提倡采用两种方式来解决这一定义难题。其一是定义宏观营销不是什么。例如，它不是为家庭、商业和公共组织获取某种结果而决策。从这个方面来说，宏观营销既不属于营销管理学派也不属于政策导向学派。第二种方式是列出那些对较大社会范围有影响的营销行为的研究领域。这些领域主要包括：（1）作为生活供应技术的营销；（2）营销服务的生活物品的质量和数量；（3）分配经济资源的营销技术；（4）营销对社会产生的影响等。

四、亨特的宏观营销定义

目前最为营销学术界广泛接受的是亨特（Shelby D. Hunt）对于宏观营销的定义。亨特在1981年发表在《宏观营销学报》上的一篇题为《作为一个多维度概念的宏观营销》的论文中，将宏观营销定义为对于营销系统、营销系统对社会的影响和社会对营销系统的影响的研究。

亨特和伯内特（John J. Burnett）在1982年发表在《宏观营销学报》上的一篇题为《宏观营销—微观营销两分法：一种分类模型》的论文中，对于什么被纳入了宏观营销和什么应该被纳入宏观营销进行了广泛的检验。基于他们研究得到的定义，宏观营销应该包括以下其中之一甚至更多的内容：一种社会的视角，一种高层次的整合，营销对于社会的影响，社会对于营销的影响，任何涉及（集合层面）营销系统的研究。目前，《宏观营销学报》所包含的议题如下：竞争和市场；全球政策和环境；营销和发展；营销历史；生活质量，等等。

第3节 宏观营销学派的变迁

宏观营销学派从20世纪60年代登上历史舞台，到21世纪的今天，宏观营销学派已经经历半个多世纪的发展。以十年为一个发展阶段，可以对宏观营销学派的历史变迁做出一个清晰的梳理。

一、20世纪60年代的宏观营销研究

20世纪60年代宏观营销研究最为突出的特征是对于营销系统的研究。这其中的典型研究有：罗斯托（Walter H. Rostow）在1965年对营销在为农业革新建立必需和充分条件中的角色的强调，斯莱特（Charles C. Slater）在1965年对拉丁美洲食物营销系统发展的关注，托雷利（Hans B. Thorelli）1965年对于营销系统中的沟通问题的研究和考克斯1965年对于比较性营销系统的分析等。

当时的学者之所以会对营销系统产生如此浓厚的兴趣，要归功于当时营销学界领袖奥德逊的推动。奥德逊在1965年提出了功能主义理论，这个理论所关注的是如下问题：为什么社会需要一个营销系统？营销系统如何

运转？影响营销的环境性和制度性因素有哪些？营销和其他社会机制之间的边界在哪里？

尽管营销系统概念引起了学者们的重视，但在当时却很难找到一个关于营销系统的清晰阐述。菲斯克于 1967 年在其关于营销系统的专著中，提出使用一种通用的系统方法来研究营销系统，也即关注信息、商品、所有权、金钱的移动或流动和在这些流动中所伴随的风险。马特森（Lars-Gunnar Mattson）在 1969 年提出了一种类似的观点，指出一个营销系统的目的在于创造和维持生产系统和消费系统之间的流动。

除了这些关于国家营销系统的研究之外，还有一些学者探究了渠道系统。雷夫赞等人在 1961 年试图将不同的渠道分类，以使每种渠道内部都有高同质性。奥德逊在 1965 年提出采用一种功能主义的视角来构建有组织的行为系统的模型。除了对发达经济中营销系统进行考察之外，密歇根州立大学的一组营销学者在查尔斯·斯莱特的领导下，对拉丁美洲的食物营销系统进行了细致的实地调研，最终的调研报告由哈里森（Kelly M. Harrison）等人在 1974 年出版。尽管这次研究的直接目的是找到提高食物分销的效益和效率的方法，但是这种实证研究也为进一步的营销系统的理论和实证建模奠定了基础。

在罗兰·S·范利、格雷瑟和考克斯于 1952 年出版的《美国经济中的营销》基础上，考克斯、古德曼（Charles Schaffner Goodman）和菲钱德勒（Thomas C. Fichandler）在 1965 年出版了一部关于美国国家宏观营销系统的著作。这本书试图回答两个重要的问题：分销在一个高度发达的经济中占有多重要的地位？在美式生活中分销是如何有效地执行其任务的？

对于营销系统的兴趣不仅局限于美国。在瑞典斯德哥尔摩经济学院，马特森在 1969 年和他的同事对营销系统发展中的整合和效率进行积极的研究。在英国，霍尔（Margaret Hall）、纳普（John Knapp）和温斯滕（Christopher Winsten）在 1961 年对英国和美国的分销系统进行了比较研究。在澳大利亚，布里格斯（Douglas H. Briggs）和史迈斯（R. H. Smyth）在 1967 年发表了一项关于食品杂货店分销的研究。在日本，田岛义博（Yoshihiro Tajima）在 1965 年发表了对于在日本商品如何分销的详细分析，后来被苏厄德（Jack Seward）在 1971 年翻译成英文。在意大利，阿博特（J. C. Abbott）和他的同事在 1963 年、1968 年进行了如何在发展中国家提高食物营销系统生产率的研究。

二、20 世纪 70 年代的宏观营销研究

20 世纪 60 年代兴起的宏观营销研究在某种程度上是传统的商品—职能—机构研究法的顶峰。数年之后，美国营销学者的注意力从宏观议题开始转向微观层面的营销管理的研究，在 20 世纪 60 年代兴起的关于宏观营

销的跨学科研究迅速消退。

尽管对宏观营销研究的重视程度有所下降，但在20世纪70年代宏观营销还是取得了一些进步。巴克林（Bucklin）在1970年主编了一本有关垂直营销系统的书籍，其中包括渠道结构的分类、渠道中的权力与冲突、在美国社会中分销系统的相关性和有效性、渠道协调和经济发展等。格里格斯（John E. Griggs）在1970年根据密歇根大学在波多黎各收集到的数据，建立和检验了一个评价营销变革的系统模型。安德森（Erin Anderson）在1970年研究了泰国消费品的分销系统。

由查尔斯·斯莱特所领导的美国密歇根大学对拉丁美洲的调研在这时也已经完成，研究报告为了解波多黎各、累西腓（巴西）、拉巴斯（玻利维亚）、考卡流域（哥伦比亚）和哥斯达黎加的食物营销系统提供了详尽的知识。这项研究后来扩展到非洲，斯莱特等人在1979年使用渠道绘图技术和详细的实地调研数据，构建了复杂的计算机模型来模拟和研究莱索托（非洲国家）的食物系统。

1976年8月，第一届年度宏观营销研讨会在科罗拉多大学举办，这次研讨会的目的在于将具有从一种社会视角来研究营销的共同兴趣的学者聚集起来。这次研讨会的焦点在于从一种社会性视角来研究分销过程。但是在探讨这一问题之前，首先要做的是明确和识别宏观营销的边界问题，关于宏观营销定义争论的内容可以参考本章第2节。

三、20世纪80年代的宏观营销研究

到了20世纪80年代早期，宏观营销研究领域出现了许多新的研究课题。这些课题包括对于宏观营销哲学基础的关注、营销系统的理论和实证研究、比较营销和营销系统在经济发展中的角色、营销系统的产出、日益增长的对于营销活动的道德问题的兴趣等。

莫尼尔森（David D. Monieson）注意到了营销科学和营销实践之间的差距，提出宏观营销研究的学者应该在宏观营销中建立一种折中的传统。作为一门真正的社会科学，人类价值应该被纳入其中，这样宏观营销科学才能由人来引领并服务于人。亨特则认为在建立营销科学的过程中，理由和理性论述是不可或缺的。

在20世纪80年代，宏观营销学派出现了两种不同的研究走向。一种流派聚焦于实现一种对于个体、家庭和群体的消费体验的评论性的、整体的、根本的理解；而另一种流派则关注对于居于营销理论和实践中心的复杂系统的系统性的，常常是确定的、实证性的理解。

在这一时期，对环境影响的担心开始吸引宏观营销学派的关注。菲斯克在1981年《宏观营销学报》创刊词中强调“营销所服务的生活目标的质量和数量”是一个有许多工作要做的重要领域。追求更高的生活标准和改

善生活质量两者的权衡日益重要，日益引起学者们的关注。这一时期，学者们所关注的主要环境议题有循环利用、对社会负责的消费、消费模式的改变。

另一个引起学者关注的是营销的道德议题。迪克逊指出市场系统和道德系统一起运行，每个系统都由其固有动机所衍生而来。拉茨尼尔克（Gene R. Laczniak）1983 年讨论了三种在营销实践中强调道德议题会有帮助的道德框架。费雷尔,（O. C. Ferrell）等人 1989 年提出了一个综合的营销中的道德决策模型，一个混合个体和组织因素的整合模型。

四、20 世纪 90 年代的宏观营销研究

进入 20 世纪 90 年代，随着全球化的发展，全球性的消费文化也逐渐形成，社会、经济和文化因素日益引起人们的重视，这同样影响到了宏观营销的研究。营销学术界兴起了一种建立规范科学的研究潮流。米德（William K. Meade）和内森（Robert W. Nason）在 1991 年发表于《宏观营销学报》的一篇论文中提出了一个宏观营销的统一理论，将宏观营销定义为对于作为交换系统的成长、演化、设计的基础的复杂协调和控制过程的研究，他们指出这将会为统一早期的研究工作和聚焦实证研究提供一个丰富的概念框架。

然而，有趣的是，在 20 世纪 90 年代宏观营销学派的研究潮流迅速从形成一个整合理论和对系统的研究，转向了一种关注营销过程的更广泛影响的问题导向研究。这产生了对于环境议题的研究，比如可持续消费、通过逆向渠道的材料再循环以及政策相关问题的研究、惩罚性赔偿对于营销和社会的影响、发展中或转型经济中的营销等。

这种焦点的转变增强了学者们对于营销历史的兴趣。尽管从一开始历史性的研究就是宏观营销的一部分，两年一度的营销历史分析和研究大会的论文常常在《宏观营销学报》上发表，但是直到 1994 年《宏观营销学报》才有一个固定的历史板块。出现在这一板块的文章包括对于营销中工程隐喻使用的研究、19 世纪 90 年代沿街叫卖自行车现象、在俄罗斯联邦建立过程中瓦兰吉亚人的战士和商人双重身份角色、对德国威廉明妮零售营销中作为创新的百货店的研究。

问题导向研究法可以看作 20 世纪 90 年代最重要和最广泛的发展，对于理解一个消费文化的本质与效果和对生活质量的产出和衡量的兴趣迅速成长。关于生活质量研究的代表作有塞吉（M. Joseph Sirgy）等人对于健康系统方面的研究和奥维亚（Aaron C. Ahuvia）与弗里德曼（Douglas C. Friedman）对于财富和幸福的研究。这种研究兴趣导致了 1995 年生活质量研究国际协会的成立。对于文化和消费之间的相互关系不仅在宏观营销领域引起了持续的兴趣，也在经济社会学和经济人类学等相关领域引起了

关注。1999年，名为《消费、市场和文化》的期刊出版，标志着这一研究领域的成熟。

小资料

营销历史研究的历史

在关注营销与社会关系的同时，一些营销学者开始从历史的角度考察营销学，追问营销学的起源、成长和流变，希望能够从对营销历史的梳理中，归纳出具有启示意义的成果。在这种背景下，营销历史学派开始出现。

营销历史关注的是什么时候营销中的实践和技术、概念和理论被引入并随着时间而发展，以及它们彼此之间的相互影响。1930—1960年，营销中的历史研究考察了学科的发展过程以及零售与批发的历史，其中的主要代表人物有肯沃斯、李特曼、梅纳德、韦尔德和尼斯托姆等。霍奇基斯（Hotchkiss）1938年出版的《营销里程碑》一书，由于取材的范围和历史性视角而与其他早期营销历史著作区别开来。

在20世纪60年代，营销历史研究更多地关注将营销实践和理论的历史整合起来，出现了大量的成果，显示了这一学派的成长和成熟。然而，直到20世纪80年代初，在斯坦·霍兰德（Stan Hollander）的领导下，营销历史学派才真正被视作一个理论学派，被广泛认可。1983年，第一届北美营销历史研究研讨会在密歇根州立大学举办，并形成每两年举办一次的制度。20世纪90年代后期，北美营销历史研究研讨会更名为营销历史分析和研究会议（Conference on Historical Analysis and Research in Marketing，CHARM），CHARM促进了有关营销历史研究的学术著作的出版，在世界顶级学术期刊上发表的相关文章也越来越多，《宏观营销学报》甚至为营销历史研究提供了专门的版面。1999年，营销历史研究学会（Association for Historical Research in Marketing）正式成立，更大程度上促进了营销历史学派的发展。

资料来源：Eric H. Shaw and D. G. Brian Jones. A history of schools of marketing thought, *Marketing Theory*，2005，Vol. 5，No. 3，pp. 239-281.

五、21世纪的宏观营销研究

罗杰·A·莱顿（Roger A. Layton）和桑福德·格罗斯巴特（Sanford Grossbart）2006年在一篇发表于《宏观营销学报》的总结性的文章中提出了宏观营销研究在21世纪所面临的四类挑战性的问题：（1）竞争与市场。具体包括市场竞争的结果、非竞争与市场、市场的性质和角色。（2）营销伦理与分配公平。具体包括市场效率和不公平、评价营销社会风险时的道德和伦理议题、作为奉献和延迟满足的力量的营销。（3）营销与发展/全球政策与环境。具体包括作为一种和平与冲突力量的营销、国家发展中的营销与机制构建和失败、营销在不同社会和地区的适应性。(4) 生活质量。具体包括奉献、延迟满足和生活质量、代际间生活质量的权衡等。

通过梳理 21 世纪最初十余年发表在《宏观营销学报》上的学术文章，可以发现 21 世纪的宏观营销研究视角更加开阔，研究方法更为多样，呈现出以下重要趋势。

一是涌现了许多探究营销与可持续发展关系的文章。由于全球气候变暖、能源问题凸显、环境保护等问题在 21 世纪变得更为紧迫，因而许多学者开始关注消费主义与可持续发展、环境的可持续性、营销伦理和社会责任营销等问题。

二是宏观营销研究具有更为突出的全球化视角。这一方面体现在大量的研究文章开始关注发展中国家，尤其是中国、印度、越南、土耳其等新型工业化国家或者转型国家的宏观营销问题。另一方面则体现在学者们开始从全球化的视角来研究家庭消费决策和跨国企业行为。此外营销意识形态的全球化、发展中国家的营销发展历史也引起了学者的兴趣。

三是对于消费者的研究更加深入。除了围绕着消费者权益的研究之外，宏观营销学者还开始探究消费者参与生产、消费者与厂商合作这一逐渐普遍的营销现象。

四是信息技术对宏观营销的影响成为一个研究重点。计算机和互联网通信技术的日新月异，个人计算机和手机的普及极大地改变了消费者的生活方式和企业营销活动的实施环境，使得信息技术成为影响营销系统的一个重要因素，《宏观营销学报》为此甚至推出了专刊来探讨信息技术与营销的关系。

□ 思考题

1. 简述宏观营销学派所研究的主要问题。
2. 简述宏观营销学派先驱们的贡献。
3. 简述宏观营销概念的内涵和外延。
4. 简述区分宏观营销和微观营销的标准。
5. 简述宏观营销学派自 20 世纪 60 年代至今的发展变迁。

第 14 章

社会交换学派

营销中的社会交换学派所关心的主要问题是：谁是一个交换的参与者？参与者达成共识的动机是什么？交换的过程是怎样的？虽然从不同的理论角度进行研究的营销学者很早就知道营销的基本目的是便利买卖双方之间的交换，但直到 20 世纪 60 年代中期才有一群学者创立了社会交换学派。其代表人物有威廉·麦克伊内斯、马丁·W·麦尔斯（Martin W. Miles）、菲利普·科特勒、奥德逊等。

第 1 节　社会交换学派的产生

大多数营销理论家认为交换是营销的核心。亚当·斯密在其 1776 年出版的《国富论》一书中指出，劳动分工是群体和社会的基本组织原则，存在劳动分工就必然存在交换。由于交换在人类互动中的普遍性，营销思想家们提出了关于交换本质的问题。与营销管理学派和消费者行为学派中发生的范式扩展一样，社会交换学派也沿着两条相异的路径分为两支：传统的路径聚焦于营销交易（如购买和销售），扩展的路径基于一般交换或社会交换（如广义的给予或获取）。

一、布莱耶和康门斯的贡献

最早推动社会交换学派发展的是奥德逊和麦尔斯 1965 年的题为《交易和转位》的论文。他们提出交易是营销理论的基石。但是奥德逊其实是延伸了布莱耶 1934 年提出的购买——销售交易的概念。而布莱耶的概念则建立在康门斯 1924 年提出的“商业实践和合法依据”，康门斯认为营销并不是一种商品的交换，而是一种购买和销售。康门斯指出营销不仅仅是一种简单的用一样东西去交换另一样东西，市场交换涉及一种具有更大社会价值的机制过程。

二、奥德逊等的交换理论

奥德逊和麦尔斯的《交易和转位》最早对营销中的交换问题进行了深入的讨论。他们指出，交易是一个基础性的建筑组件，为构建一种更加严格类型的营销理论提供了可能性。奥德逊和麦尔斯进而将个体市场交易中的购买和销售概念扩展进一种市场转位理论。他们把市场转位（transvection）视为从最初的原材料销售者，经过所有的中间购买和销售环节，到达制成品的最终购买者的市场交易集合。合并一个给定地点（比如美国）在一个给定时期（比如说一年）的市场转位集合，就能够提供一个对于一个社会的总体营销过程的详尽描述。

尽管沿着这条路径后来又有一些补充性的发展，但奥德逊去世后，市场或者契约交换的概念逐渐被一般（或社会）交换所取代。也即，交换的焦点从它的渠道——转位的机制框架和契约导向的市场交易转变为不考虑内容的任何形式的人类交换，包括礼物赠与、为了政治许诺而交换的投票、为了拯救许诺而向宗教组织交换的捐赠等。

三、交换法则的提出

当产品和服务的制造者和使用者寻求通过交换来满足他们的需要时，市场便从人们的社会交换中产生。营销是一项实现并维系生产者和消费者的潜在交换关系的活动。其基本任务一直与市场相关。社会交换学派提出了交换法则来解释为什么双方决定进行交易。交换法则定义如下：

假定 x 是集合 A_1 的一个元素，y 是集合 A_2 的一个元素，当且仅当满足以下三个条件时，x 可与 y 交换：

（1）x 与 y 不同。

（2）集合 A_1 的力量能通过失去 x 得到 y 而加强。

（3）集合 A_2 的力量能通过失去 y 得到 x 而加强。

这一交换概念最重要的特征是交换者的感觉和偏好在决定交易过程中的关键作用。从决策者的立场上观察交换，我们可以说如果他认为该交换最好，则交换是最优的。类似地，若交换的另一方决策者也认为该交换最好，交换就是最优的。具体情况提供了交换的机会，双方可获得的替代物都不是无限的，仅局限于少数。个人必须以其对替代物的现有知识和按照其偏好的排序为指导进行决策。

第2节 一般交换概念的兴起

1972年，菲利普·科特勒在《营销学报》撰文提出了营销的一般概念，这篇文章在社会交换学派的发展史上具有标志性的意义，引发了一场蔓延整个营销学术界的大讨论。

一、科特勒的一般交换概念

在1972年的文章中，科特勒提出营销的核心概念是交易，交易是双方之间的价值交换。有价值的事物不仅局限于产品、服务和金钱，还包括其他的资源，如时间、精力和情感。菲利普·科特勒提出了四项必要但非充分的交换条件：

（1）至少要有两方。

（2）每一方都有对其他方而言有价值的东西。

（3）相互能够交流。

（4）可以接受或者拒绝交换。

为了进一步强调交易或交换是营销的核心的观点，菲利普·科特勒探讨了营销者怎样寻求方便地形成交换关系。他认为，营销是从目标市场中获得有价值的反应的特定观察方法。必须认清交换价值，营销计划也必须以交换价值为基础。营销者应试图发现一些方法，使人们在自由行动时，对获得和放弃之间的交换有更深刻的感知。营销者是理解人们的需要和价值、了解应该从哪些人获得什么的专家。

科特勒等人所提的一般交换（general exchange）涉及的是一些营销管理技术，特别是说服性沟通技术，是“如何”应用于一种非商业比如社会的、政治的、宗教的甚至是个人原因的情景下的。这种一般交换超出了利润动机或者经济价值，将包括信念、情感和意见交换在内的任何参与方之间的任何动机和任何价值纳入进来。

二、一般交换概念的发展

理查德·P·巴戈齐（Richard P. Bagozzi）在20世纪70年代进行了解释科特勒一般交换理论最为广泛的理论工作。他概念化了三个因变量——产出、体验和行动以及四个决定因素——社会影响、社会角色特征、社会偶然事件和第三方效应。遵循这种概念构建，巴戈齐通过一系列的结构方程来将其理论正式化。

巴戈齐的这种正式理论被费雷尔（Ferrell）和皮若奇奥尼（John

R. Perrachione）从以下几个方面加以批判。第一，巴戈齐的理论依赖于标准的经济学方程，但是他提出的经济学方程只有很少的经济学家能够进行实证检验。第二，巴戈齐只是重新提出了其他学科中的交换理论，并不足以成为营销交换的一种正式理论。第三，巴戈齐所开发的是一种概念框架和一些存在松散联系的函数方程。从本质而言，他们认为巴戈齐的概念和正式化之间并没有连接起来，巴戈齐在将其概念转变为正式理论的时候，一方面失去了概念的丰富性，另一方面正式化的经济最大化方程与营销行为缺乏相似性，不适用。

亨特试图提出一种更为科学的方法。他在 1983 年的论文中提出，营销是一门寻求解释交换关系的行为科学。从这一定义出发，亨特提出了在促进和完成交换过程中的四类基础性的研究议题：（1）购买者的行为。（2）销售者的行为。（3）出现购买者和销售者之间交换的机制框架。（4）前述三种行为对于社会的影响。亨特的四个议题避免了其他交换概念由于过度的包含（所有形式的交换）或者挑剔型的排除（市场交换的机制和社会环境）所遭遇的批评。

休斯敦（Franklin S. Houston）和加森海默（Jule B. Gassenheimer）1987 年提出将市场提供物的概念从"商品和服务"扩展到"想法、个性、组织、媒介交换、地点、体验交换和结果交换"。他们得出结论，交换可以并且应该作为营销理论的中心，围绕着这一中心其他营销思想连接并形成一个整合的结构。除了在渠道中移动的产品和服务之外，这一中心不论机制情景还是社会影响，都几乎涉及任何一对角色，因此显得除了说服性沟通之外并不要求用其他的营销理论来描述一个一般交换。

三、一般交换概念对营销学的贡献

和扩展的营销管理一样，对于一般交换同样存在一些批评。这种营销思想所面临的问题在于，由于没有独特的研究主题而使得学科边界模糊化。很明显，几乎所有的人类相互作用都会在某种程度上影响人们的情感或者意见。因此，谢斯和加勒特在 1986 年指出，营销学必须限制其自身与经济价值的交换，否则营销学很可能会与其他学科比如社会心理学和群体动力学相混同。拉茨尼尔克和米奇（Gene R. Laczniak and Donald A. Michie）在 1979 年举出了一些有关营销学主题模糊的例子，比如说结婚誓言的交换，一个重罪犯恳求减刑，朋友之间打电话等。在这些批评家看来，这些类型的交换将使得营销的主旨问题和学科边界模糊不清和难以理解。

尽管如此，到了 20 世纪 80 年代早期，这场引人注目的争论逐渐结束，社会交换赢得了胜利。新一代的营销学生将交换的一般概念作为教条来学习。现在，在营销思想的学生当中，营销的一般概念被认为是理所当然的，是一个被接受的强有力的概念。

此外，通过将营销应用于社会领域，没有其他的概念像一般交换概念这样在改变营销的大众认知中起到如此巨大的作用。许多营销学者都提到了在历史上营销者的低自尊。法默（Richard N. Farmer）1967 年的文章使用了这样一个题目：《你愿意你的女儿嫁给一位营销人员吗?》，在当时，这个问题的答案是一个响亮的“不”字，因为营销显得并不受人尊敬。毫无疑问，这一认知被扩展的营销管理和一般交换所改变。现在，在一个商业企业或者慈善组织里任职的营销者受到很高的评价。通过将营销的概念普及所有的目标、议题和情景，营销摆脱了恶名，受到高度赞扬。营销者负责招徕客户、病人和赞助人，为各种各样的缘由募集捐赠，通常被任命为发展主管，并因为他们的营销能力而受到称赞。

一般营销概念的积极意义在于赋予营销者一个受人尊敬的角色，而不再被认为是贪婪的或者不道德的。但另一方面，通过将营销实践扩展到几乎所有的社会活动，一般交换与营销学的历史的背景不相匹配。一般交换或许可以作为社会学或者社会心理学一般理论的基础，但是由于其排除了销售者和购买者、利润动机和经济评估等核心商业概念，很难设想可以将社会交换作为营销一般理论的中心。

□ 思考题

1. 简述社会交换学派所研究的主要问题。
2. 简述奥德逊和麦尔斯的交换理论。
3. 简述社会交换学派提出的交换法则的基本内容。
4. 简述科特勒的一般交换概念。
5. 简述一般交换概念对营销学的贡献。

第 3 篇

专题演进篇

第 15 章

营销量化研究的发展

马克思曾说：一门科学只有成功地运用数学时，才算达到了完善的地步。回顾营销科学的发展，尤其是数理方法在营销学中的导入历程，充分证实了马克思这一科学论断的预见性。

第 1 节　营销量化研究的兴起

19 世纪末期以来，自然科学、社会科学的发展推动了学术思想由定性的哲学理论概括到定量的具有广泛意义的科学思维方式的发展。科学认识的一般规律，往往都是先对研究对象进行定性的研究和描述，而后才进一步研究其量的规定性，进行定量的分析与计算。同时，也只有在精确地作了定量研究以后，才可更深入地认识事物的本质。

一、营销的科学与艺术之争

20 世纪 40 年代后期，曾有人提出，由于营销理论缺乏实证的研究、明确的概括和严整的理论，因而营销学很难成为一门具有科学性的学科。1945 年，保罗・D・肯沃斯在《营销学报》上发表了《营销科学的发展》一文，提出了营销学是否具有科学性的问题，开了营销思想史上长达 50 余年的“科学与艺术”之争的先河。虽然此后奥德逊、考克斯、范利等学者也参与了讨论，但直至 20 世纪 50 年代这一争论才真正白热化。

1951 年，巴特尔斯发表了《营销能成为科学吗?》一文。在对营销学的研究目标、科学的含义、当时的营销学研究状况进行了深入透彻的分析后，他指出，虽然有证据表明当时的营销研究运用了科学方法，但是营销学很显然缺少理论、原理与法则，因此尚不具备成为一门科学的资格；然而，通过持续的努力，营销学迟早会成为一门科学。

二、营销定量研究的兴起

事实上，20 世纪 50 年代之前的营销理论并非完全脱离定量研究。例如，会计知识一直是营销管理不可缺少的组成部分。在库存控制、定价、购销等营销职能中，数量经济学一直广泛应用。在营销调研中，人们经常借助各种统计方法来计算均值、方差、相关程度以及进行时间序列分析、指数求值等。另外，人们也时常借助各种曲线和图表来分析经济趋势。但总的来说，在 20 世纪 50 年代之前，数学、统计学、计量经济学等量化方法在营销研究中的应用还是十分有限的。

随着营销问题日益复杂化，营销决策对变量的控制要求也不断提高。与此同时，出现了数学语言和数学建模理论，从而推动了营销理论结构的演变。这种发展起源于第二次世界大战期间运筹学在军事方面（主要是后勤和运输）的应用及其启示。

第二次世界大战后，人们不断寻求运筹学新的应用领域。20 世纪 50 年代中期，运筹学成功地运用到会计、财务、生产等企业管理领域。正如恩格斯所说：和其他所有科学一样，数学是从人们的实际需要中产生的。数学建模，也是源于生活生产以及营销、消费中的问题，运用数学思想、方法和知识将它抽象成一个数学模型，然后用各种手段把模型求解并应用到实际中去检验，它是沟通理论和实际运用的桥梁和途径。营销管理运用运筹学始于 20 世纪 60 年代。自此，数学决策模型开始广泛地应用于营销研究、教学和实践活动中。

三、营销定量研究的发展

由于许多早期营销研究者不具有高等数学知识，致使数学在营销方面的应用和发展十分缓慢。但在 1959—1960 年间出现了一个重大的转机，当时福特基金会赞助哈佛商学院应用数学研究所开展一项交叉学科研究项目，参加人员是来自经济和商业（包括营销）领域的学者，正是这些学者将数学引入营销理论的研究中。他们借助数学建模，将现实问题“翻译”成数学语言，然后利用计算机将实际问题解决并得到实践的检验。

罗伯特·D·巴泽尔（Robert D. Buzzell）就是这样一位营销学教授。他在 1964 年发表了一篇论文，阐释了 20 世纪 50 年代和 60 年代初营销模型广泛使用的部分原因：（1）运筹学试图寻找新的应用领域。（2）人们预感到营销学需要有实证分析。（3）营销决策传统方法难以令人满意。（4）营销调研在企业中的地位不断提高。（5）数学模型在指导企业市场竞争方面的潜在价值日益显现。(6) 运用数学模型有助于提高营销学的学术地位。

然而，在 20 世纪 60 年代初期，应用数学模型的营销学著作寥寥无几，而且已有模型主要是用于市场调研、媒体规划、销售人员配置、销售预测、存货控制等。此外，人们认为营销模型难以推广，因为营销学研究的问题与众不同。许多问题属于行为科学的问题，即与公司外部环境有关（如顾客、供应商和竞争对手等），而行为关系一般难以测量，有些因素根本就无法观测。巴泽尔认为，营销模型特别适用于营销领域中的产品决策、定价决策、促销决策、信用决策、营销渠道和物流决策等。

1968 年，弗兰克·M·巴斯（Frank M. Bass）、查尔斯·W·金（Charles W. King）和埃德加·A·佩西米尔（Edgar A. Pessemier）共同编辑出版了一部文集，展示了营销领域中的最新研究成果，主要包括三个领域：消费者行为模型，消费者行为理论，营销管理中的经验模型与模拟模型。

在整个 20 世纪 60 年代，关于营销定量研究的文章在内容上并没有实质性突破。从一开始，只有三个主题被人们所关注：将数量方法引入营销中的合理性；营销数量方法的相关技术；相关技术在营销中的作用。1971 年，乔治·S·戴（George S. Day）和伦纳德·J·帕森斯（Leonard J. Parsons）合著的《营销模型：数量应用方法》一书也没有重大突破，主要论述了与营销有关的量化技术的范围，包括决策最优化模型、回归分析、随机过程模型、单因素与多因素分析、贝叶斯决策理论、实验设计模拟等。营销定量研究陷入了瓶颈，等待着后来学者的突破。

第 2 节　营销决策模型的研究应用

量化对营销的贡献在于说明了营销理论的对象及方法，利用抽象的语言和变量实现了思维过程的形象化。它用一定的变量和模型来表示营销中的一些本质概念及相关关系，再对这些变量和模型进行数学分析，从而反映营销现实。营销决策模型是为了一个特定的研究目的，应用现实的程式化表述来探索和解决营销问题的一种模型。营销决策模型往往是基于企业的现实营销问题，即具有特定研究目的，通过一定表现形式对问题的核心方面进行抽象建模来辅助决策。

一、营销决策模型的大规模研究应用

总体上看，营销决策模型的大规模研究应用始于 20 世纪 60 年代。有三个主要因素发挥着重要作用。

首先是电子计算机的导入。在此期间电子计算机开始进入企业机构，尽管主要用于生产、运作、发放工资、往来账目等基础数据的处理和行政

管理，但是很快营销人员就意识到了信息技术对营销决策的潜在价值，尤其是信息技术使得企业决策所需要的营销数据更易获得。数据好比决策分析的催化剂，有了数据才好开展分析，而分析又需要有适当的工具。这样，随着数据越来越容易获得，企业对营销决策模型的需求日益迫切起来。数学模型就是一种用量化、数学的方法来分析营销现象和解决营销问题的模型。通过数学模型的模拟运算，可为使用者提供不同自变量下的模拟结果，从而为企业筛选和优化营销方案提供极大便利。通过数学模型来构建营销决策模型，也为决策模型的计算机实现提供了可能。

其次是管理科学化的推进。在此期间，企业管理者正肩负着向管理科学化转变的历史使命，即由以往凭经验判断进行日常管理转变为以行为科学、社会科学、统计学甚至科学实验等科学的理论和方法为基础，实行科学管理。各大商学院的营销学者也致力于运用分析方法研究营销问题，而分析方法的应用无疑给决策模型带来了更多的机会。

最后是运筹学的兴盛。20 世纪 60 年代是运筹学、管理科学的兴盛时期。如上所述，第二次世界大战期间，运筹学者热衷于借助数学手段解决军队后期保障和运输问题。第二次世界大战后，运筹学者借助模型构建和优化方法处理形形色色的社会问题。运筹学、管理科学在企业经营中的重要性日益凸显。因此，营销决策模型在企业得以广泛运用就成为顺理成章的事了。

二、营销决策模型的发展历程

回顾营销决策模型的发展历程，大致可以分为五个阶段。

（1）起步阶段（1960—1969 年）。用来解决营销问题的数学模型，最早始见于微观经济学文献，最为著名的是营销组合最佳模型（即多夫曼-斯坦纳模型）。20 世纪 60 年代后期，借助运筹学技术分析解决营销问题渐成潮流。线性规划、马尔科夫模型、仿真技术、博弈论等是人们常用的工具。还有学者将运筹学方法和贝叶斯法则结合起来，研究解决不确定性环境下的营销决策问题。贝叶斯法则是概率统计中的应用所观察到的现象对有关概率分布的主观判断（即先验概率）进行修正的标准方法。

（2）黄金年代阶段（1970—1979 年）。在此期间，营销模型的研究逐渐形成风气，提出的模型数量呈几何指数增长。更为重要的是，营销决策模型形成了自己的完整体系。用模型构建来描述营销现象和营销问题，简直就成了一种时尚，而不管运筹学技术能否解决实际问题。学者们借助随机模型、营销组合模型、市场反应模型、归类营销决策模型等，研究单个顾客行为等营销问题。关于营销组合的模型大量问世，人们尤其感兴趣的是如何通过建模来表述特定营销组合因素与市场反应模型的关系，如何借助经验数据来估计相关的反应函数。为了解决这些问题，学者们纷纷采用了计量经济学方法。值得一提的是，在此期间出现了“营销决策支持系统”，在抽象的营销模型和现实的营销决策之间搭建了一座桥梁。对于促进营销模型在营销决策实践中的应用，发挥了十分重要的作用。

（3）通用化阶段（1980—1989 年）。市场反应模型的问世，引起企业界和学术界的极大关注。人们纷纷要求对该模型进行足够的实证研究，以确保模型的通用性。20 世纪 80 年代后期，营销知识逐渐成为一个热门话题。企业借助人工智能和计算机科学技术，用计算机存储营销知识，改善营销决策。由此也促进了学术界对营销工具（尤其是价格和广告）元分析以及联合分析的关注。联合分析是用于评估不同属性对消费者的相对重要性，以及不同属性水平给消费者带来的效用的统计分析方法。联合分析始于消费者对产品或服务（刺激物）的总体偏好判断（渴望程度评分、购买意向、偏好排序等），从消费者对不同属性及其水平组成的产品的总体评价（权衡），可以得到联合分析所需要的信息。学者们借助知识管理、营销决策支持系统、营销组合效应元分析、营销知识模型和专家系统等研究解决营销问题。

（4）营销信息革命阶段（1990—1999 年）。在这一阶段，学者们借助元分析模型、人工智能、计算机科学、数据挖掘、基于扫描数据的消费者选择模型、格式化理论模型、神经网络系统和数据挖掘等方法，研究消费者选择模型、销售促进模型等，解决消费者品牌转换、推销员报酬、存货控制、定价决策、渠道决策等营销问题。

（5）客户中心阶段（2000 年至今）。进入 21 世纪，单个顾客成为分析的基本单元。信息技术的发展和在线营销的应用，产生了更多的客户关系管理（CRM）数据、点击流量数据和电子商务数据，企业借此也建立了足够规模的顾客数据库。而这些数据库又成为客户关系管理系统的一个重要组成部分。学者们致力于研究客户获取和维持模型、客户关系管理模型、顾客背弃预测模型、客户生命周期价值模型、电子商务模型等，致力于为特定营销活动选择适当的客户，进行更加高效的客户关系管理。

三、营销决策模型的作用和局限

荷兰学者贝伦德·维伦加（Berend Wierenga）在其 2008 年主编的《营销决策模型》一书中，对营销决策模型的地位进行了意味深长的比喻。他说：营销决策模型领域就好比是一条江河，万涓溪流源自 20 世纪 60 年代，逐渐汇成江河，经济学、心理学、计量经济学、运筹学、信息技术和人工智能属于江河的上游。到 70 年代，营销决策模型就好比河床形成一样基本建立了自己的体系，营销决策模型的外围环境就是营销学本身。自此以后，河流逐渐开阔、拓宽。随着时间的推移，汇入更多的支流，迄今已形成令人叹为观止的奔腾不息的江河。江河的下游就是陆续问世的营销科学文献和日趋成熟的营销管理实践。

毫无疑问，无论是应对全球经济危机，还是培育企业核心能力，营销决策模型势必发挥无可替代的重要作用。但是，对于这些模型也不能过分迷信。理论一定要联系实际，才能充分发挥其应有的作用。爱因斯坦曾经说过："数学，人类纯思维的结晶，完全脱离于现实经验，怎么可能如此完美地适合物理世界的物体呢?"确实，数学不能独立于现实而存在。应看到，以数学模型为主来构建营销决策模型时，也会存在一定局限性。例如，对具体营销问题进行抽象建模时，势必提出明确的假设，在假设基础上来建立模型研究营销问题。因此，营销决策模型并非现实问题的完全写照，而是在对某些因素加以限制基础上的理想化模型。所以，使用过程中应认识到营销决策模型的局限性。

□ 思考题

1. 简述分析营销定量研究兴起的原因。
2. 简述营销决策模型在 20 世纪 60 年代得到大规模研究应用的原因。
3. 简述营销决策模型的发展历程。
4. 简述营销决策模型的作用和局限。
5. 如何认识营销的科学性与艺术性。

第 16 章

国际营销的发展

随着世界各国之间贸易往来的日益频繁和深入，特别是受全球化的推动，国际市场的营销问题日益突出，一些学者关注国际营销问题，促进了国际营销这一营销学分支学科的产生和发展。

第 1 节 国际营销的先驱

学术界对国际营销学的研究始于 20 世纪初。当时，用来描述营销的术语不是 marketing，而是 commerce，trade，merchandising，distribution 等。美国学者乔治·M·费斯克和西蒙·李特曼既是营销学的先驱，也是较早开展国际营销学研究与教学的学者。

一、费斯克的国际营销学说

费斯克是北美最早教授营销学课程的学者之一，早在 1902 年他就在伊利诺伊大学讲授营销学课程。他早年求学的足迹遍布世界各地。一开始是在约翰·霍普金斯大学、宾夕法尼亚大学读书，后来又到黑尔、柏林、慕尼黑、伦敦、巴黎、日内瓦、布鲁塞尔求学。1896 年，他在慕尼黑大学获得政治经济博士学位。

从 1897 年到 1900 年，费斯克在柏林的美国大使馆担任秘书，他的上司是安德烈·D·怀特（Andrew D. White）大使。1907 年费斯克出版的《国际商务政策》(International Commerce Policies) 一书可以看作最早的国际营销论著。该书扉页上写着：谨以此书献给安德烈·D·怀特大使。由此可见在大使馆工作的这段经历以及怀特大使对其的学术事业影响之重要和深远。

《国际商务政策》重点阐述了自由贸易和经济保护主义的政策问题。但值得注意的是，从该书的内容看，它实质上是一部国际营销学论著，尽管没有用国际营销（international marketing）这个词，而用的是国际商务（international commerce）。开宗明义，该书就对国际商务作了界定，指出商务（commerce）就是创造时间效用、地点效用和数量效用，商务活动的代理人是商人，商务活动针对货物、商品或产品（goods，commodities，merchandise，wares，or products）等物质而展开。由此可以看出，费斯克所写的正是一部国际营销学论著。

一些学者虽承认费斯克所阐述的是早期的国际贸易理论，但不承认费斯克所描述的国际商务就是实际上的国际营销。然而，事实是，虽然费斯克的论著用的是国际商务的名义，但实质是论述的国际营销问题。该书以营销为导向，解释了商务实践活动，论证了营销实践的基本规范。下面这段引文就可以作为佐证。

"制造出的货物必须根据消费者所需要的品种和数量分销到消费者能够发现的地方。这种在最初生产者和最终消费者之间起桥梁作用的，创造必要的时间效用、空间效用和数量效用的经济学分支，就是商务。"

毫无疑问，费斯克早在20世纪初撰写的商务著作，也就是今天我们所理解的营销理论。换言之，他所说的国际商务（international commerce）也就是今天的国际营销（international marketing）。

特伦斯·尼维特（Terence Nevett）曾指出，"对早期营销学教育的研究发现，commerce一词专指国际营销，它将国家间的商品交易和国内贸易（trade）区别开来"。费斯克也在其著作中指出："commerce和trade通常是一个意思，但前者常指国家间的贸易往来，而后者多指国内的商品交易。谈到国外贸易、对外贸易或跨国的贸易关系，多用commerce一词。谈到单个商人的批发贸易或零售贸易，多用trade一词。trade是指批发或者零售，零售是将商品销售给最终消费者，批发则指除了最终消费者其他各环节之间的商品交易。"

然而，费斯克所研究的主要是营销的国际政治环境，而不是国际营销技术问题。他的论著对国际营销学的教育和发展起到了奠基的作用，以此为起点，开启了国际营销学教学和研究的历史。

二、李特曼的国际营销学说

西蒙·李特曼是与费斯克同时代的营销先驱，他也是北美率先讲授营销学课程的学者之一，1902—1903年曾在加利福尼亚大学任教。李特曼的教育背景与费斯克很相似，只是国际化倾向更明显一些。他在俄罗斯长大，曾进入商校学习。当他的家族所经营的纺织业进入美国之后，他也移居美国。后来，他又到巴黎、慕尼黑、苏黎世攻读政治学和经济学。1901 年，他在苏黎世大学获得政治经济博士学位，并于同年受聘任教于加利福尼亚大学。

李特曼 1907 年开始发表有关国际贸易和国际营销的论著。在 1906 年美国发生大地震之后，他写了一些旨在推动旧金山城市重建过程中的港务发展的论文，如《众国贸易之地》（1906 年）、《作为国际航运港的旧金山》（1908 年）等。其国际营销代表作是《国际商务机制与技术》（Mechanism and Technique of International Commerce）的手稿，该书的写作起始于 1907 年，论述了大量的国际营销问题。尽管没有正式出版，但却为《国际贸易概论》（Essentials of International Trade）的出版奠定了基础。后者出版于 1923 年，从该书的章节目录看，涉及批发贸易、仓储业、零售贸易、百货商店、合作分销、商业竞争等标题，基本上是李特曼在伊利诺伊大学讲授的"商务机制与技术"这门课程的内容。其中与营销联系密切的章节条目包括：批发与零售业，邮购商业的影响，商人竞争的不同领域，有利地址的选取，必要资本与贷款的获得，合格雇员的招聘，优势供应来源的确定，与竞争对手争夺客户，降价促销，产品的质量效应，富有吸引力的广告，商店的便利，免费送货，广告，生产性产品与消费性产品，制成品的广告批量，广告媒体与方法，各种媒体的比较价值，现代企业的广告目的及其重要性等营销问题。

尽管在 1907 年很少有涉及"营销"这个标题的教材，但是很明显，营销是当时李特曼学术思想的焦点或核心。而且，为了阐明其学术思想，他在《国际商务机制与技术》中大量收录了国际营销的案例，诸如莱比锡和诺夫哥罗德的商品交易会、伦敦和安特卫普的拍卖会、维也纳贸易博物馆等。此外，还列举了巴黎的市场，英格兰商会，美国商会，伦敦、布鲁塞尔和维也纳的商业博物馆等。

这部没有正式出版的《国际商务机制与技术》向我们展示了这样一个事实：远在国际营销学的教材出版之前，国际营销的思想、理念就早已存在。这些早期的国际营销思想构成了 1910 年前后伊利诺伊大学国际营销课程的基础。由此，也提醒我们，大学课程的发展也是国际营销思想演变的一个重要方面。

小百科

西蒙·李特曼

西蒙·李特曼 1873 年 10 月 13 日出生于俄国的敖德萨（现属于乌克兰）。西蒙的父亲雅各布是一名成功的纺织企业主，拥有一家位于俄国切松附近的羊毛处理工厂。雅各布从牧民那里收购羊毛，在工厂里清洗和打包，然后运送到国际市场。这要求雅各布频繁地出差。雅各布在这种国际贸易中获益颇丰。这对于后来一生致力于国际营销研究的西蒙而言是重要的早期影响。

家族生意的成功为李特曼家提供了一种相对优越的生活。还是孩子的时候，西蒙学习弹钢琴，他的父母常带他去歌剧院。家庭图书馆藏有的几千卷书籍，成为西蒙教育的一部分。除了他的母语俄语之外，西蒙精通英语、法语、德语。可能与家庭经商有关，西蒙进入敖德萨商业学院读书并于 1892 年毕业。

在西蒙大学毕业后不久，李特曼家族就移民到了美国。据西蒙自己介绍，这次移民的原因是为了躲避迫害。作为一名犹太人和成功的商人，在 19 世纪晚期的俄国，雅克布·李特曼遭受的歧视比他所应对的交易要多。和其他东欧犹太人一起，他们移民到美国，在纽约定居，并很快开了一家属于他们自己的零售服装店。之后，由于生意失败，西蒙的父母不得不返回俄国，但是西蒙和哥哥却留在了纽约。之后，西蒙又到巴黎、慕尼黑、苏黎世攻读政治学和经济学。1901 年，他在苏黎世大学获得政治经济博士学位，并于同年受聘任教于加利福尼亚大学，从此开始了他献身国际营销的执教生涯。

资料来源：D. G. Brian Jones. Simon Litman（1873—1965）：Pioneer marketing scholar，*Marketing Theory*，Vol. 4，No. 4，2004，pp. 343-360.

第 2 节 国际营销的发展和传播

1922 年，摩法特（J. E. Moffat）经过对 50 多家美国大学的调查发现，1917 年以来，许多大学都开设了对外贸易课程，更有甚者，还有一家大学早在世纪之交就开设了这门课程。这些课程都在某种程度上涉及国际营销问题。

一、伊利诺伊大学的国际营销课程

伊利诺伊大学早期的国际营销学课程是很值得称道的，原因就在于费斯克和李特曼这两位营销学巨擘都曾在这里工作过。他们有着相似的成长历程和教育背景，二人对于营销学的贡献可谓有口皆碑。

费斯克因早在 1902 年就为伊利诺伊大学讲授营销学课程而享誉学术界，当时的课程名称为“国内商务与商业政策”。内容涉及各种商务组织形式的对比描述，例如：一般批发贸易、零售贸易、百货商店、合作社、合伙商店、叫卖商贩、小摊贩、拍卖行、商务代理、商务旅行、奖券制度等。此外，还涉及对市场、展销会、股市交易、产品交易、贸易公司、商业职业技术学校的描述。

为了配合“国内商务与商业政策”这门课的教学，1902 年，该校还开设了一门辅修课程“对外商务与商业政策”，也由费斯克讲授。该课程实际上是国内营销学课程的国际化，阐述了各种不同的商务体系，如个体商人、自由贸易的商人、贸易保护的商人等；介绍了各种不同的关税、贸易条约、互惠贸易，以及出口贸易相关机构（如贸易博物馆、新闻局、样品室等）。由此可见，在率先开设营销学课程的同时，伊利诺伊大学也开设了国际营销学课程。费斯克 1907 年离开该校后，早在 1903 年就在加利福尼亚大学讲授营销学的李特曼前来继任。

二、哈佛商学院和皇后大学的国际营销课程

哈佛商学院于 1915 年开设了“对外商务”及相关课程，主讲教师有保罗·切林顿、赛丁·马丁（Seldin Martin）和梅尔文·科普兰。他们在教学中提出了如下观点：生产出的产品不仅要考虑推销出去，而且更要考虑消费者的需求以及如何进行分销；美国和其他国家的销售方式存在差异，充分认识这种差异，是十分重要的。由此可见，当时的学者就已经注意到不同国家的营销技术和方法。

从加拿大的情况看，1919 年皇后大学首次开设商务学学士学位课程，在参照哈佛大学和芝加哥大学的相关课程设置后，率先开设了营销学课程。该课程分为国内营销学和国际营销学。其中国际营销学由克拉克（W. C. Clark）讲授。他毕业于哈佛大学，而且是皇后大学商学课程的主要创立者。在 1926—1946 年间，对外商务学一度在皇后大学居于非常重要的地位，该校 495 名毕业生中，有 7%的人的毕业论文涉及国际营销问题。

三、国际营销学的发展和成熟

第二次世界大战之后，国际分工逐渐深化，国际经济交往日益频繁，合作范围不断扩大。国际经济的这些变化，对营销理论提出了新的要求。20 世纪 50 年代初，一些营销学家开始把现代营销理论应用于出口贸易。这方面的代表人物是爱德华·E·普拉特（Edward E. Pratt）。他在 1956 年出版的著作中把出口活动的研究正式冠名为“出口营销学”。从经济学角度研究国外商业的哈罗德·J·赫克（Harold J. Heck）也有同样的主张。虽然早在 20 世纪 20 年代就有人从营销学的角度研究出口贸易，但只有到了 50 年代出口营销才受到西方学术界的普遍重视。

20 世纪 50 年代末和 60 年代初，学术界开始运用已经较为成熟的营销理论来解释国际经济活动中的一些问题。经过总结、加工、整理，这些知识便形成了国际营销理论。最初把国际营销理论系统化的学者是克雷默（R. L. Kramer）。克雷默指出：“现在是我们采用国际企业、国际经营、国际营销等术语的时候了，那些陈旧的术语（指出口营销等）已经不合时宜

了。”豪·马丁（Howe Martyn）对国际企业有关经营、管理、组织以及对社会的影响等方面的理论，进行了系统整理，为国际营销理论的发展做出了突出的贡献。

20世纪70年代以后，国际营销理论体系趋于成熟。一般认为，美国科罗拉多大学菲利普·R·凯特奥拉（Philip R. Cateora）所著《国际营销学》是这门学科的代表作。探讨企业国际营销的学术论文也大量问世。

四、国际营销学的全球传播

1982年6月，来自欧洲和北美的国际营销学家汇聚荷兰商学院，对国际营销学所面临的理论与实践问题进行了广泛的研讨。这次会议奠定了国际营销学的全球性地位。1984年7—9月，美国密执安大学沃恩·特普斯特拉（Vern Terpstra）在中国工业科技管理大连培训中心讲授国际营销学。这是国际营销理论在中国的首次正式传播，尽管在此之前已有相关书刊传入中国，但一直没有引起人们的普遍重视。1991年，特普斯特拉的著作由郭国庆翻译出版。20世纪80年代中后期，有关国际营销环境、国际营销组合策略、国际营销与国际贸易的关系、国际营销学发展趋势等问题的论文著作在中国国内陆续问世，极大地促进了国际营销学在中国的传播。

□ 思考题

1. 简述和评价费斯克的国际营销学说。
2. 简述和评价李特曼的国际营销学说。
3. 简述伊利诺伊大学的国际营销课程内容。
4. 简述哈佛商学院和皇后大学的国际营销课程内容。
5. 简述国际营销学的发展和成熟过程。
6. 简述国际营销学的全球传播过程。

第 17 章

服务营销的发展

20 世纪中期以来，世界经济结构发生了深刻的变革，自工业革命以来长期占据主导地位的制造业在西方国家国民经济中的比例日渐减少，作用日渐削弱，而各类新兴的、门类繁多的服务部门蓬勃发展，服务产品的营销问题日益突出，服务营销思想和服务营销理论应运而生。

第 1 节　服务营销的兴起和发展

1965 年，美国经济学家富克斯（V. Fuchs）在发表的一篇论文中指出，美国已经首先进入了经济发展的一个新阶段，处在“服务经济”之中，即在世界历史上美国第一个成为这样的国家，其中一半以上的就业人口不再从事食品、服装、住房、汽车和其他有形产品的生产。

随着服务业的飞速发展，服务业增加值和服务业就业人数不断增加，全球经济开始进入服务经济时代。在这种历史背景下，传统的关注农产品和工业产品的营销问题的营销思想和理论已经很难适应服务业营销实践的要求，越来越多的学者开始关注服务营销这个日益凸显的主题。

一、服务营销的兴起

1966 年，美国的约翰·拉斯摩（John Rathmall）教授首次对无形服务与有形产品进行了区分，提出要以非传统的方法研究服务的营销问题。1974 年，由约翰·拉斯摩撰写的第一本论述服务营销的专著在美国出版，标志着服务营销学的产生。

对服务问题进行专门研究的学者大致可分为两个学派：一类是以帕拉

苏拉曼（Parasuraman）、泽斯梅尔（Zeithaml）、贝利（Berry）（习称 PZB）为代表的北美学派，注重营销理论的体系；另一类则是以营销的视角来研究服务问题，以北欧学派为代表。他们根据营销活动中的服务、服务产出和服务传递过程的特性，进行了大量卓有成效的研究，提出了一系列有别于传统营销研究模式的新的模型、概念和工具，并把这些研究成果归类为“服务营销”。北欧学派的代表人物有克里斯蒂安·格罗鲁斯和詹姆斯·L·赫斯科特（James L. Heskett）。

小百科

克里斯蒂安·格罗鲁斯

克里斯蒂安·格罗鲁斯是服务营销研究领域里最早也是最为出色的开拓者之一。他的理论在两个方面做出了突出的贡献：第一，他以更为深刻和全面的目光考察了服务营销，他的目标是从整体上建立服务营销的理论框架。第二，他的理论概念明确，逻辑清晰，对服务营销和管理体系的各个因素给出了严密的定义，阐述了各个因素之间的因果关系。

克里斯蒂安·格罗鲁斯是服务管理与营销研究领域北欧学派的代表人物，他和詹姆斯·L·赫斯科特一起形成了服务营销的北欧学派，一个非常重要的观点是营销决策是整个有机管理体系中不可分割的组成部分，不管是高层的管理决策还是一般性的决策，都必须充分考虑这种决策可能产生的后果，即必须考虑顾客和市场的反应。从研究的特点来说，北欧学派倡导定量和理论框架的研究方法，而不是沉迷于无休止的理论争论。他们还坚持这样一个观点：只有研究的理论框架是正确的，对理论的检验才可能是科学的。如果理论框架不正确，那么，定量研究是不可靠的。因为这些框架为理论的发展提供了新的视角和前提条件。

二、20 世纪六七十年代的服务营销

这一阶段是服务营销的脱胎阶段。这一阶段是服务营销学刚从营销学中脱胎而出的时期，主要研究服务与产业用品或消费品的异同，以及服务营销学与营销学研究角度的差异，并试图界定大多数服务所共有的特征。

1977 年，G·林恩·肖斯塔克（G. Lynn Shostack）在《营销学报》上撰文，阐述了她对服务营销的独特见解。她认为，服务营销应从产品营销思路的束缚中解脱出来。肯尼斯·P·尤尔（Kenneth P. Uhl）和格雷高里·D·乌帕（Gregory D. Upah）对产品和服务进行了较为严格的区分，指出两者之间有四个显著差异：（1）产品有形，服务无形；（2）产品可以储存，而服务具有易逝性；（3）产品能运输，服务则不能；（4）产品能大

量销售，服务相对于不同对象会有所不同。

为了进一步明确服务营销的研究范围，克里斯托夫·洛夫洛克（Christopher Lovelock）提出了五个用以区别产品营销的标准：（1）服务行为的本质是什么？（2）服务组织与顾客之间的关系怎样？（3）从服务的供给讲，服务的规范性有多大以及判别标准有多少？（4）服务的供求特点是什么？（5）服务是如何传递的？通过解决这五个问题，服务营销的特点就会自然形成。

三、20 世纪 80 年代上半期的服务营销

这一阶段的服务营销处于理论探索阶段。在前一阶段的基础上，这一阶段主要探讨服务的特征如何影响顾客的购买行为，尤其集中于顾客对服务的特质、优缺点以及潜在的购买风险的评估，其中以 1981 年瓦拉里·A·泽斯梅尔在美国营销协会学术会议上发表的《顾客评估服务如何有别于评估有形产品》一文为这方面的压卷之作。

不少营销学者还专门探讨如何根据服务的特征将其划分为不同的种类。他们认为，不同种类的服务需要营销人员运用不同的营销战略来进行推广。比如，肖斯塔克根据产品从有形向无形的变化过程来区分服务，提出了“有形—无形谱系图”（tangible-intangible continuum）；蔡斯以“高卷入与低卷入服务生产过程”的高低程度划分服务；贝利利用“不可感知性”的程度与“服务是否为顾客量身定做”对服务进行分类；而洛夫洛克则根据服务的生产过程、会员制度以人提供服务或者是以机器提供服务等不同的变量，提出多种区分服务的方法。

此外，在这一阶段，美国的服务营销学者在亚利桑那州立大学成立了“第一跨州服务营销学研究中心”（First Interstate Center of Services Marketing），成为继北欧学派之后的又一个服务营销学研究中心。它标志着美国营销学者开始更加重视对服务营销学的研究。

四、20 世纪 80 年代下半期的服务营销

这一阶段可称为服务营销的理论突破阶段。在这一阶段，有关服务营销理论的研究获得了突破性的进展，而这些研究成果为日后服务营销理论的发展奠定了坚实的基础。在这一阶段，学者的研究集中于解答传统的营销组合是否足够有效地用以推广服务。如果不够的话，在传统的 4P 之外，究竟要增加哪些新的组合变量？

服务营销学者逐渐确定了“人”（包括顾客和企业员工）在推广服务以及生产服务的过程中所扮演的角色，并由此衍生出两大领域的研究，即关系营销学（relationship marketing）和服务系统设计（service system design)。贝利率先提出如何维系和改善同现有顾客之间的关系，随后，芭芭拉·邦德·杰克逊（Barbara Bund Jackson）提出要与不同的顾客建立不同类型的关系，格罗鲁斯、伦纳德·施莱辛格和赫斯科特则论证了企业与顾客的关系对服务企业营销的巨大影响，而约翰·A·塞皮尔（John A. Czepiel）更强调关系营销学是服务营销人员必须掌握的技巧。

而服务系统设计学派则强调服务营销管理从属于服务管理的学科体系，服务管理应侧重以顾客的视角和营销手段来管理服务的设计、包装、输出、反馈和改进。典型的例子有美国学者詹姆斯·A·菲茨西蒙斯（James A. Fitzsimmons）等人为代表的以"服务蓝图"、运筹学排队论等管理科学方法来研究服务系统的最优化设计的管理思路，其代表著作为《服务管理：运营、战略和信息技术》。与此同时，肖斯塔克也分别于1984年、1987年和1992年发表多篇论文，研究顾客在何种情况下愿意参与生产服务。此外，还有一些学者致力于研究科技与服务技术对服务生产过程的影响。

然而，这一阶段最重要的研究，也是取得突破性的研究，表现在服务质量（service quality）和服务接触（service encounter）两个方面。格罗鲁斯首先根据对服务的最新定义和对服务特征的理解，就服务质量提出新的解释。他提出，顾客感知服务质量由技术质量（technical quality）和功能质量（functional quality）组成。前者指服务的硬件要素，后者指服务态度及员工行为等软件要素。1985年，美国的三位学者——帕拉苏拉曼、贝利和泽斯梅尔在《营销学报》上撰文提出差距理论（gap theory），认为服务的质量要受五种"差距"的影响和制约。此外，1988年，他们根据对四种不同服务行业进行研究的结果，提出了SERVQUAL模式。根据这种模式，对服务质量的测量可以从五种角度或标准进行，即可靠性、可感知性、应对性、保证性和移情性。SERVQUAL模式的提出，解决了如何测量服务质量的问题，同时，它也勾画出了质量与顾客满意度之间的线性关系，促使服务营销人员进一步明白为什么"服务的质量"是服务营销战略的核心内容，目前，SERVQUAL模式已经成为全球应用最为广泛的服务质量度量方法。

在研究服务接触方面，贝特森、雷蒙德·P·菲斯克（Raymond P. Fisk）、蔡斯、唐纳利（J. R. Donnelly）、迈克尔·R·所罗门（Michael R. Soloman）、卡罗尔·萨普里南特（Carol Surprenant）、伊芙琳·古特曼（Evelyn Gutman）、比特纳等人作出了很大贡献，提高了人们对服务员工与顾客相互沟通时的行为及心理变化的认识，使人们了解到服务接触对整项服务感受的影响，懂得如何利用服务员工及顾客双方的"控制欲"、"角色"和对投入服务生产过程的"期望"等因素来提高服务的质量。

最后需要指出的是，区别前两个阶段的研究，本阶段的学者们开始利用实证方法验证和创新理论。事实上，前两个阶段的研究基本停留在概念的层面上，学者们很少收集实际数据支持所提出的理论，从而在客观上削弱了理论的说服力，而在本阶段这一情况有了根本的转变。

五、20 世纪 80 年代后期至今的服务营销

这一阶段是服务营销的进一步发展阶段。从 80 年代后期开始，越来越多的学者逐渐认识到有效的服务营销组合应包括七种变量，即在传统的产品、价格、分销渠道和促销组合之外，又增加了有形展示、人和服务过程，从而达到 7P 组合。这也标志着服务营销学的发展开始步入第四个阶段，其研究范围亦扩大至：(1) 围绕 7P 所进行的理论研究；(2) 一些特殊的营销论题，例如服务价格理论与测定、服务的出口战略、信息技术对服务的生产、管理以及营销过程的影响等。

随着 7P 组合的引进，学者们进一步认识到，要有效地制定和执行 7P 组合战略，单从营销学的角度进行分析及提供意见是远远不够的。他们纷纷提出，要使服务营销学的研究取得理论上的重大突破，加强跨学科的研究是至关重要的。也就是说，研究人员应从不同的学科，如人事管理学、生产管理学、社会学以及心理学等角度，观察、分析和理解服务行业内所存在的各种市场关系。因此，在该阶段，除了继续对前一阶段提出的理论和模式进行补充和发展之外，学者们开始进行多样化的，与 7P 有直接或间接关系的研究，包括内部营销、服务企业文化、全面质量管理以及服务的设计与市场定位战略等。显然，这些研究体现了服务营销学自 20 世纪 90 年代以来新的发展变化趋势。

第 2 节　服务营销研究的主要论题

目前服务营销学已经成为一个独立的营销子学科，其中服务质量、服务补救和服务便利是服务营销研究中的重要论题。

一、服务质量理论

目前被学术界普遍认可的服务质量概念由格罗鲁斯于 1982 年提出，他将服务质量定义为顾客感知服务质量，是顾客所期望的服务质量与实际接受的服务质量之间的差异。其中，顾客期望的服务质量由企业市场沟通、口碑、企业形象、顾客需要决定，并且顾客以往的消费经验对期望的服务质量产生影响；顾客实际接受的服务质量与服务结果和服务过程有关，格罗鲁斯将其分别定义为技术质量（服务的结果）和功能质量（服务的过程）。

1985 年，帕拉苏拉曼等人提出用“服务质量差距模型”来测量服务质

量，他们把感知服务质量定义为顾客对服务的期望与服务感知之间的差距（差距 5），该差距又由服务过程中的四个差距决定：消费者预期与管理层认识之间的差距（差距 1）；管理层认识与服务质量规范的差距（差距 2）；服务质量规范与服务交付间的差距（差距 3）；服务交付与外部沟通之间的差距（差距 4），差距 5＝*f*（差距 1，差距 2，差距 3，差距 4），并以此模型为基础又提出了服务质量测评的 SERQUAL 量表（见表 17—1），从包含 22 个指标的 5 个维度：有形性、可靠性、响应性、保证性和移情性对服务质量进行测评。随后，绝大多数的学者在进行服务质量管理和评价中都以这 5 个维度为基础，再根据不同服务行业特点进行调整。

表 17—1　　SERVQUAL 量表

要素	组成项目
有形性	1. 有现代化的服务设施。 2. 服务设施具有吸引力。 3. 员工有整洁的服装和外表。 4. 公司的设施与他们所提供的服务相匹配。
可靠性	5. 公司对顾客所承诺的事情都能及时地完成。 6. 顾客遇到困难时，能表现出关心并提供帮助。 7. 公司是可靠的。 8. 能准时地提供所承诺的服务。 9. 正确记录相关的服务。
响应性	10. 不能指望他们告诉顾客提供服务的准确时间。※ 11. 期望他们提供及时的服务是不现实的。※ 12. 员工并不总是愿意帮助顾客。※ 13. 员工因为太忙以至于无法立即提供服务，满足顾客的需求。※
保证性	14. 员工是值得信赖的。 15. 在从事交易时顾客会感到放心。 16. 员工是有礼貌的。 17. 员工可从公司得到适当的支持，以提供更好的服务。
移情性	18. 公司不会针对不同的顾客提供个别的服务。※ 19. 员工不会给予顾客个别的关怀。※ 20. 不能期望员工会了解顾客的需求。※ 21. 公司没有优先考虑顾客的利益。※ 22. 公司提供的服务时间不能符合所有顾客的需求。※

※表示对这些问题的评分是反向的，在数据分析前应转为正向得分。

说明：问卷采用 7 分制，7 表示完全同意，1 表示完全不同意，中间分数表示不同的程度。问卷中的问题随机排列。

资料来源：A. Parasuraman，V. A. Zeithaml，and L. L. Berry. SERVQUAL：A multiple-item scale for measuring consumer perceptions of service quality，*Journal of Retailing*，Vol. 64，No. 1，Spring，1988，12-40.

随着 20 世纪末服务质量要素体系的完善，很多学者开始针对服务质量开展更细致、深入的研究，主要体现在服务质量维度的划分、服务质量评价方法和服务质量要素与相关因素研究。

二、服务补救理论

所谓服务补救，就是企业以受理顾客投诉、发现服务缺陷为起点，通过圆满解决顾客问题，以提高顾客满意度和忠诚度为最终目的，并在此过程中不断学习，改进服务质量，最终增加企业利润。

服务补救最早起源于顾客抱怨问题的研究。顾客抱怨行为的研究大致始于 20 世纪 70 年代，该研究的兴起主要受西方消费者至上主义的影响，但其发展主要在 20 世纪 90 年代。早期的研究主要集中在对不同行业顾客抱怨总体状况的描述，归纳抱怨的性质和方式等方面。随后，其研究重点逐渐转移到以下几点：顾客在不满意的情况下可能会采取的行动及其影响因素，不同顾客在不同情况下所倾向采取的行动，顾客抱怨的原因，顾客希望得到的抱怨结果，影响顾客抱怨的因素以及顾客抱怨在管理上的意义等。

顾客在遭遇失败的服务经历后很可能基于种种动机产生抱怨行为，他们可能会单方面终止与企业的服务，直接向企业抱怨，甚至向第三方抱怨，传播企业的不良口碑。因此服务失败后有效、及时的服务补救显得尤为重要。目前关于服务补救的研究主要集中于以下几个方面：

(1) 服务失败归因。2000 年以后，学者们通过大量的实证研究得出：服务失败可源于服务本身的问题，服务提供者的问题，服务提供者控制范围之外的问题及与顾客有关的问题，其中员工的无礼行为和漠不关心的态度是导致服务失败的最主要原因；偏向自助服务的高参与度顾客比低参与度顾客更倾向于责怪自己；“外因”导致的服务失误对于顾客的负面影响最大，“内因”导致的服务失误对于顾客的负面影响最小，第三方导致的服务失误对于顾客的负面影响介于前两者之间等有益结论。

(2) 服务补救结果。顾客在服务失败原因主观认知的基础上，会根据对服务补救的预期对补救效果进行评价，根据公正性理论，他们不仅依据补救结果，还根据补救程序和补救互动来评价服务补救行为，进而决定其满意（或不满意）程度，且强化顾客在“补救结果”、“补救程度”、“补救互动”上的公平性感知能有效地提升顾客满意度。

(3) 服务补救与相关因素的关系。很多学者通过顾客满意度、关系营销、消费者行为相关理论的交叉角度探讨顾客关系对服务失败的影响，认为顾客关系可以减小服务失败的负面影响，具有真正服务关系的顾客在服务失败后具有更高的顾客满意度、更少的负面口碑以及更高的重购倾向，而虚假关系的顾客比偶遇关系的顾客表现出较高的满意度、较少的负面口碑以及较高的重购倾向，所以关系相对于其他补救策略更显得未雨绸缪。另外，服务补救又是影响顾客忠诚度的重要因素，成功的服务补救要在第一时间开始实施，并且程式化的服务补救对于情感联系紧密的消费者而言是远远不够的，企业还需要为这类消费者提供额外的补救，自己也置身于补救过程之中。

三、服务便利理论

服务便利（service convenience）是指消费者在购买和消费产品或服务的过程中对时间和努力的感受程度。时间和努力（effort）是一个普通人成为消费者所必须承担的非货币成本，是阻止人们从事其他活动的机会成本，但每个消费者所拥有的时间和努力资源又都是有限的。因此，消费者在购买产品或服务时总是倾向于花费更少的时间和努力。如果消费者在购买和消费一项产品或服务的过程中所付出的时间和努力超出了预期，那么消费者就会感到不便利；反之，如果付出的时间和努力较少，则会感到便利。总之，服务便利的研究基于这样两个假设前提：时间是一种有限和稀缺的资源；努力是人们选择活动时的一个约束条件。

研究表明，服务便利存在不同的层次和类型，按照服务的购买和使用过程，服务便利的类型可以归结为：

（1）决策便利：消费者做出购买决定和使用决定时对便利程度的感知。消费者一旦产生了对某种服务的需求，就会花费时间和努力来决定怎样满足这种需求。首先，消费者要决定自己动手还是购买这种服务；如果消费者选择购买这种服务，那么还要决定使用哪个服务供应商以及购买什么样的特定服务。

（2）渠道便利：消费者与服务供应商建立接触和到达服务提供商所在地时对于便利程度的感知。消费者在与服务提供商建立联系以前是无法享受到服务的，因此，将零售商店设置在大部分客户方便的地方至关重要。

（3）交易便利：消费者在完成交易过程中对便利程度的感知。在交易过程中，消费者感觉到的时间往往比实际时间要长。交易环节的不便利很容易引起消费者情绪上的烦躁不安，甚至最终放弃购买。

（4）受益便利：消费者在享受服务的过程中对便利程度的感知。受益阶段的不便利会对消费者产生很强的负面效果，从而削弱消费者对服务核心体验的感觉，并最终导致消费者对服务质量和满意度评价的降低。

（5）售后便利：消费者在服务的受益阶段之后再次与服务提供商接触时对便利程度的感知。售后便利常与产品维修、维护、退换货以及消费者的抱怨处理等活动有关。研究表明，妥善处理消费者的抱怨会增加他们对服务过程的满意度，反之，则会大大降低消费者的满意度。

围绕服务便利问题，凯利（Eugene J. Kelley）和布利斯（Philip P. Bliss）以及汤普森（Donna L. Thompson）等学者以消费品的分类为基础，对“便利在消费者购买中的作用”、“供应与购物便利的关系”、“便利与零售区域的结构”等问题进行了探讨。一致的研究结果显示：非货币成本是便利概念的核心论点；消费者对于便利的考虑会影响他们的购买行为；便利甚至引发了零售结构的变迁。此后，营销学者围绕着“便利导向”（convenience orientation）和“便利维度”（convenience dimension）的概念展开了更为深入和更为广泛的研究。安德森（W. T. Anderson，Jr.）针对便利导向的概念进行了实证研究，认为消费者可以粗略划分为便利导向的消费者和非便利导向的消费者，这为企业有针对性地制定营销策略提供了依据。布朗（L. G. Brown）则通过对便利维度的讨论提出了便利理论对于消费品营销的战术意义和战略意义。进入 21 世纪，贝利对有关便利的研究成果进行了全面的梳理，构建了服务便利模型，并提出了著名的服务便利的五种类型。

大部分国外学者对服务便利的研究都是站在消费者的角度，讨论消费者的特征如何影响他们对于便利的需求程度；而对于服务企业如何管理消费者的便利需求，以便更好地为消费者创造价值的问题则鲜有触及。从理论上讲，消费者的便利需求与服务企业的获利动机是一对矛盾，但从另一个角度看，两者却是相辅相成、相互促进的。一方面，消费者产生的对便利的需求会推动服务企业致力于改善服务质量；另一方面，服务企业对消费者便利需求的满足则有利于吸引和保留更多的消费者，从而实现服务企业的获利目标。

布朗曾就便利对于企业的意义问题进行过考察。他认为，对于大多数的服务而言，都存在一个从“自己动手”到“全面便利”的便利序列（见图 17—1）。便利序列能够帮助企业考虑不同点上产品的性质和相应的顾客分布，随着一项服务从便利序列的一端移动到另一端，服务的性质在发生改变，相应的顾客群体也会表现出不同的特征。这样企业就可以从便利的角度对目标市场进行细分，以便针对各个不同的细分市场制定不同的营销策略。实际上，已经有许多企业因响应消费者的便利需求而创新了业务内容。比如将制作水饺的过程集装起来就形成了“速冻水饺”这一新的产品类别，把制作咖啡的过程集装起来就形成了“速溶咖啡”，等等。

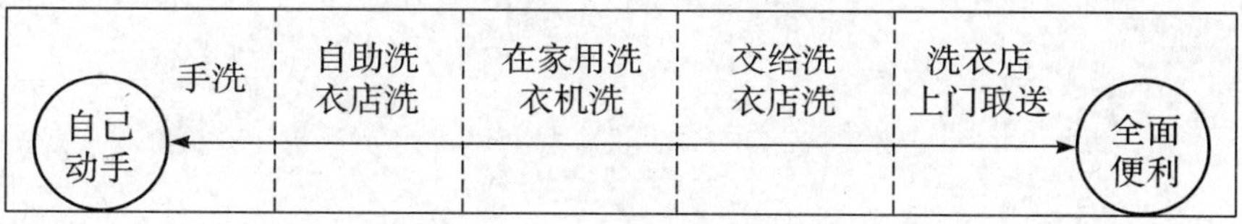

图 17—1　洗衣服的便利序列

综合目前国外学者有关服务便利的研究成果，可以看出，服务提供商对消费者便利需求的管理贯穿消费者购买和使用一项服务的全过程；服务提供商既可以按照服务的流程对消费者加以细分，以便制定有效的营销策略；也可以依据便利序列对服务流程进行优化，从而创新服务内容。

□ 思考题

1. 简述和比较服务营销研究的两大学派。
2. 简述服务营销研究的历史发展过程。
3. 简述服务质量理论的主要内容。
4. 简述服务补救理论的主要内容。
5. 简述服务便利理论的主要内容。

第 18 章

城市营销的发展

城市营销研究是营销学、地理学、政治学、社会学、城市科学、产业经济学等多学科相互交叉渗透的产物。菲利普·科特勒的一般营销概念的提出，使得越来越多的营销学者开始关注城市营销这一充满活力的领域，极大地推动了城市营销的发展。

第 1 节　城市营销的发展过程

城市营销的实践最初起源于 19 世纪 50 年代的美国西部大开发时期。20 世纪初，欧洲的一些滨海城市也开始尝试以促进旅游为目的的城市营销。然而在很长的时期，城市营销的实践基本上属于城市推销或城市促销的范畴。

一、城市营销研究的起源与发展

最早的城市营销研究起源于美国，较有代表性的研究成果是美国人麦克唐纳（McDonald）在 1938 年出版的著作《如何促进社区及工业发展》。早期的城市营销理论，重点研究营销推广在促进美国或欧洲国家殖民地发展方面的作用。

从 20 世纪 30 年代发端的特别是从 50 年代以来渐多的城市营销理论，多着眼于旅游目的地或工业社区等领域，研究的内容也多为广告、事件促销等简单的营销应用层面。

进入 20 世纪 80 年代，在新技术革命和全球化的大背景下，世界各地的城市都在竞争有限资源以谋求自身的发展，城市营销作为增强城市竞争力、繁荣区域经济的有效工具开始备受关注。加之这一时期营销理论及城市相关学科的研究取得了长足进展，诸如社会营销、非营利组织营销、文化营销、服务营销、组织营销、关系营销、体育营销、品牌营销、旅游营销、政治营销等营销新思想异常活跃，地区经济发展、地区竞争力、城市规划以及城市管理等方面的新理论蓬勃发展，都为城市营销理论的研究和发展提供了丰富的理论资源。此时期开始涌现出一批城市营销方面的学术论文和出版物。相对严谨的地区营销或城市营销理论，由此肇始并开始勃兴。

二、欧洲学派和北美学派

一般来说，存在着两种城市营销的实践方法：北美的实践者将经济发展视为城市营销的终极目标，城市营销的几乎所有努力，无不是为了地区或城市经济的发展或增长；而欧洲的实践者则视城市营销为一个整体协同的过程，它们努力协调地区或城市的社会发展与经济增长，整合自然和社会的规划过程，意在造就令所有利益相关者满意的和谐城市。

对应于城市营销实践的差异，在城市营销理论研究中，也存在类似的二分法，即持政治经济理念的理论类型和持实用营销战略理念的理论类型。欧洲的城市营销学者，如阿什沃思（G. J. Ashworth）和吴格（H. Voogd），多关心城市营销中的公私合作、社区利益及治理转型等政治经济内容，我们可称之为欧洲学派；而北美的学者，如菲利普·科特勒、迈克尔·波特等，则多从城市经济发展的角度出发，重在研究可执行的城市营销战略建构和推广过程，称之为北美学派。

三、科特勒的划分方法

根据菲利普·科特勒等人的研究，地区营销经历了三个阶段，可概括为地区推广（place promotion）、地区推销（place selling）和地区营销（place marketing）。相关的城市营销理论研究，也大致经历了类似的历程。

关于地区推广阶段的研究以戈尔德（J. R. Gold）和沃德（S. V. Ward）于 1994 年主编的论文集为最集中的成果和典型的代表。有效吸引移民、促进旅游和工业发展以及推广本地房地产项目是这一阶段研究的主要目的，如何运用宣传和营销沟通手段就地区或景点的形象与目标受众进行沟通是本阶段研究的重点内容。

在地区推销研究阶段，阿什沃思和吴格于 1990 年合著的《推销城市：公共部门城市规划的营销方略》、卡恩斯（Gerald Kearns）和菲洛（Chris Philo）于 1993 年主编的《推销地方》是代表之作。前者尽管将城市营销作为城市规划的工具来进行研究，但已表现出相当的营销理论水平。书中深入探讨了城市营销的环境研究、城市市场细分、城市竞争研究、地区形象、地区促销等内容，是城市营销理论发展中一个非常重要的研究文献。《推销地方》则更多地收集了将地区、城市作为历史或文化产品来营销的研究论文，内容涉及城市文化资产在吸引移民、旅游、工业和投资等方面的意义和实现途径，对此后从文化视角进行城市营销研究的学者，影响甚巨。此外，还有许多学者的研究对城市营销作为促进经济发展、增强城市竞争力的重要手段进行了探讨。

相对于城市营销研究第一个阶段的“烟囱角逐”特征（即以制造业的发达为追求目标）以及第二个阶段的重视基础设施以及特定领域目标营销的特征，第三个阶段的城市营销研究突出了竞争因素、选择性市场、利基营销以及品牌研究的特征。这个阶段的研究将地区营销的思维深入到如何合理开发地区产品的层面。菲利普·科特勒及其合作者的一系列论著，建构了城市营销理论的概念体系和理论基础框架，无疑成为这一阶段研究的杰出代表。此外还有达菲（Kelly Duffy）、阿什沃思与吴格等学者分别从城市规划与管理、城市经济发展与竞争力、地区与城市品牌、城市营销成功要素以及地区与城市文化政策等角度出发，对拓宽和深化城市营销的发展贡献良多。

值得一提的是，前两个阶段的城市营销文献大多还是出自地理学者和规划学者的研究，营销学者介入相对较少。而第三个阶段的研究，特别是经过科特勒等营销专家的有力推动，热衷于此的地理学者、规划学者以及公共管理学者开始能够运用更加专业的理论及方法来对城市营销展开进一步研究，大大丰富了城市营销理论的跨学科交融与发展。

第 2 节　城市营销研究的主要论题

在英文文献中，城市营销或地方营销的概念尚无统一的术语表达，常见的有 city marketing，place marketing，regional marketing，selling of cities，selling places，marketing places，promotion of urban places，urban marketing 等。其中，地方（place）一词意指各种形式的地方，可以是城市、城市地区，地区，也可以是社区、省或国家。20 世纪 90 年代以来，一个明显的趋势是越来越多的研究集中采用 city marketing 或 place marketing 这两个术语。

一、城市营销概念的内涵

米尔（Jan van der Meer）、伯格（Leo van den Berg）以及阿什沃思与吴格等学者，曾分别从城市竞争、城市发展和城市规划等多个角度，就城市营销的概念给出了自己的定义。但目前城市营销理论界沿用最多、最被认可的，还是菲利普·科特勒及其合作者在地区营销的系列论著中逐渐发展和完善的地区营销定义。

地区营销是指为满足地区目标市场的需求而进行的规划和设计，成功的地区营销应使市民、企业对其所在的社区感到满意，游客和投资者对地区的期望得到满足。

这一定义指出了地区/城市营销的目标，概括了城市营销的顾客，并紧紧扣住了营销的核心概念——需求。在这里，地区的潜在目标市场就是指地区顾客，即商品和服务生产者、企业总部或地区分支、外来投资及出口市场、旅游及餐饮娱乐，以及新的居民等。地区营销管理的目的，就是有效运用和协调地区营销资源以赢得特定的目标市场，进而促进地区或城市的发展。

二、城市营销的战略规划过程及要素

肖特（J. R. Short）和金（Y. H. Kim）在1998年提出，了解城市营销的程序是从理论和实践的角度把握城市营销规律的基础。不同于企业的产品和服务，城市的产品和服务非常多样化，它们相互联系，共同构成了城市的鲜明特征，因此可以把城市产品和服务统称为城市形象。城市的资源是有限的，要想运用有限的资源开发城市产品和服务并设法提供更多的顾客附加价值，进而赢得顾客满意，就必须诉诸战略的研究和规划。可见，相对于城市促销、城市推销而言，城市营销的实质在于它首先是一种系统化的、战略性的决策。

城市营销植根于通用的营销理论，营销的概念和工具为城市营销战略规划研究奠定了基础。学者们对城市营销的战略规划过程的观点大体相近，同时大多也认同城市营销是基于地方发展战略和城市管理视野的可评估的程序。其中，阿什沃思等于1990年创制的“城市营销过程要素”流程图，从顾客分析、市场分析到产品分析和提供，发展出一套颇具城市营销特色的规划程序，其要素包括：资源、产品、营销战略及其测量、顾客、细分市场及相应的策略等。上述流程及要素分析在相关文献中广为引用。

科特勒等论述了四种地区发展战略，包括社区服务发展、城市在设计和规划、经济发展以及战略的营销规划；同时提出城市营销战略规划的五个步骤，即地区稽核、愿景和目标、战略制定、行动方案计划及实施和控制等，并对每一步骤进行了令人信服的、非常专业的研究。此外，科特勒等还总结了常用的四种地区营销战略方法，分别是形象营销、吸引力营销、基础设施营销和人员营销等。

此外，多元营销主体及多元营销目标是城市营销区别于企业营销的另一个基本特征，如何制定出地区或城市的统一的营销决策同时又使各方营销主体都认同这个决策而不致冲突，足够的组织和协调能力以及合理的机制就显得至关重要。因此，组织因素几乎是所有主流的研究者所共同强调的一个极其重要的战略要素。瑞尼斯特（S. K. Rainisto）于 2003 年总结出城市营销的九大成功要素，即规划机构、愿景和战略分析、地区识别和地区形象、公私合作、政治一致、全球市场、本地发展、过程协同和领导力。在这九大要素中，规划组织、公私合作、过程协同和领导力四项，无不与组织相关。瑞尼斯特的此项研究，是迄今有关文献中对城市营销战略要素所作的最深刻、最精彩的提炼和创造。

为了地区或城市的利益，必须动员和协调最广泛的利益相关者参与到城市营销中来。因此，对城市营销者的研究和分析也是学者们关注的焦点之一，因为这同时也关系到上述战略规划过程及要素的方方面面。科特勒等详细分析了最活跃的地区营销者类型，包括本地层面的公共部门营销者和私人部门营销者，区域层面的营销者、国家层面的营销者和国际层面的营销者等。值得一提的是，科特勒等还区分了战略和执行两种能力要素，并指出平衡这两种能力的重要性，这对整合营销战略规划和执行这两个环节，特别是对如何建立战略绩效导向的城市营销来说，无疑是一个极好的警示。

三、城市形象与城市品牌

城市形象和品牌从某种角度说就是城市或地区的产品，同时也是城市营销重要的方法论思想。城市形象建设与品牌化管理，是城市营销专业化转型的重要标志之一，也是城市营销研究深化的重要标志之一。

在营销概念中，形象多指品牌在顾客头脑中的印象、图案及联想。城市形象（city image）和城市品牌（city brand）这两个密切联系的概念，在研究文献中也多有交叉和重叠。比如科特勒等在其 1993 出版的划时代的研究成果——《地区营销》(marketing places) 一书中，就用了近 1/6 的篇幅来阐述地区形象的设计和推广，其中有许多内容其实就是地区品牌化的方法。鉴于城市形象在城市营销中所起的关键的甚至是决定性的作用，学者们越来越强调地区或城市应对其形象进行长期的、战略性的管理。

科特勒等曾这样论述战略形象管理（strategic image management, SIM）："SIM 是一个持续的过程。首先，在各类群体中进行地区形象的调查，细分并选择目标群体，然后设计地区吸引力以达到既定的形象目标，并向目标群体宣传、沟通本地的吸引力。SIM 暗含着这样一个前提，即地区形象是可识别的和多变的，因此地区营销者必须能够追踪感知各异的目标群体的印象及其变化，并对之施加影响。"

上述对 SIM 的论述，充分赋予了地区形象在地区营销中的战略地位和作用。

对地区形象的研究，发展出一系列关于“原产国”（country of origin）的概念和思想。皮克顿（David Pickton）和布罗德里克（Amanda Broderick）定义原产国形象是人们对特定国家的产品所持有的信念、观点和印象的总和。早期的原产国研究关注产品与其产地的关系，是一种产地标签式的研究。近年来的原产国研究，则越来越关注对消费者的评估过程，包括其他如子市场的各种测量变量等。杰夫（Eugene D. Jaffe）和内本泽尔（Israel D. Nebenzahl）于2001年区分了消费者祖国形象、产品设计国形象、产品制造国形象和产品装配国形象等，将地区形象的研究引向深入。在现实的经济生活中，原产国的影响无处不在。现阶段原产国的研究，则与地区品牌研究有逐渐交融的倾向。

在当代营销学科体系中，品牌理论是一个最重要的分支，业已发展成为比较成熟的品牌学理论体系。但迄今为止，对地区或城市品牌的研究则相对较少。除了少数文献涉及对国家品牌的研究，大多数城市营销学者选择某一领域如城市规划特色、购物目的地、旅游目的地或特定的社区（如高新技术研发区等）等进行地区或城市的品牌化研究。在地区与城市的层面进行地区/城市品牌研究的也为数寥寥。

瑞尼斯特博士可能是第一个给地区品牌化下定义的学者：“地区品牌化是指增加地区吸引力的方法，其核心问题在于构建地区识别。而地区产品则是提供给地区顾客的提供物总体组合。”在这个定义里，品牌识别，包括品牌的差异化和个性化要求被凸显。瑞尼斯特充分运用已有的品牌理论，特别是吸收大卫·奥格威、凯勒等人的品牌思想和方法，对地区品牌资产、地区品牌重新定位等问题进行了许多创造性的研究。

目前对城市营销品牌化的研究还处在发展初期，学者们大多结合具体的案例来研究城市或地区品牌，如原产地品牌策略、联合品牌策略等。这种战术性的、促销沟通层面的品牌研究，尚未完全体现品牌理论作为现代战略营销强大管理思想和决策工具的内容和价值。

四、城市营销组合

对地区或城市营销组合的研究在相关文献中虽少却弥足珍贵，因为这同样是城市营销理论走向成熟的重要标志之一。鉴于城市及城市营销的特点和复杂性，传统的4P营销组合很难满足城市营销实践的需求。所以，不少学者为探索城市营销组合的新要素和新思想而付出了努力。如伯格等建议将服务营销组合应用到城市营销，迈塔克瑟在传统4P组合外又加了人员，提出城市营销的5P组合概念。

阿什沃思与吴格于1988年提出城市营销方法的三个要点，即城市产品的界定、目前与未来市场的选择，以及联结上述两者的营销要素（这里指的是传统的营销组合要素）。他们强调了促销要素在城市营销组合中的重要作用。此后，他们在 1990 年描述城市营销的四个阶段时，再次论及营销组合。这四个阶段分别是：市场分析、目标和战略制定、地理营销组合确定及结果评估。在第三个阶段，他们用了“地理营销组合”的概念，以此来区别于传统的营销组合，包括促销策略、空间功能策略、组织策略和财务策略组合要素，他们还强调对这一组合的不同选用会在很大程度上决定城市营销的效果。

科特勒等对城市营销组合也有类似的表述。在论述地区发展战略时，科特勒等提出了建立地区竞争优势的四个基本策略要素，即设计（地区个性特征）、基础设施（地区环境的调适性）、基本服务（地区作为服务提供者的自觉）和地区吸引力（地区的娱乐和消遣安排）。

上述对城市营销组合的研究，均是从较严谨的营销理论及研究方法论出发而进行的有益探索。还有一些学者，则试图从案例研究中提炼和总结有价值的营销组合要素，如城市广告与公关，重大事件、广场及艺术雕像、大规模的空间形象再造等。

□ 思考题

1. 简述城市营销研究的起源与发展。
2. 比较城市营销研究中的欧洲学派和北美学派。
3. 简述科特勒对城市营销阶段的划分方法。
4. 简述城市营销概念的内涵。
5. 简述城市营销的战略规划过程及要素。
6. 简述城市形象与城市品牌概念的主要内容。
7. 简述城市营销组合的内容。

参考文献

[1] 邝鸿．现代市场学．北京：中国人民大学出版社，1989
[2] 邝鸿．现代市场营销大全．北京：经济管理出版社，1990
[3] 郭国庆．市场营销管理：理论与模型．北京：中国人民大学出版社，1995
[4] 郭国庆．市场营销理论．北京：中国人民大学出版社，1999
[5] 郭国庆．现代非营利组织研究．北京：首都师范大学出版社，2001
[6] 郭国庆．市场营销学新论．北京：清华大学出版社，2005
[7] 郭国庆．市场营销学通论（第三版）．北京：中国人民大学出版社，2007
[8] 郭国庆．服务营销管理．北京：中国人民大学出版社，2008
[9] 郭国庆．关于市场学研究中的若干问题．财贸经济，1985（3）
[10] 郭国庆．管理科学在市场营销中的应用．云南财贸学院学报，1986（2）
[11] 郭国庆．西方促销组合最佳模型评介．云南财贸学院学报，1987（1）
[12] 郭国庆．消费者主义对市场营销的影响．国内外经济管理，1987（3）
[13] 郭国庆．西方市场学界各新学派的形成与发展．国外商业，1987（4）
[14] 郭国庆．市场营销学与经济学的联系与区别．外国经济与管理，1990（9）
[15] 郭国庆．谈谈关系市场营销．国际商报，1994-07-23
[16] 郭国庆．试论市场营销中的顾客保持策略．企业管理，1994（8）
[17] 郭国庆．西方企业如何开展营销．经济日报，1994-12-07
[18] 郭国庆．消费者服务评价与购买过程．销售与市场，1995（10）
[19] 郭国庆．服务市场营销学的兴起与发展．销售与市场，1995（6）
[20] 郭国庆．概论市场营销学．中国商报，1996-05-15
[21] 郭国庆．美国早期市场营销思想主要学术流派主要代表人物．湖南商学院学报，1996（1）
[22] 郭国庆．市场体系的基本规定．光明日报，1996-04-11
[23] 郭国庆．顾客让渡价值论的启示．市场报，1997-09-16
[24] 郭国庆．中国传统文化的市场营销思想初探．商业经济研究，1998（2）
[25] 郭国庆．西方市场营销学界职能学派的兴衰．经济师，1998（1）
[26] 郭国庆．非营利组织的界定及其营销特点．首都财贸，1998（3）

[27] 郭国庆．非营利组织的营销．中国经济时报，1998-08-06
[28] 郭国庆．市场营销走进美国非企业组织．中国经济时报，1998-10-16
[29] 郭国庆．重视和加强市场营销．人民日报，1999-03-08
[30] 郭国庆．市场营销是扩大内需的关键．经济日报，1999-03-15
[31] 郭国庆．各国非营利组织对社会经济发展的贡献．中国工商报，1999-03-26
[32] 郭国庆．市场营销原理在美国非企业组织中的应用．首都经济，1999（5）
[33] 郭国庆．浅论美国非营利部门的特征及其存在依据．经济界，1999（4）
[34] 郭国庆．论高科技企业的营销创新．经济理论与经济管理，1999（5）
[35] 郭国庆．国外非营利组织的界定与分类研究．市场与人口分析，1999（6）
[36] 郭国庆．国外非营利组织的职能和作用．国内外经济管理，1999（12）
[37] 郭国庆．技术创新与市场营销．企业管理，2000（1）
[38] 郭国庆．论以市场为导向推进技术创新．中国科技论坛，2000（1）
[39] 郭国庆．国外NPO的职能及其对我国的启示．经济理论与经济管理，2000（4）
[40] 郭国庆．新经济与新营销．经济日报，2000-06-29
[41] 郭国庆．国外非营利机构筹资模式及启示．经济理论与经济管理，2001（12）
[42] 郭国庆．国外非营利机构的发展及其管理趋势．北京行政学院学报，2003（4）
[43] 郭国庆．试论消费者理性与忠诚的均衡．财贸经济，2004（11）
[44] 郭国庆．营销科学的新论题：便利．经济理论与经济管理，2005（4）
[45] 郭国庆．服务营销组合中的人员管理．企业管理，2005（4）
[46] 郭国庆．转变发展方式，促进结构调整．经济日报，2010-04-09
[47] 郭国庆，李光明．消费者增权理论的最新进展及其启示．中国流通经济，2010（8）
[48] 郭国庆，陈凯，何飞．消费者在线评论可信度的影响因素研究．当代经济管理，2010（10）
[49] 郭国庆．中小企业营销管理的问题与对策．企业经济，2010（10）
[50] 郭国庆．插上梦想翅膀　描绘未来蓝图．经济日报，2010-11-17
[51] 郭国庆，张中科，陈凯，汪晓凡．口碑传播对消费者品牌转换意愿的影响：主观规范的中介效应研究．管理评论，2010（12）
[52] 郭国庆，汪晓凡，曾艳．外部诱因对消费者正面网络口碑传播意愿的影响研究．财贸经济，2010（12）
[53] 郭国庆，牛海鹏，胡晶晶，卜素．消费体验，体验价值和顾客忠诚的关系研究．武汉科技大学学报，2011（6）
[54] 郭国庆，孙乃娟，卜素．服务营销学研究的最新进展及其启示．当代经济管理，2011（8）
[55] 范秀成，赵先德，庄贺均．价值取向对服务业顾客抱怨倾向的影响．南开管理评论，2002（5）
[56] 金立印．基于关键事件法的服务失败原因及补救战略效果定性分析．管理科学，2005，18（4）
[57] 景奉杰，王毅，彭军锋．基于感知价值的顾客补救后满意的一个整合模型．商业研究，2005（3）
[58] 申跃，赵平．消费者抱怨行为的比较．心理学报，2005（3）
[59] 汪纯孝，温碧燕，姜彩芬．服务质量，消费价值，旅客满意感与行为意向．南开管理评论，2001（6）
[60] 韦福祥，韩经纶．文化差异对顾客服务质量感知影响的实证研究．南开管理评论，2003（3）

[61] 郭国庆 . Retail Promotion Practices in China, ACMEIII / ICCMVI, Los Angeles, 1993, 280-282

[62] 郭国庆 . Firm's Media Strategy in the Advertising Industry of China. Proceedings of the Fifth International Conference on Marketing and Development, June 22-25, 1995

[63] 郭国庆 . The Influences of Government Polices on New Product Development in State Owned Enterprises of P. R. China. Proceedings of the Fifth International Conference on Marketing and Development, June 22-25, 1995

[64] 郭国庆 . The Strategic Functions of Advertising Agencies in China's Domestic Market. Proceedings of the Fifth International Conference on Marketing and Development, June 22-25, 1995

[65] 郭国庆 . Agency Business Diversification, Product Innovation, and Performance: A Study of New Technology Ventures in China. The 7th International Conference on Marketing and Development, at the School of Administration, University of Ghana, January 3-8, 2000

[66] 郭国庆 . How Green Products Are Accepted by Different Consumer Groups in China. *USA-China Business Review* (ISSN 1536-9048), Vol. 1, No. 1, 63-70, Dec 2001

[67] 郭国庆，陈凯，何飞 . An empirical study on the influence of perceived credibility of online consumer reviews. Marketing Science Innovations and Economic Development: Proceedings of 2009 Summit International Marketing Science and Management Technology Conference, Edited by Guo Guoqing, et al, Orient Academic Forum, 978-0-9807687-0-1, Sydney, Australia, 376-383, 2009

[68] 郭国庆，汪晓凡，曾艳 . A study on the impact of external incentives on P-EWOM. Marketing Science Innovations and Economic Development: Proceedings of 2009 Summit International Marketing Science and Management Technology Conference, Edited by Guo Guoqing, et al, Orient Academic Forum, 978-0-9807687-0-1, Sydney, Australia, 40-47, 2009

[69] 郭国庆，张中科，陈凯，汪晓凡 . The influence of WOM on consumer's intention of brand switching. The Mediate Role of Subjective Morm, Marketing Science Innovations and Economic Development: Proceedings of 2009 Summit International Marketing Science and Management Technology Conference, Edited by Guo Guoqing, et al, Orient Academic Forum, 978-0-9807687-0-1, Sydney, Australia, 48-54, 2009

[70] 郭国庆，张中科，汪晓凡，李屹松 . An empirical study on credibility information and product involvement's influence on consumers' brand switching intention. Marketing Science Innovations and Economic Development: Proceedings of 2009 Summit International Marketing Science and Management Technology Conference, Edited by Guo Guoqing, et al, Orient Academic Forum, 978-0-9807687-0-1, Sydney, Australia, 123-128, 2009

[71] A. Biswas and R. Krishnan. The Internet's impact on marketing: Introduction to the JBR special issue on "Marketing on the web-behavioral, strategy and practices and public policy". *Journal of Business Research*, 2004

[72] H. E. Agnew, R. B. Jenkins, and J. C. Dmry. *Outlines of Marketing*. New York: McGraw-Hill Book Co., Inc, 1936

[73] P. K. Ahmed and M. Rafiq. Internal marketing: Tools and concepts for customer-focused management, 2002

[74] D. J. Ala. Marketing the unfamiliar: the role of context and item-specific information in electronic agent recommendations. *Journal of Marketing Research*, 2002

[75] Ralph S. Alexander, F. M. Surface, R. P. Elder, and Wroe Anderson. *Marketing*. New

York: Ginn & Co, 1940

[76] Wroe Alderson. *Marketing Behavior and Executive Action*. Homewcod. Iff: Richard D. Irwin, Inc., 1957

[77] Wroe Alderson. Charles Coolidge Parlin. *Journal of Marketing*, 1956, 21 (1), 1-2

[78] Wroe Alderson and Reavis Cox. Towards a theory of marketing. *Journal of Marketing*, 1948 (2), 137-152

[79] E. W. Anderson and B. Weitz. Determinants of continuity in conventional industrial channel dyads. *Marketing Science*, 1989 (1), 310-323

[80] J. C. Anderson and J. A. Narus. A model of distributor firm and manufacturer firm working partnerships. *Journal of Marketing*, 1990, 54 (1)

[81] J. C. Anderson and J. A. Narus. Partnering as a focused market strategy. *California Management Review*, 1991, spring, 33, 95-113

[82] Ansari Asim, Rajeev Kohli, and Skander Essegaier. Internet recommendation systems. *Journal of Marketing Research*, 2000

[83] Johan Arndt. Role of product-related conversations in the diffusion of a new product. *Journal of Marketing Research*, 1967, 4 (3), 291-295

[84] Dennis B. Arnett, Steve D. German, and Shelby D. Hunt. The identity salience model of relationship marketing success: The case of nonprofit marketing. *Journal of marketing*, 2003, Vol. 67, April, 89-105

[85] Arun Sharma and Jagdish N. Sheth. Web-based marketing: The coming revolution in marketing thought and strategy. *Journal of Business Research*, July 2004

[86] S. E. Asch. Studies of independence and conformity: A minority of one against unanimous majority. *Psychological Monographs: General and Applied*, 1956 (70), 1-69

[87] Balabanis, George, Ruth E. Stables, and Hugh C. Philips. Market orientation in the top 200 British charity organizations and its impact on their performance. *European Journal of Marketing*, 1997, Vol. 31, No. 8, 583-603

[88] Harvis S. Bansal and Peter A. Voyer. Word-of-mouth processes within a services purchase decision context. *Journal of Service Research*, 2000, 3 (2), 166-177

[89] Baradley R. Barnes and D. S. Morris. Revise quality awareness through internal marketing, 2000 (7)

[90] Robert Bartels. The general theory of marketing. *The Journal of Marketing*, 1968, 32 (1), 29-33

[91] T. N. Beckman, W. R. Davidson, and W. Wayne Talarzyk (1973). *Marketing*. New York: Ronald Press Co., 9th ed

[92] Martin L. Bell. *Marketing: Concepts and Strategy*. Boston: Houghton Mifflin, 2nd ed, 1966

[93] Peter D. Bennett. John A. Howard. *The Journal of Marketing*, 1970, 34 (1), 75-76

[94] L. L. Berry. Relationship marketing, in *Emerging Perspectives on Services Marketing*, Leonard L. Derry, G. Lynn Shostack, and Gregory Upah, ods Chicago, 1983, IL: American Marketing Association, 25

[95] L. L. Berry and L. G. Gresham. *Relationship Retailing: Transforming Customers into Clients*. Business Horizons, November-December, 1986, 29, 43-47

[96] L. L. Berry and A. Parasuraman. *Marketing Services: Competing Through Quality*. New York: The Free Press, 1991

[97] L. L. Berry. Relationship marketing of services-growing interest emerging perspectives. *Journal of Academy of Marketing Science*, 1995, 23 (4)

[98] L. L. Berry and A. Parasuraman. *Marketing Service Competing Through Quality*. The Free Press, New York, NY, 1999

[99] L. L. Berry, L. P. Carbone, and S. H. Haeckel. Managing the total customer experience. *MIT Sloan Management Review*, 2002, 43 (3), 85-89

[100] M. J. Bitner. Evaluating service encounters: the effects of physical surroundings and employee response. *Journal of Marketing*, Apr, 1990, 54 (2), 69-82

[101] Ralph F. Breyer. *Commodity Marketing*. New York: McGraw-Hill Book Co., Inc., 1931

[102] Ralph F. Breyer. *The Marketing Institution*. New York: McGraw-Hill Book Co., Inc., 1934

[103] Julia M. Bristor. Enhanced explanations of word-of-mouth Communications: The power of relationships. *Research in Consumer Behavior*, 1990, 4, 51-83

[104] Blaine J. Branchik. Silver dollars: The development of the US elderly market segment, *Journal of Historical Research in Marketing*, 2010, Vol. 2 (2), 174-197

[105] Stephen Brown. Marketing and literature: The anxiety of academic influence. *The Journal of Marketing*, Vol. 63, No. 1 (Jan., 1999), 1-15

[106] Stephen Brown and W. Raymond Fisk. *Marketing Theory: Distinguished Contributions*. New York: John Wiley & Sons, Inc., 1984

[107] Money R. Bruce. Word-of-mouth referral sources for buyers of international corporate financial services. *Journal of World Business*, 2000, 35 (3), 314-329

[108] Louis P. Bucldin. Retail strategy and the classification of consumer goods. *Journal of Marketing*, 1962, 27 (October), 50-55

[109] R. S. Butler. *Selling, Buying, and Shipping Methods*. New York: Alexander Hamilton Institute; rev. ed., 1917, as *Marketing Methods and Policies*, 1911

[110] J. M. Carman and K. P. Uhi (1973 revs). *Marketing: Principles and Methods*. Chicago: Richard D. Irwin, Inc., 7th ed

[111] Celine Chew. Positioning and its strategic relevance-emerging themes from the experiences of British charitable organizations. *Public Management Review*, 2006, Vol. 8, issue 2, 333-350

[112] Paul Christ and Rolph Anderson. The impact of technology on evolving roles of salespeople. *Journal of Historical Research in Marketing*, 2011, Vol. 3 (2), 173-193

[113] Christian Gronroos. *Service Management Marketing*. Lexington Books, 1990

[114] M. Christopher, A. Payne, and D. Ballantyne. *Relationship Marketing*. London: Butterworth Heinemann, 1991, 159

[115] Claire Stammerjohan, Charles M. Wood, Yunmin Chang, and Esther Thorson. An empirical investigation of the interaction between publicity, advertising, and previous brand attitudes and knowledge. *Journal of Advertising*, 2005, Vol. 34

[116] Fred Clark. *Principles of Marketing*. New York: Macmillan Co., 1922

[117] R. M. Clewett. Fred Emerson Clark, *Journal of Marketing*, 1957, Vol. XXII, No. 1, 1-2

[118] Newel H. Comish. *Marketing of Manufactured Gtoods*. Boston: Stratford Co., 1935

[119] Paul D. Converse. *Marketing Methods and Policies*. New York: Prentice-Hall, Inc., 1921

[120] Paul D. Converse. *The Beginning of Marketing Thought in the United States*. University of Texas: Bureau of Business Research, 1959

[121] M. T. Copeland. *Marketing Problems*. New York: A. W, Shaw Co.; 2nd ed, 1923, as Problems in Marketing; 3rd ed, 1927; 4th ed. 1931

[122] Melvin T. Copeland. Arch W. Shaw. *The Journal of Marketing*, 1958, Vol. 22, No. 3, 313, 315.

[123] Donald R. G. Cowan. Louis D. H. Weld. *Journal of Marketing*, 1960, Vol. 25, No. 2, 63-66.

[124] Reavis Cox. Ralph F. Breyer 1897—. *The Journal of Marketing*, 1956-1961, Special Section titled 'Pioneers in Marketing'

[125] Reavis Cox and Wroe Alderson (1950, eds). *Theory in Marketing*. Chicago: Richard D. Irwin, Inc.

[126] J. J. Cronin and S. A. Taylor. Measuring service quality: an examination and extension. *Journal of Marketing*, 1992, Vol. No. 56 (July), 55-68

[127] John Franklin Crowell. *Report of the Industrial Commission on the Distribution of Farm Products*. Vol. VI Washington, D. C.: Government Printing Office, 1901

[128] David N. McArthur and Tom Griffin. A marketing management view of integrated marketing communications. *Journal of Advertising Research*, October 1997

[129] G. S. Day. The capabilities of market-driven organizations. *Journal of Marketing*, 1994, 58 (6), 37-52

[130] Dean Jeol. Pricing policies for new products. *Harvard Business Review*, 1950, 28 (November), 45-53

[131] Donald F. Dixon. Emerging macromarketing concepts From Socrates to Alfred Marshall. *Journal of Business Research*, 2002 (55): 87-95

[132] Donald F. Dixon. Wroe Alderson's marketing behaviour and executive action inserted into Reavis Cox's marketing theory course at Wharton 50 years ago: A student's reaction, *Journal of Historical Research in Marketing*, 2011, Vol. 3 (1), 10-28

[133] Christine Domegan. The history of marketing thought: a teaching reflection, *Journal of Historical Research in Marketing*, 2010, Vol. 2 (4), 457-466

[134] Don E. Schultz and Philip J. Kitchen. Integrated Marketing Communications in U. S. Advertising Agencies: An Exploratory Study. *Journal of Advertising Research*, 1997, Sep/Oct

[135] Peter E. Drucker. What business can learn from nonprofits. *Harvard Business Review*, July-August, 1989

[136] E. A. Duddy and D. A. Rezone. *Marketing: An Institutional Approach*. New York: McGraw-Hill Book Co., Inc., 1947

[137] E. W. T. Ngai. Commentary on internet marketing research (1987-2000): A literature review and classification. *European Journal of Marketing*, 2003

[138] Feick, L. F. and L. L. Price. The market maven: A diffuser of marketplace information. *Journal of Marketing*, 51 (1), 83-97, 1987

[139] C. Fornell, M. D. Johnson, E. W. Anderson, J. Cha, and B. E. Bryant. The American Customer Satisfaction Index: Nature, Purpose, and Findings. *Journal of Marketing*, No. 4, 1996: 8

[140] Karen Fortin and Walter J. Primeaux. *Foundations of Business Economics: The Contributions of Joel Dean*, University Press of Florida, 1984

[141] Karen F. A. Fox and I. Irina. Skorobogatykh, Olga V. Saginova, Philip Kotler's influence in the Soviet Union and Russia, *European Business Review*, 2008, Vol. 20 Iss: 2, 152-176

[142] Gavan J. Fitzsimons and Donald R. Lehmann. Reactance to recommendations: When unsolicited advice yields contrary responses. *Marketing Science*, 2004, 82 (13)

[143] Mary C. Gilly, John L. Graham, et al. A dyadic study of interpersonal information search. *Journal of the academy of marketing* science, 1998, 26, 83-100

[144] Ronald R. Gist. *Marketing and Society*. New York: Holt, Rinehart & Winston, Inc., 1971; 2nd ed., Hinsdale, Ill.: The Dryden Press

[145] González, Luis Ignacio Álvarez, Maria Leticia Santos Vijande, and Rodolfo Vázquez Casielles. The market orientation concept in the private nonprofit organization domain. *International journal of nonprofit and voluntary sector marketing*, 2002, Vol. 7, No. 1, 55-67

[146] J. F. Grashof and A. P. Kelman. *Introduction to Macro-Marketing*. Columbus, Ohio: Grid, Inc, 1973

[147] E. T. Grether. Roland S. Vaile, *Journal of Marketing*, 1956, Vol. XX, No. 4, 333-335.

[148] L. Gronholdt, A. Martensen and K. Kristensen. The Relationship between customer satisfaction and loyalty: Crosss-industry differences. *Total Quality Management*, 2000, No. 4/5&6, 510

[149] C. Gronroos. *Strategic Management and Marketing in the Service Sector Research Reports*. Swedish School of Economics and Business Administration, Helsinki, 1982, 8

[150] C. Gronroos. From marketing mix to relationship marketing: Towards a paradigm shift in marketing. *Asia-Australia Marketing Journal*, 1994, (2), 9-30

[151] P. Guido and Kunal Basu. The ethical backlash of corporate branding. *Journal of Business Ethics*, 2007 (73), 333-346

[152] E. Gummesson. *Total Relationship Marketing: rethinking Marketing Management from 4Ps to 30Rs*. Oxford: Butterworth Heinemann, 1999, 185

[153] J. E. Hagerty. Experiences of an early marketing teacher. *The Journal of Marketing*, Vol. 1, No. 1 (Jul., 1936), 20-27

[154] M. Hanefors and L. Mossberg. Searching for the extraordinary meal experience, *Journal of Business and Management*, 2003, 9 (3), 249-270

[155] W. A. Hanson. *Principles of Internet Marketing*. South-Western College Publishing, Cincinnatti, OH, 2001

[156] J. Heinen. Internet marketing practices. *Information Management & Computer Security*, 1996, Vol. 4

[157] B. H. Hibbard. *Marketing Agriculture Products*. New York: D. Appleton-Century Co., Inc, 1921

[158] C. C. Hoge. *The Electronic Marketing Manual*. McGraw-Hill, New York, 1993

[159] Stanley C. Hollander, Kathleen M. Rassuli, D. G. Brian Jones, and Laura Farlow Dix. Periodization in marketing history. *Journal of Macromarketing*, 2005, 25: 32

[160] Franklin S. Houston and Jule B. Gassenheimer. Marketing and exchange. *The Journal of Marketing*, Vol. 51, No. 4 (Oct., 1987), 3-18

[161] Huber, Joel, Morris, and Babara E. Kahn. Effects of competitive context and of additional

information on price sensitivity. *Journal of marketing* Research, 23 (August), 250-260, 1986

[162] David L. Huff. Defining and estimating a trading area. *Journal of Marketing*, 28 (July), 34-38, 1964

[163] David L. Huff and Ronald T. Rust. Measuring the congruence of market areas. *Journal of Marketing*, 48 (Winter), 68-74, 1984

[164] Shelby D. Hunt. Doctoral seminars in marketing theory: For incorporating the history of marketing practice and thought, *Journal of Historical Research in Marketing*, Vol. 2 (4), 2010, 443-456

[165] Paul W. Ivey. *Principles of Marketing*. New York: Ronald Press Co, 1921

[166] Jack Cooper and John J. Cronintic. Internal marketing: A competitive strategy for the long-term care industry. *Journal of Business Research*, 2000 (1): 177

[167] Barbara B. Jackson. *Winning and Keeping Industrial Customers: The Dynamics of Customer Relationships*. Lexington, MA: Heath, 1985

[168] M. D. Johnson and C. Fornell. A framework for comparing customer satisfaction across individuals and product categories. *Journal of Consumer Research*, 4 (12), 267-286, 1991

[169] D. G. Brian Jones. Simon Litman (1873-1965): Pioneer Marketing Scholar, *Marketing Theory*, Vol. 4, No. 4, 2004, 343-360

[170] D. G. Brian Jones and David D. Monieson. Early development of the philosophy of marketing thought. *The Journal of Marketing*, Vol. 54, No. 1 (Jan., 1990), 102-113

[171] W. B. Joseph, R. W. Cook, and R. G. Javalgi. Marketing on the web: how executives feel, what businesses do. *Business Horizons*, Vol. 44, No. 4, 32-41

[172] Judith A. Garretson and Scot Burton. The role of spokes characters as advertisement and package cues in integrated marketing communications. *Journal of Marketing*, October 2005

[173] Julie Z. Sneath, R. Zachary Finne, and Angeline Grace. An IMC approach to event marketing: The effects of sponsorship and experience on customer attitudes. *Journal of Advertising Research*, December, 2005

[174] Eugene J. Kelley and William Lazer. *Managerial Marketing: Perspectives and Viewpoints*. Homewood, Ilh Richard D. kw/n, Inc., 1958

[175] D. L. Kellogg, W. E. Youngdahl, and D. E. Bowen. On the relationship between customer participation and satisfaction: Two frameworks, *International Journal of Service Industry Management*, 1997, 8 (3), 206-219

[176] I. B. Killough. *Economics of Marketing*. New York: Harper & Bros, 1933

[177] A. Knott, A. Hayes, and S. A. Neslin. Next-product-to-buy models for cross-selling applications. *Journal of Interactive Marketing*, 2002, 16 (3), 59-75

[178] A. Kohli. Determinants of influence in organizational buying: A contingency approach. *Journal of Marketing*, 1989, 53 (7)

[179] A. K. Kohli and B. J. Jaworski. Market orientation: The construct, research propositions and managerial implications. *Journal of Marketing*, 1990, 54 (April), 1-18

[180] Philip Kotler and Sidney J. Levy. Broadening the concept of Marketing. *Journal of marketing*, 1969, Vol. 33, No. 1, 10-15

[181] Philip Kotler and Gerald Zaltman. Social marketing: an approach to planed social change. *Journal of Marketing*, 1971, Vol. 35, No. 3, 3-12

[182] Philip Kotler. A Generic Concept of Marketing. *Journal of Marketing*, 1972, 36 (April),

46-54

[183] Philip Kotler. *Marketing for Nonprofit Organizations*. Englewood Cliffs, N. J.: Prentke-Hall, Inc., 1975

[184] Phillip Kotler, William Gregor, and William Rodgers. The marketing audit comes of age. *Slain Management Review*, 1977, Winter, 25-43

[185] Philip Kotler. Strategies for introducing marketing into nonprofit organizations. *Journal of Marketing*, Vol. 43, No. 1, 37-44, 1979

[186] Philip Kotler. Megamarketing. *Harvard Business Review*, 1986, 64 (March-April), 117-124

[187] Philip Kotler. The role played by the broadening of marketing movement in the history of marketing thought. *Journal of public policy & marketing*, 2005, Vol. 24 (1), Spring, 114-116

[188] Kunal Basu and Guo-qing Guo. The need for the reforms in Chinese marketing education. *Ivey Business Journal*. May/June 2007

[189] B. Kunal and P. Guido. Corporate social responsibility: A process model of sensemaking, *Academy of Management Review*, 2008, Vol. 33, 122-136

[190] Roger A. Layton. Marketing system—A core macromarketing concept. *Journal of Macromarketing*, 2007 (27): 227

[191] Roger A. Layton and Sanford Grossbart. Macromarketing: Past, present, and possible future. *Journal of Macromarketing*, 2006 (26): 193

[192] Roger A. Layton. Marketing: Is management all that there is? *Journal of Historical Research in Marketing*, Vol. 3 (2), 2011, 194-213

[193] William Lazer and Peter D. Bennett. Reflections on the American Marketing Association Doctoral Consortium. *Journal of Historical Research in Marketing*, Vol. 3 (2), 2011, 173-193

[194] William Lazer. Marketing's changing social relationships. *Journal of Marketing*, 1969, Vol. 33, No. 1 (Jan.), 3-9

[195] Richard J. Lewis and Leo G. Erickson. Marketing functions and marketing systems: A synthesis. *Journal of Marketing* (July 1969): 10-14.

[196] Theodore Levitt. Marketing Myopia. *Harvard Business Review*, 1960, 38 (July-August), 45-56

[197] Theodore Levitt. Exploit the product life cycle. *Harvard Business Review*, 1965, 43 (November-December), 81-94

[198] Sidney J. Levy. *Symbolism and Life Cycle in Toward Scientific Marketing*, *ed.* Stephen A. Greyser. Chicago: American Marketing Association, 140-150, 1964

[199] Richard J. Lewis and Leo G. Erickson. Marketing functions and marketing systems: A synthesis. *Journal of Marketing*, 1969, 33 (July), 10-14

[200] Y. M. Liu, Z. J. Zhao, Y. L. Zhang, and H. J. Lu. A model of customer lifetime value consider with word-of-mouth marketing value. *Shaping Business Strategy in a Networked World*, 2004, 245-248

[201] C. Lovelock. *Service Marketing. People, Technology, Strategy* (4th ed). Prentice-Hall, Upper Saddle River, NJ, 2000

[202] T. Mackin. *Efficient Marketing for Agriculture*. New York: MacMillan Co, 1921

[203] Bourassa Maureen and Peggy Cunningham. Behind the veil: Insights and influences on

Kotler's contribution to marketing thought. in Proceedings of 12th Conference on Historical Analysis & Research in Marketing, 2005, Ed. Leighann C. Neilson, 16-24

[204] H. H. Maynard, W. C. Weidler, and T. N, Beckraan. *Principles of Marketing*. New York: Ronald Press Co, 1927

[205] Harold H. Maynard, Walter C. Weidler, and Theodore N. Beck-man. *Principles of Marketing*. 5th ed., New York: Ronald Press Co, 1952

[206] E. Jerome McCarthy. *Basic Marketing: A Managerial Approach*. Homewood. Iil: Richard D. Irwin, Inc, 1960

[207] John B. McKitterick. *What Is the Marketing Management Concept? The Frontiers of Marketing Thought and Action*. Chicago: American Marketing Association, 1957

[208] M. P. McNaire and H. L. Hansen. *Problems in Marketing*. New York: Mgraw-Hill Book Co., Inc., 1957

[209] Mike Reid. Performance auditing of integrated marketing communication (IMC) actions and outcomes. *Journal of Advertising*, Vol. 34, 2005

[210] W. D. Moriarity. *The Economics of Marketing and Advertising*. New York: Harper & Bras, 1923

[211] David D. Monieson. A historical survey concerning marketing middlemen as producers of value, *Journal of Historical Research in Marketing*, Vol. 2 (2), 2010, 218-226

[212] J. C. Narver and S. E. Slater. The effect of a market orientation on business profitability. *Journal of Marketing*, 1990, 54 (10): 20-35

[213] Terence Nevett. Historical Investigation and the Practice of Marketing. *The Journal of Marketing*, Vol. 55, No. 3 (Jul., 1991), 13-23

[214] Richard Oliver. *Conceptualization and Measurement of Disconfirmation Perceptions in the Prediction of Consumer Satisfaction*. Bloomington: Indiana University, 1980, 2-6

[215] Richard L. Oliver. A cognitive model of the antecedents and consequences of satisfaction decisions. *Journal of Science Research*, 1980, No. 4 (11), 460-469

[216] Richard L. Oliver and Wayne S. DeSarbo. Response determinants in satisfaction judgments. *Journal of Science Research*, 1988, No. 4 (3), 495-507

[217] Richard L. Oliver. A conceptual model of service quality and service satisfaction: Compatible goal, different concepts. *Advances in Service Marketing and Management*, 1993, No. 2, 65-86

[218] Richard L. Oliver. Attribute need fulfillment in product usage satisfaction. *Psychology & Marketing*, 1995, No. 12 (1), 1-17

[219] Jerry C. Olson, Philip Dover. *Effects of Expectations, Product Performance, and Disconfirmation on Belief Elements of Cognitive Structures*. Advances in Consumer Research, Association for Consumer Research

[220] A. Parasuraman, V. A. Zeithaml, and L. L. Berry. A conceptual model of service quality and its implications for future research. *Journal of Marketing*, 1985, Vol. 49, 41-50

[221] A. Parasuraman, V. A. Zeithaml, and L. L. Berry. SERVQUAL: a multiple-item scale for measuring consumer perceptions of service quality. *Journal of Retailing*, 1988, 12-40

[222] A. Parasuraman, L. L. Berry, and V. A. Zeithaml. More on improving service quality measurement. *Journal of Retailing*, 1993, Vol. 69, 140-147

[223] Parasuraman, Valarie A. Zeithaml, and Leonard L. Berry. Reassessment of expectations as a

comparison standard in measuring service quality: implications for further research. *Journal of Marketing*, 1994, Vol. 58. 111-124

[224] A. Parasuraman, V. A. Zeithaml, and L. L. Berry. A conceptual of service quality and its implications for future research. *Journal of Marketing*, Vol. 49, Fall, 1985: 48

[225] A. Payne, M. Christopher, Moira Clark, and Helen Peck. *Relationship Marketing for Competitive Advantage: Winning and Keeping Customer*. Oxford: Butterworth-Heinemann, 1995

[226] Adrian and Payne Pennie Frow. A strategic framework for customer relationship management. *Journal of Marketing*, Oct. 2005, Vol. 69 Issue 4, 167-176

[227] Don Peppers, Martha Rogers, and Bob Dorf. Is your company ready for one-to-one marketing? *Harvard Business Review*, 1999, 77 (January-February), 151-160

[228] Philip J. Kitchen and Don E. Schultz. IMC—A UK ad agency perspective. *Journal of marketing management*, 1998, Vol. 14

[229] Philip J. Kitchen and Don E. Schultz. A multi-country comparison of the drive for IMC. *Journal of Advertising Research*, 1999, Jan/Feb

[230] Philip J. Kitchen and Tao Li. perception of integrated marketing communications: a chinese ad and PR agency perspective. *International Journal of Advertising*, 2005, Vol. 24

[231] C. F. Phillips and D. J. Duncan. *Marketing, Principles and Methods*. Homewood. Ill: Richard D. Irwin, Inc., 1968

[232] Charles F. Phillips. *Marketing*. New York: Houghton Mifflin Co., 1938

[233] B. J. Pine, Ⅱ. and J. H. Gilmore. Welcome to the experience economy. *Harvard Business Review*, 1998, 76 (7-8), 97-105

[234] B. J. Pine, Ⅱ. and J. H. Gilmore. *The Experience Economy: Work is Theatre & Every Business a Stage*. Boston: Harvard Business School Press, 1999

[235] Thomas L. Powers, Jocelyn L. Steward, and P. Alfred. Sloan's 1921 repositioning strategy. *Journal of Historical Research in Marketing*, Vol. 2 (4), 2010, 426-442

[236] R. Bruce Money. Word-of-mouth promotion and switching behavior in Japanese and American business-to-business service clients. *Journal of Business Research*, March 2004, 297-305

[237] Wemer Reinartz, Manfred Krafft, and Wayne D. Hoyer. The customer relationship management process: Its measurement and impact on performance. *Journal of Marketing Research*, 2004, 41 (August), 293-305

[238] Ai Ries and Jack Trout. *Marketing Warfare*. New York: McGraw-Hill, 1986

[239] Bert Rosenbloom and Boryana Dimitrova. The marketing mix paradigm and the Dixonian systems perspective of marketing. *Journal of Historical Research in Marketing*, 2011, Vol. 3 (1), 53-66

[240] A. Sadeghi, A. Alem-Tabriz, and M. Zandieh. Product portfolio planning: a metaheuristic-based simulated annealing algorithm. *International Journal of Production Research*, 2011, Vol. 49 (8), 2327-2350 (24)

[241] Adrian Sargeant, Douglas C. West, and John B. Ford. Does perception matter? An empirical analysis of donor behaviour. *The service industries journal*, 2004, Vol. 24, No. 6, 19-36

[242] B. H. Schmitt. *Experiential Marketing: How to Get Customers to Sense, Feel, Think, Act, Relate*. New York: Free Press, 1999

[243] R. A. Scott and N. E. Markes. *Marketing and Its Environment*. Belmont, California: Wadsworth Publishing Company, 1968

[244] Benson P. Shapiro. Marketing for nonprofit organizations. *Harvard Business Review*, September-October, 1973

[245] Eric H. Shaw. The first dialogue on macromarketing. *Journal of Macromarketing*, 1995 (15): 7

[246] Eric H. Shaw. Reflections on the Dixon seminar: the development of marketing thought and theory. *Journal of Historical Research in Marketing*, 2011, Vol. 3 Iss: 1, 131-143

[247] Eric H. Shaw and D. G. Brian Jones. A history of schools of marketing thought. *Marketing Theory*, 2005, Vol. 5, No. 3, 239-281

[248] Eric H. Shaw and Robert D. Tamilia. Robert bartels and the history of marketing thought. *Journal of Macromarketing December* 2001, Vol. 21, no. 2, 156-163

[249] Eric H. Shaw and Boca Raton. Reflections on the Dixon seminar: The development of marketing thought and theory. *Journal of Historical Research in Marketing*, 2009, Vol. 3 (1), 131-143

[250] Jagdish N. Sheth. A review of buyer behavior. *Management Science*, 1967, 13 (August), 718-756

[251] Jagdish N. Sheth. A model of industrial buyer behavior. *Journal of Marketing*, 1973, 37 (October), 50-56

[252] J. N. Sheth and B. Gross. Parallel development of marketing and consumer behavior: A historical perspective, in T. Nevett and R. A. Fullerton (eds) *Historical Perspectives in Marketing: Essays* in Honor of Stanley C. Hollander, 9-34. Lexington, CT: Lexington Books, 1988

[253] A. Simonson and B. H. Schmitt. *Marketing Aesthetics: The Strategic Management of Brands, Identity and Image*, New York: Free Press, 1997

[254] Mark Tadajewski. The ordering of marketing theory: The influence of McCarthyism and the Cold War. *Marketing Theory*, 2006 (6): 163

[255] TARP. *Measuring the Grapevine-Consumer Response and Word-of-Mouth*. Office of Consumer Affairs, Washington, D. C., 1989

[256] Rajiv Vaidyanathan, S. S. Vaidyanathan. Ancient wisdom: Parables for modern marketing. *Journal of Marketing Education*, 1997 (19): 26

[257] Terry Beckman (2007) The Wroe river: The canyon carved by Alderson, *European Business Review*, Vol. 19, Iss: 6, 452-467

[258] Roland S. Vaile, E. T. Grether, and Revis Cox. *Marketing in the American Economy*. New York: Ronald Press Co., 1952

[259] F. L. Vaughan. Marketing and Advertising. Princeton, N. J.: Princeton University Press, 1928

[260] Cheng Lu Wang (Eds). *Handbook of Contemporary Marketing in China: Theory and Practice*, *Hauppauge*, NY: Nova Science Publishers, Inc., 2011

[261] William L. Wilkie and Elizabeth S. Moore. Scholarly research in marketing: exploring the "4 Eras" of thought development. *Journal of Public Policy & Marketing*, Vol. 22, No. 2 (Fall, 2003), 116-146

[262] William L. Wilkie and Elizabeth S. Moore. Marketing's contributions to society. *The Journal of Marketing*, Vol. 63, Fundamental Issues and Directions for Marketing (1999), 198-218

[263] Terrence H. Witkowski. The marketing discipline comes of age, 1934-1936, *Journal of Historical Research in Marketing*, 2010, Vol. 2 (4), 370-396

[264] Frederick Winter. Market segmentation: A tactical approach. *Business Horizons*, 1984, 27

(January-February), 57-63

[265] Woodruff. Customer value: The next source for competitive advantage. *Journal of the Academy of Marketing Science*, 1997, Vol. 25, 2

[266] Wood, James Playsted. Ralph Starr Butler. *Journal of Marketing*, 1961, Vol. 25, No. 4, 69-71.

[267] Ben Wooliscroft and Rob Lawson. Teaching the history of marketing theory. *Journal of Historical Research in Marketing*, 2010, Vol. 2 (4), 467-478

[268] Ben. Wooliscroft and Robert A. Tamilia, and Stanley J. Shapiro. *A Twenty-First Century Guide To Aldersonian Marketing Thought*. New York: Springer Science and Business Media, 2006

[269] Ben. Wooliscroft and Rob Lawson. Teaching the history of marketing theory. *Journal of Historical Research in Marketing*, 2010, Vol. 2 (4), 467-478

[270] Fochen Wrizt. Improving the measurement of customer satisfaction: A test of three methods to reduce halo. *Managing Service Quality*, 2001, 2, 99-111

[271] Fochen Wrizt. An examination of the presence, magnitude and impact of halo on consumer satisfaction measures. *Journal of Retailing and Consumer Services*, 2000, 7, 89-97

[272] Y. Yi. A critical review of customer satisfaction. *Review of Marketing*, Chicago: AMA, 1991, 68-123

[273] Valarie Zeithaml, L. L. Berry, and A. Parasuraman. The nature and determinants of customer expectations of service. *Journal of the Academy of Marketing Science*, 1993, 21 (1): 1-12

[274] George M. Zinkhan and Rudy Hirschheim. Truth in marketing theory and research: An alternative perspective. *The Journal of Marketing*, Vol. 56, No. 2 (Apr., 1992), 80-88

[275] Walter Zinn and Scott D. Johnson. The commodity approach in marketing research: Is it really obsolete? *Journal of the Academy of Marketing Science*, 1990, Volume 18, Number 4, 345-353

图书在版编目（CIP）数据

营销思想史/郭国庆，贾淼磊编著. —北京：中国人民大学出版社，2012.2
教育部经济管理类主干课程教材
ISBN 978-7-300-15241-7

Ⅰ.①营… Ⅱ.①郭…②贾… Ⅲ.①市场营销学-经济思想史-高等学校-教材 Ⅳ.①F723.0

中国版本图书馆 CIP 数据核字（2012）第 019298 号

教育部经济管理类主干课程教材
营销思想史
郭国庆　贾淼磊　编著
Yingxiao Sixiangshi

出版发行	中国人民大学出版社		
社　址	北京中关村大街 31 号	邮政编码	100080
电　话	010－62511242（总编室）		010－62511398（质管部）
	010－82501766（邮购部）		010－62514148（门市部）
	010－62515195（发行公司）		010－62515275（盗版举报）
网　址	http://www.crup.com.cn		
	http://www.ttrnet.com(人大教研网)		
经　销	新华书店		
印　刷	北京东方圣雅印刷有限公司		
规　格	185 mm×260 mm　16 开本	版　次	2012 年 2 月第 1 版
印　张	14.5 插页 1	印　次	2012 年 2 月第 1 次印刷
字　数	264 000	定　价	26.00 元

教师教学服务说明

中国人民大学出版社工商管理分社以出版经典、高品质的工商管理、财务会计、统计、市场营销、人力资源管理、运营管理、物流管理、旅游管理等领域的各层次教材为宗旨。为了更好地服务于一线教师教学，近年来工商管理分社着力建设了一批数字化、立体化的网络教学资源。教师可以通过以下方式获得免费下载教学资源的权限：

（1）在“人大经管图书在线”（www.rdjg.com.cn）注册并下载“教师服务登记表”，或直接填写下面的“教师服务登记表”，加盖院系公章，然后邮寄或传真给我们。我们收到表格后将在一个工作日内为您开通相关资源的下载权限。

（2）如果您有“人大出版社教研服务网络”（http://www.ttrnet.com）会员卡，可以将卡号发到我们的电子邮箱，无须重复注册，我们将直接为您开通相关专业领域教学资源的下载权限。

如您需要帮助，请随时与我们联络：

中国人民大学出版社工商管理分社

联系人：刘玉仙（010－62515735）　　李文重（010－82501704）

传真：010－62515732，62514775　　电子邮箱：rdcbsjg@crup.com.cn

通讯地址：北京市海淀区中关村大街甲59号文化大厦1501室（100872）

教师服务登记表

姓 名		□先生 □女士	职 称		
座机/手机			电子邮箱		
通讯地址			邮 编		
任教学校			所在院系		
所授课程	课程名称	现用教材名称	出版社	对象（本科生/研究生/MBA/其他）	学生人数
需要哪本教材的配套资源					
人大经管图书在线用户名					
院/系领导（签字）： 院/系办公室盖章					